广东省高等学校名牌专业教材
管理科学与工程类专业应用型本科系列规划教材

管理信息系统

GUANLI XINXI XITONG

◎ 邓祥明 张梦华 / 主编

华南理工大学出版社
SOUTH CHINA UNIVERSITY OF TECHNOLOGY PRESS

·广州·

内 容 简 介

本书系统地介绍了管理信息系统的基本概念以及管理信息系统开发的基本原理和方法；但不过分追求理论体系的完整和理论深度，而是强调理论与实践的结合，强调信息技术与管理思想的融合。本教材与应用型本科院校经济管理类专业及相关工科专业的教学需求高度契合。

全书共分 12 章，主要内容包括：管理信息系统的理论基础、技术基础，管理信息系统的开发方式和方法，管理信息系统的战略规划、系统分析、系统设计、系统实施，管理信息系统的运行管理与维护，管理信息系统的开发案例，管理信息系统的发展等。

本书可作为高等学校经济管理类专业及相关工程专业本科生、研究生的教材或参考书，也可作为各类技术人员、管理干部培训或自学的教材和参考资料；也可作为部分起点较高的高职高专院校相关专业的教材。

图书在版编目（CIP）数据

管理信息系统/邓祥明，张梦华主编． —广州：华南理工大学出版社，2016.2
（2021.8 重印）
管理科学与工程类专业应用型本科系列规划教材
ISBN 978 - 7 - 5623 - 4879 - 5

Ⅰ．①管…　Ⅱ．①邓…②张…　Ⅲ．①管理信息系统 - 高等学校 - 教材
Ⅳ．①C931.6

中国版本图书馆 CIP 数据核字（2016）第 028560 号

管理信息系统

邓祥明　张梦华　主编

出 版 人：卢家明
出版发行：华南理工大学出版社
　　　　　（广州五山华南理工大学 17 号楼，邮编 510640）
　　　　　http://hg.cb.scut.edu.cn　　　E-mail：scutc13@ scut.edu.cn
　　　　　营销部电话：020 - 87113487　87111048（传真）
策划编辑：潘宜玲　胡　元
责任编辑：袁桂香
印 刷 者：广东虎彩云印刷有限公司
开　　本：787mm×1092mm　1/16　印张：12　字数：307 千
版　　次：2016 年 2 月第 1 版　2021 年 8 月第 2 次印刷
定　　价：28.00 元

版权所有　盗版必究　　印装差错　负责调换

前 言

当前,人类社会已经进入信息时代。信息,作为一种极其重要的基础性资源,已经成为人类社会发展的三大资源之一,其重要性甚至超越了物质和能源这两种资源。在信息社会里,无论是人们的生产、生活活动,还是人类社会组织的运作与发展,本质上都是信息获取、信息处理、信息利用的过程。在管理过程中,信息的质和量,决定了决策的质量,从而决定了管理工作的成败,因此可以说信息是管理的"灵魂"。对一个企业、一个组织来说,获取和使用信息的能力,决定了其竞争能力和发展能力;而信息管理的水平,业已成为衡量一个国家或地区现代化程度及综合实力的重要标志。

管理信息系统是一个以人为主导,利用计算机硬件、软件、网络通信设备以及其他办公设备,进行信息的收集、传递、储存、加工、维护和使用的人机系统;它是进行信息管理最基本的工具和手段,也是最有效的途径和方法。

由于信息社会的不断发展和对信息管理重要性认识的不断深刻,我国高等院校中很多专业都开设了"管理信息系统"课程。对于经济和管理学科的学生,管理信息系统是一门基础性的课程,而有的工程类专业也将其作为专业选修课。相应的教材也很多,且各有特色;但编者在长期的教学实践中发现,相对于应用型本科院校经济管理类专业的特点来说,现有教材在理论架构或在结合实际方面或多或少地存在着不适应。为了满足应用型本科院校经济管理类专业教学的要求,适应信息社会发展的需要,我们在分析借鉴国内外众多同类教材的基础上,结合自己多年教学科研的经验,编写了本书。

本书的目的是使读者掌握管理信息系统的基本概念、基本原理及其技术基础,了解管理信息系统的目标、功能和结构,了解典型管理信息系统的种类及应用领域;理解信息对组织管理的重要性,理解管理信息系统在管理中的地位和作用;掌握管理信息系统开发的基本原理、基本技术和基本方法;熟悉管理信息系统的系统规划、系统分析、系统设计、系统实施等开发全过程,掌握相应的开发工具和方法,能进行简单的系统分析与设计;了解管理信息系统维护、评价及运行管理的内容,了解管理信息系统的发展趋势;获得管理信息系统开发和应用的基本能力。

本书的特点是注重管理信息系统基本理论、基本概念的阐述,注重管理信息系统基本知识框架的分析,但不过分追求理论体系的完整性和所谓理论深度,而以实际应用需求为基准。强调理论与实践相结合,注重理论思维和工程思维的结合,以及管理信息系统开发工具和方法的学习与应用,特别增加了管理信息系统开发案例。强调信息技术与管理思想的融合,注重在管理领域中应用信息技术的意识和能力的培养,关注管理理论和信息技术的最新发展。

本书可作为信息系统与信息管理、电子商务、管理科学与工程、工商管理、工程管理、市场营销、物流管理、行政管理、国际经济与贸易、会计学等专业和相关工科专业本科生教材,也可作为 MBA 和相关专业硕士生的教材以及各类技术人员、管理干部的参考资料；部分起点较高的高职高专院校相关专业也可选用。

全书共分4篇12章。第1篇管理信息系统的理论基础，包括第1章信息与系统、第2章管理信息系统概论。第2篇管理信息系统的技术基础，包括第3章数据管理基础、第4章计算机网络技术基础。第3篇管理信息系统的开发，包括第5章管理信息系统的开发方式与方法、第6章管理信息系统的战略规划、第7章系统分析、第8章系统设计、第9章系统实施、第10章系统运行与维护和第11章管理信息系统开发案例。第4篇包括第12章管理信息系统的发展。各章后均附有"本章小结"和"复习思考题"。编写分工为：第1～4章由张梦华编写，第5～12章由邓祥明编写；全书由邓祥明统稿。李运蒙副教授参与了部分章节的讨论并提出了宝贵的意见和建议。

在本书编写过程中，参考了国内外众多文献资料，借鉴吸收了其中一些内容。在此向各位文献的作者和编者表示衷心的感谢！

本书的出版获得了广东省高等学校名牌专业（粤教高［2006］68号）建设经费的支持。

由于编者的学识水平有限，书中难免存在疏漏和不足之处，恳请读者批评指正！

编 者
2016年1月

目录

第一篇 管理信息系统的理论基础

第1章 信息与系统 ... 3
- 1.1 信息技术和管理 ... 3
- 1.2 信息及其度量 ... 3
  - 1.2.1 信息的概念 ... 3
  - 1.2.2 信息的特征 ... 4
  - 1.2.3 信息的度量 ... 8
- 1.3 系统概述 ... 9
  - 1.3.1 系统的定义 ... 9
  - 1.3.2 系统的特征 ... 9
  - 1.3.3 系统的评价 ... 10
- 1.4 信息系统的发展演进 ... 11
- 1.5 我国信息系统发展 ... 13
- 【本章小结】 ... 14
- 【复习思考题】 ... 14

第2章 管理信息系统概论 ... 15
- 2.1 管理信息系统的基本概念 ... 15
  - 2.1.1 环境的复杂多变 ... 16
  - 2.1.2 信息系统支持的深度和广度 ... 16
  - 2.1.3 管理信息系统和业务的深度融合 ... 17
  - 2.1.4 信息系统的边界拓展 ... 17
- 2.2 管理信息系统的功能 ... 17
  - 2.2.1 信息系统与计划职能 ... 17
  - 2.2.2 信息系统与控制职能 ... 18
  - 2.2.3 信息系统与组织结构 ... 19
  - 2.2.4 信息系统与组织规模 ... 20
  - 2.2.5 信息系统与决策职能 ... 21
- 2.3 管理信息系统的结构 ... 23
  - 2.3.1 管理信息系统的总体结构 ... 23
  - 2.3.2 管理信息系统的层次结构 ... 25
  - 2.3.3 管理信息系统的职能结构 ... 27
- 【本章小结】 ... 30
- 【复习思考题】 ... 30

第二篇 管理信息系统的技术基础

第3章 数据管理基础 ... 33
- 3.1 数据处理 ... 33

3.2 数据结构 …………………………………………………………… 33
3.3 数据库技术 ………………………………………………………… 34
　3.3.1 数据库管理的发展 ………………………………………… 34
　3.3.2 数据库管理系统 …………………………………………… 35
　3.3.3 关系数据库 ………………………………………………… 36
3.4 数据挖掘 …………………………………………………………… 37
　3.4.1 分类 ………………………………………………………… 37
　3.4.2 聚类 ………………………………………………………… 38
　3.4.3 关联规则 …………………………………………………… 39
【本章小结】 ……………………………………………………………… 40
【复习思考题】 …………………………………………………………… 41

第4章 计算机网络技术基础
4.1 网络的基础概念 …………………………………………………… 42
4.2 计算机网络的种类 ………………………………………………… 42
4.3 计算机网络拓扑结构 ……………………………………………… 43
4.4 网络通信与传输介质 ……………………………………………… 44
4.5 网络体系结构 ……………………………………………………… 45
　4.5.1 OSI 参考模型 ……………………………………………… 45
　4.5.2 TCP/IP 协议 ……………………………………………… 46
4.6 网络通信技术 ……………………………………………………… 48
【本章小结】 ……………………………………………………………… 52
【复习思考题】 …………………………………………………………… 52

第三篇 管理信息系统的开发与应用

第5章 管理信息系统的开发方式与方法
5.1 概述 ………………………………………………………………… 55
　5.1.1 管理信息系统开发的任务和特点 ………………………… 55
　5.1.2 管理信息系统开发的指导原则 …………………………… 56
　5.1.3 管理信息系统开发的基本条件 …………………………… 56
5.2 管理信息系统开发策略与开发方式 ……………………………… 57
　5.2.1 管理信息系统开发策略 …………………………………… 57
　5.2.2 管理信息系统开发方式 …………………………………… 58
　5.2.3 开发单位的选择 …………………………………………… 59
　5.2.4 系统开发组织和项目管理 ………………………………… 59
5.3 管理信息系统的开发方法 ………………………………………… 61
　5.3.1 结构化方法 ………………………………………………… 61
　5.3.2 原型法 ……………………………………………………… 63

  5.3.3 面向对象法 ··· 64
  5.3.4 计算机辅助软件工程 ······································· 65
【本章小结】 ··· 67
【复习思考题】 ··· 67

第6章 管理信息系统的战略规划 ····································· 68
6.1 概述 ·· 68
6.2 管理信息系统发展的阶段模型 ······································ 69
6.3 制订管理信息系统战略规划的步骤 ·································· 70
6.4 制订管理信息系统战略规划的常用方法 ······························ 71
  6.4.1 企业系统规划法 ··· 71
  6.4.2 关键成功因素法 ··· 74
  6.4.3 战略目标集转化法 ··· 75
  6.4.4 管理信息系统战略规划方法的组合运用 ······················ 76
6.5 业务流程重组 ·· 76
  6.5.1 业务流程重组简介 ··· 76
  6.5.2 业务流程重组与信息系统规划 ······························ 78
【本章小结】 ··· 78
【复习思考题】 ··· 78

第7章 系统分析 ··· 79
7.1 系统分析概述 ·· 79
  7.1.1 系统分析的目的 ··· 79
  7.1.2 系统分析的任务 ··· 79
  7.1.3 系统分析的困难 ··· 80
  7.1.4 系统分析的方法 ··· 80
7.2 系统总体需求分析及可行性分析 ···································· 81
  7.2.1 系统总体需求分析 ··· 81
  7.2.2 系统可行性分析 ··· 82
7.3 管理业务流程分析 ·· 83
  7.3.1 组织结构的调查与分析 ····································· 84
  7.3.2 功能结构分析 ··· 84
  7.3.3 管理业务流程分析 ··· 85
7.4 数据流程调查与分析 ·· 87
  7.4.1 数据流程图 ··· 87
  7.4.2 数据字典 ··· 88
  7.4.3 描述处理功能的工具 ······································· 89
7.5 新系统逻辑方案的建立 ·· 92
7.6 系统分析报告 ·· 93
  7.6.1 系统分析报告的作用 ······································· 93

7.6.2 系统分析报告的内容 …… 93
【本章小结】 …… 94
【复习思考题】 …… 95

第8章 系统设计 …… 96

8.1 系统设计概述 …… 96
8.2 系统总体结构设计 …… 96
   8.2.1 子系统划分 …… 97
   8.2.2 系统模块结构设计 …… 98
   8.2.3 网络设计 …… 98
   8.2.4 设备和网络的配置 …… 98
8.3 代码设计 …… 100
   8.3.1 代码的功能 …… 100
   8.3.2 代码设计的原则 …… 100
   8.3.3 代码的种类 …… 101
   8.3.4 代码的校验 …… 102
8.4 数据存储设计 …… 103
   8.4.1 文件设计 …… 103
   8.4.2 数据库设计 …… 105
8.5 输出设计 …… 108
   8.5.1 输出设计的内容 …… 108
   8.5.2 输出的方法 …… 109
   8.5.3 输出设计的步骤 …… 109
   8.5.4 输出报告 …… 109
8.6 输入设计 …… 110
   8.6.1 输入设计概述 …… 110
   8.6.2 输入设备及方式 …… 111
   8.6.3 常见输入错误及其校验方法 …… 111
8.7 用户界面设计 …… 112
   8.7.1 用户界面设计的方式 …… 112
   8.7.2 用户界面设计准则 …… 113
8.8 系统设计报告 …… 114
【本章小结】 …… 115
【复习思考题】 …… 115

第9章 系统实施 …… 117

9.1 概述 …… 117
9.2 建立系统运行的环境 …… 117
9.3 程序设计 …… 118
9.4 程序和系统测试 …… 119

9.4.1　程序测试 119
　　9.4.2　分调 119
　　9.4.3　总调 119
　　9.4.4　特殊测试 120
　9.5　系统转换 120
　9.6　人员培训 121
　9.7　系统说明文件的编写 122
　【本章小结】 123
　【复习思考题】 123

第10章　系统运行与维护 124
　10.1　概述 124
　10.2　系统评价 124
　　10.2.1　系统评价的目的 124
　　10.2.2　管理信息系统评价的内容 124
　　10.2.3　管理信息系统评价的指标体系 125
　10.3　系统运行管理 127
　　10.3.1　系统运行管理制度 127
　　10.3.2　系统日常运行管理 129
　　10.3.3　系统软件及维护文档的管理 129
　10.4　系统维护 129
　　10.4.1　系统维护的含义 129
　　10.4.2　系统维护的内容和类型 130
　　10.4.3　系统维护方法 131
　【本章小结】 132
　【复习思考题】 132

第11章　管理信息系统开发案例 133
　11.1　问题的提出 133
　11.2　业务流程调查 133
　　11.2.1　现行系统业务流程 133
　　11.2.2　现行系统存在的问题 134
　　11.2.3　库存管理信息系统的特点 135
　11.3　系统分析 135
　　11.3.1　数据流程图 136
　　11.3.2　数据字典 136
　11.4　系统设计 139
　　11.4.1　系统功能结构设计 139
　　11.4.2　系统配置方案 140
　　11.4.3　代码设计 140

11.4.4　数据库设计 …………………………………… 140
　　11.4.5　系统处理流程设计 …………………………… 143
11.5　系统实施 ……………………………………………… 144
【本章小结】 ………………………………………………… 144
【复习思考题】 ……………………………………………… 144

第四篇　管理信息系统的发展

第12章　管理信息系统的发展 …………………………… 147
12.1　管理信息系统发展动因 ……………………………… 147
　　12.1.1　传统管理信息系统的不足 …………………… 147
　　12.1.2　管理思想的发展 ……………………………… 148
　　12.1.3　信息技术的发展 ……………………………… 149
　　12.1.4　企业经营理念和经营环境的变化 …………… 150
12.2　信息管理发展趋势 …………………………………… 152
　　12.2.1　网络化趋势 …………………………………… 152
　　12.2.2　智能化趋势 …………………………………… 152
　　12.2.3　价值化趋势 …………………………………… 152
　　12.2.4　人本化趋势 …………………………………… 152
　　12.2.5　集成化趋势 …………………………………… 153
12.3　管理信息系统发展模式 ……………………………… 153
　　12.3.1　融合模式 ……………………………………… 153
　　12.3.2　构件模式 ……………………………………… 153
　　12.3.3　平台模式 ……………………………………… 154
12.4　新型企业管理信息系统 ……………………………… 156
　　12.4.1　经理信息系统 ………………………………… 156
　　12.4.2　专家系统 ……………………………………… 158
　　12.4.3　决策支持系统 ………………………………… 160
　　12.4.4　客户关系管理系统 …………………………… 163
　　12.4.5　电子商务系统 ………………………………… 167
　　12.4.6　企业资源管理系统 …………………………… 176
【本章小结】 ………………………………………………… 178
【复习思考题】 ……………………………………………… 178

参考文献 ……………………………………………………… 179

第一篇

管理信息系统的理论基础

第1章 信息与系统

1.1 信息技术和管理

随着现代科学技术的发展和人类社会活动的日益复杂，信息正在成为一种极其重要的基础性资源，信息和物质、能源一样成为人类社会发展的三大资源之一。信息技术是科学技术发展最迅猛的领域之一，在计算机技术、通信技术、网络技术的推动下，人类社会已经全面进入了信息时代，人类社会生活向数字化、信息化全面跃升。在信息时代，信息的重要性引起人们的高度重视，人们正在积极地运用信息技术，进一步开发和利用信息资源改造传统产业乃至改变整个社会生活方式。有效应用信息系统来提升组织的管理水平，成为管理者面临的一项重要任务。一方面，信息技术促进商业环境发生巨大的改变，组织需要对这种快速的环境变化做出有效的应对；另一方面，信息技术应用给企业提供了更加丰富的管理手段和管理工具，可以给组织带来更快速的反应和更高的灵活性，同时创造了大量的新的商业机会和就业岗位，加快了传统产业的升级调整。组织既要面对更加快速多变的复杂外部环境，又要积极推进内部管理的调整。在这样快速变化的形势之下，只有深入理解信息技术与信息系统，才能够充分应用信息系统提升组织运营效率，提升组织管理水平，获得长久的竞争优势。

1.2 信息及其度量

1.2.1 信息的概念

管理信息系统的学习，我们首先需要解决的问题是，究竟什么是信息？正确且深入地理解信息，具有非常重要的意义。由于信息是个非常宽泛的跨学科概念，因此不同学科的学者对于信息有各种各样的定义，这些定义为我们了解信息提供了丰富的阐释。从信息管理与信息系统的视角来看，对于信息的定义是，信息是反映客观世界的，可以被人们理解和接受的，可以帮助人们决策的，可通信的消息、数据、信号等的总称。经常和信息同时出现并且容易混淆的概念很多，比如数据、情报、知识等，辨析这些概念可以帮助我们更好地理解信息。从信息系统的视角来看，数据、情报、知识都是非常重要的概念，在信息系统中都有相应的模块和子系统来管理它们，比如数据库系统、情报系统、知识管理系统等等。这些系统都是管理信息系统重要的组成部分，其重要性日益提高。

1. 数据

数据是人们记录下来的反映客观世界的，可以鉴别的符号。数据包含的范围非常广泛，一般认为只有经过了人类的认知、理解、诠释、归纳以后，数据才能成为信息，因此也可以认为把对数据进行加工处理后，对客观世界产生影响，数据就会变成信息。一方面，数据是信息的一种重要存在形式。但是另一方面，信息和数据是相对的概念，二者的区别不是绝对的，不同的应用情境中二者是可以相互转换的。数据经过加工可以变成信息，信息可以进一步加工成第二步的信息，相对于第二步的信息，最初第一步的信息又是数据。

数据管理是信息系统的核心功能和基础功能之一，近年来随着信息技术的快速发展，信息系统需要管理的数据量呈指数级增长，各类组织日益重视数据的管理。日益积累的海量数据中，蕴藏着尚未有效开发的数据宝藏，海量数据中沉睡着大量尚未被有效挖掘的市场规律。近年来日益受到重视的大数据管理就是这种趋势的直接体现。

2. 情报

情报是常见的概念，在很多场合经常和信息共同出现和使用，也是常常和信息混淆的概念。从信息管理的视角来看，情报是信息的一部分。它与信息相比，强调三点特殊性，第一，情报强调价值和有用性，它是对用户有用的信息，是有价值的信息；第二，情报强调传递给用户，用户对情报有效接收；第三，情报通常具有一定的机密性，往往用在相对机密的领域。因此可以说，情报是一种特殊的信息，但信息并不都是情报。在信息系统中，情报系统也是重要的组成部分，在众多关系国计民生的重要领域，如军事、战略、经济、安全、外交等众多领域，都会广泛、大量地使用情报系统来支持这些重要的工作。同时，在市场经济领域，随着竞争的加剧，很多企业花费巨资构建强大的情报系统，为企业收集来自宏观和微观的各类情报，以应对市场竞争。

3. 知识

知识也是常见的和信息相关的概念。百度百科对知识的定义是"符合文明方向的，人类对物质世界以及精神世界探索的结果总和。……知识也是人类在实践中认识客观世界（包括人类自身）的成果。它包括事实、信息的描述或在教育和实践中获得的技能。它可以是关于理论的，也可以是关于实践的。"由此可见，相对信息而言，知识是系统化的，具有普遍性和抽象性的，人类所认识到的信息的集合。因此知识是信息的一部分，是更高层级的信息集。信息系统建设中，知识管理系统也是重要的建设领域，企业在日常运营中，积累了大量的专家知识，这些专家知识凝聚了企业在经营管理中通过学习和实践掌握的大量具有普遍性和代表性的信息。对这些知识进行有效的管理，使企业能够更好地学习和掌握自己积累的知识体系，对于企业增强学习能力，减少知识流失和浪费，提高管理水平，具有重要的战略意义。

1.2.2 信息的特征

信息作为一种特殊的资源，有非常显著的特征。对信息的理解和认知的程度直接影响到信息管理的水平，因此学习和理解信息的重要的特征，可以帮助我们进一步深入地了解信息的本质。信息的重要的特征主要表现在以下方面。

1. 客观性

信息是对客观世界的反映，因此客观性是信息的核心，是信息最重要的基本属性。只有客观的、真实的信息才有价值。整个信息系统的应用基础就在于系统能够获得客观真实的信息，通过信息的客观性来认知事物的发展和运行规律，并对事物进行正确高效的管理，因此，信息的客观性就是整个信息管理和信息系统最重要的性质之一。如果信息不具备客观性，整个信息管理就是空中楼阁，并且不具备客观性的信息还会给企业的经营管理带来巨大的负面影响，甚至危害社会稳定。因此在企业实际的信息管理中，很多信息主管的口头禅就是"先把数搞准"。

然而，在企业实际经营运作中，信息的客观性很难得到保障，破坏客观性的行为是普遍存在的。例如，出于逃税避税、获得银行贷款或者二级市场融资等现实利益考虑，企业在财务报表中谎报利润和成本，或者在折旧计提、分摊费用成本、利润预期等方面做出调整。这些行为可以帮助企业在申请贷款、申报纳税、在二级市场迷惑小股东等方面获得各种好处，却会造成恶劣的后果，并对市场经济秩序产生极坏的影响。国务院前总理朱镕基亲笔给国家会计学院题写的校训就是"不做假账"。除此之外，在社会生活中，也存在信息造假行为，某些企业每年花费巨资进行虚假广告宣传。这些行为都在一定程度上破坏了信息的客观性，并且造成恶劣的影响。只有维护客观性，才有信息的可靠性。对于专门生产信息的部门和提供信息服务的部门而言，维护信息的客观真实尤为重要，因为虚假的信息可能给信息制造者带来利益，但可能给信息接受者带来巨大的损失。

2. 主观性

从信息的定义可以看出，信息的产生和使用都和人有密切的关系，由于信息的采集者、接受者和使用者都是人，因此信息不可避免地受到人的主观判断和选择的影响，因此信息又具有非常明显的主观性。因为人类对于客观事实的描述和挖掘不可能面面俱到，人类也没有能力收集到一个事物的全部信息。同时，不同的人由于认知能力、理解能力、使用目的等方面的不同，从同一个事物中获得的信息也不一样。信息的主观性是由于信息的接受者和使用者对于客观信息的主观选择与判断，人们会对相同的客观事实做出不同的采集，也会对相同的信息做出不同的判断和结论，如对于重要的信息视而不见，缺乏理性判断和深度挖掘。由于人的主观性是不可避免的，因此信息也具备主观性。

正是信息存在的这种主观性，使得人们在应用信息方面有着巨大的差异。企业通过信息化建设，能够更加客观准确地应用信息，提升自身对于信息的主观掌控能力，使信息真正成为企业经营管理的重要支撑力量。

3. 等级性

企业管理结构是分层级的，处于不同的管理等级就有不同的信息需求，因此信息具有显著的等级性。企业中常见的分类就是高层、中层和基层，根据企业的管理层级，可以把信息分成3个等级，分别是战略级、战术级和作业级。

（1）战略级。战略级信息是关系到企业长远和全局的信息，包括重要产品的研发、投入，重要新兴市场的开拓，重要的部门或分公司的建立、分拆或者合并，新厂址的选择，重大并购，企业上市，定向增发，等等。从战略级信息包含的主要内容来看，它主要涉及企业的高层管理者，涵盖企业的重大决策问题，这些问题都会在相当长的一段时间内影响企业的日常运行，对企业非常重要。

（2）战术级。战术级信息也称为管理级信息，主要是企业运营管理信息，是企业中层管理人员关注的信息，用于企业各个部门日常运营管理，方便中层管理人员日常管理决策，比如企业月度计划、月度产量、成本信息、企业库存控制等等。战术级别的信息构成了企业日常运营的核心内容，是企业保持正常运转的重要工作信息。

（3）作业级。作业级信息，也称之为执行级信息，主要是企业基层工作人员关注的信息，用于解决具体的日常工作任务和问题，也是基层工作人员日常工作主要接触的信息，包括：职工日常考勤、工作质量、绩效、领料等信息。大量的作业级信息构成信息系统主要的底层数据来源，成为信息系统进一步加工、处理、汇集、存储的基础。

信息的等级性在信息系统的层级设计上体现得非常明显，因为不同的管理层级的信息需求完全不同，需要进一步考察信息的等级性，加深我们对于信息系统总体设计的理解，一般可以从以下几个维度来比较信息的等级性。

（1）信息的来源。一般说来，越是高等级的信息，其来源范围越广泛，不仅仅局限在企业内部或者是外部。因为越是高层级的管理，越需要处理大量非常规的信息，需要管理者综合多个方面的信息来权衡。创意、创新、打破常规是管理者的一个重要工作内容，来自多个方面的信息可以给管理者提供更加广阔的视野，激发他们的灵感。如战略级别的管理决策过程中的信息处理，其来源范围非常广泛，很多时候甚至需要企业领袖的经验、灵感和对市场的感悟。相反，越是低等级的信息处理，其来源范围越单一，内容越简单。作业级别的信息来源主要是上级管理者的传达，不需要基层员工自发寻找信息来源。因为基层的日常工作需要的是规范化和程序化操作，一般不要求员工发挥过多的个人创造力，创新的空间非常小；固定的信息来源有利于减少信息传达过程中的信息失真，减少工作中的不确定性，使基层工作保持稳定和流畅。

（2）秘密的程度。信息的秘密程度和信息等级直接密切相关，越是高等级的信息，往往保密程度越高，知道信息的人越少；越是低等级的信息，越没有秘密可言，几乎所有人都知道。例如：牵涉企业战略层面的资金运作，都是集中在企业核心高层知晓的范围，企业的各类重大决策，也都是企业高层才能知晓。企业日常经营管理中的底层数据信息，对企业各层人员基本是公开的。

（3）加工方法。从加工方法上也可以显著地发现信息存在着等级性。越是高层次的信息处理，其加工方法往往越富有艺术性，可以突破常规处理方式，也经常突破线性思维和逻辑思维的范畴，使用各种非线性和非逻辑性思维处理，如对市场的直觉、决策过程中的灵感闪现等等，这种加工能力也是高层管理者的基本素养。越是低层次的信息处理，加工方法越固定，越强调线性思维和遵守规则，基层工作人员不能随意更改日常工作中规定的信息处理程序和方法，甚至可以说，大量的管理制度建设就是为了让基层的工作严格符合规范和遵守规则。

（4）精密程度。在企业经营管理中，基层处理的信息，往往要求较高的精密度和准确性，基层的工作质量的高低往往和精密与精确程度直接相关。例如流水线上的工人，必须严格按照操作规范来操作，每个零件都有严格的质量标准，不能仅仅做到差不多就可以。而高层处理的信息，允许有较大的模糊性和弹性，很多时候并不要求非常精密和准确。如基层的会计处理，对每一笔业务都有精密细致的严格要求；高层的财务处理，对于信息精密程度没有那么严格的要求。大型企业的高管，对于每年的销售额的精确程度大概精确到以亿为单位就可以了。

4. 实效性

信息的发现、加工、接收、传递、使用，都牵涉到时间间隔和效率，整个信息管理的过程都强调时效性。一般情况下，信息本身的价值和时间存在相关关系，时间越短，信息的价值越大；反之，信息的价值就越小。从古代的烽火传递、飞鸽传书、快马加急到现在的实时通信，都是为了最大限度地尽快获得信息，体现信息的时效性。信息的时效性在金融市场表现得尤为明显，提前获知重要的信息，将直接带来巨大的经济利益。为了发挥信息的时效性，人们在通信技术领域不断进取，创造了令人瞩目的成果；但是另一方面，系统设计上的不完备，也容易引起市场的动荡。近年来，随着通信技术的发展和程序化交易的日渐流行，金融市场里对于信息的时效性的利用，已经达到了前所未有的水平，投资机构甚至不惜花费重金，在接近交易所中央电脑的位置安放自己的交易系统，以便在瞬息万变的交易市场中获得以毫秒为单位的短暂优势。更极端的例子是美国交易所高频交易，美国的交易所里高频交易公司的交易员通过专线能向交易所直接下单，和他们相比，普通的用户得到的交易所最新数据有 0.00002 秒的延时，这就导致普通用户的信息永远比真实数据慢。高频交易商具有信息和速度优势，会让他们以微弱的价格优势抢在普通用户之前向市场发送交易指令。这在一定程度会诱发金融市场的动荡，比如美国在 2010 年 5 月 6 日下午 2 点 40 分到 2 点 45 分的 5 分钟内，重要股票指数跌幅均超过 5%，甚至有些创了有史以来最大的单日绝对跌幅。

5. 传递性

信息是易于扩散和传递的，可以通过各种载体和渠道突破时间和空间的限制快速传递。"空穴来风""无风不起浪""没有不透风的墙""好事不出门，坏事传千里"，这些耳熟能详的俗语形象地表达了信息的传递功能。信息的传递带来了知识的传播和扩散。信息可以通过各种各样的渠道，采用多种方式进行传递。日益发达的计算机技术使得信息的传递既快速便捷又成本低廉，可以极大地节省人流、物流、资金流的成本，因此管理信息系统的应用日渐重要和广泛。互联网的兴起，把信息的传递性提高到了一个全新的水平，全世界范围内通过互联网可以瞬间传递大量的信息。科学家还在进一步探索中微子通信技术，让信息以接近光速的速度直接穿越各种物理屏障，甚至是直接穿越星球来直线传播。

6. 共享性

共享性是信息的一大特点，信息的传播会带来信息的共享，即多人获知信息的内容，这种共享不会影响信息本身的内容和信息量，因此没有直接损失。但信息的共享往往有巨大的间接损失，很多重要的信息，知道的人越多，信息的价值就越低。这和信息的重要程度以及机密程度有很大关系，越是重要和机密的信息，随意的共享就会导致信息的价值流失。但是另一方面，信息的共享可以极大地提升信息的利用率，减少资源的闲置和浪费。大量的企业正在依托互联网平台构建自己的信息共享系统，使企业上下游的各个合作伙伴快速便捷地共享企业信息，提升合作水平，降低运营成本。目前还有大量的企业运营数据和市场数据安静地躺在信息系统里，还没有被有效地利用，一些创业型企业已经开始围绕着这些零散的巨量数据的共享开展创新性业务，通过信息和数据的共享来整合闲置的资源，这些创新行为的商业价值和社会价值日益凸显。

7. 增值性

很多时候，孤立的少量的信息并不具有多少价值，但是随着相关信息量的增多，能从看似无用的大量孤立信息中，找到拥有巨大价值的规律，这就是信息增值性的体现。近年来，随着计算机运算处理能力的大幅提高，互联网的快速发展以及大容量数据存储设备的增加，人类产生的数据量不断地刷新与增长，巨量的数据云集成为时代背景下大数据的显著特征。百度调查情况报告显示，推特（Twitter）客户端上每天生成的数据量超过 7TB，脸书（Facebook）上生成的更是高达 10TB 巨大量，甚至企业自身产生的数据每天都会达到几十个 TB。互联网上每一分钟产生的数据量，每个网站或者是平台的数据记录量都是惊人的。根据国际数据公司的统计，2011 年全球数据总量达到 18000 万亿字节，数据量的增长趋势仍然非常迅猛，基本以两年增长一倍的态势在发展。根据 IDC 的预测，到 2020 年，这个数字会达到 35ZB，每个 ZB 是 1 万亿 G。大数据本身数据量大且存在复杂性，而增长的数据又非常迅速。对于这些快速增长的复杂且巨大的数据集采用适当的技术进行处理并有效挖掘其中的市场价值，成为国内外计算机领域的发展热点。

上述特点是信息典型的特征，对它们进行解读，可以帮助我们对信息建立起综合立体的理解和认知。信息技术围绕信息的特点进行信息管理，构建信息系统，使人们充分利用信息更快速、更准确、更高效地工作，为社会创造更大的价值，为人们提供更丰富多彩的生活。

1.2.3 信息的度量

信息如此重要，但是信息的度量却并不简单，直到近代才针对信息度量进行了相关研究和定义。信息的度量需要从信息的定义着手分析，由于信息的作用在于消除的不确定性，消除的不确定性越大，信息量就越大，因此信息量的度量和信息所能够消除不确定性有很大的关系。早在 1928 年，哈特莱首先提出如何度量信息的设想，1948 年，信息论的创始人香农（C. E. Shannon）又进一步明确了信息的度量。信息的度量可以从定性和定量两个角度来考虑。

1. 信息的定性度量

假设某企业要招聘一名信息主管，该企业需要这名信息主管拥有大型企业信息系统的开发和管理经验。现有 1000 名应聘者应聘，其中，有 100 名候选人是符合这个要求的，那么该企业所获得的信息量为 $100/1000 = 1/10$。习惯上我们使用负对数来表达信息量的大小，$-\log_2 100/1000 = \log_2 10$，这个数字就是该企业得到的信息量。

不确定性程度减少了，得到的信息量就是正的，对于事物的认知就更加清晰和确定；不确定性程度没有变化，得到的信息量就是零，对事物认知没有变化；如果不确定性程度增加了，得到的信息量就是负值，接受信息者对事情的认知就更加模糊。

2. 信息的定量度量

信息可以用比特来度量。含有两个相互独立且等概率状态的事件所具有的不确定性能被全部消除所需要的信息，这种情况下，信息量的定义公式可以表示为：

$$H(x) = -\sum P(X_i) \log_2 P(X_i) \quad i = 1, 2, 3, \cdots, n$$

其中，X_i 表示第 i 个状态，总共有 n 个状态，$P(X_i)$ 代表出现第 i 个状态的概率大小，$H(x)$ 表示消除这个系统的不确定性所需要的信息量。

例如，投掷一枚均质的硬币，硬币落下会有正面和反面两种结果，出现的概率都是 0.5，因此 $P(X_i) = 0.5$，那么

$$H(x) = -[P(X_1)\log_2 P(X_1) + P(X_2)\log_2 P(X_2)] = -(-0.5 - 0.5) = 1(比特)$$

1.3 系统概述

在日常工作和生活中我们经常听到、见到和提到"系统"这一概念，如"我们需要系统地解决……问题""我们需要系统地看问题""这是一个系统工程"，等等；我们也经常接触到各种系统，如计算机系统、社会系统、环境系统、自然系统、工业系统、农业系统、商业系统、金融系统、军事系统、国防系统等。系统是管理信息系统学科中的重要概念，是系统论的重要基础概念，甚至是人们工作和生活中的重要概念，深入学习信息系统，需要我们理解系统。

1.3.1 系统的定义

系统是管理信息系统学科的基本概念。20世纪20年代贝塔朗菲提出了系统的概念和系统理论，并逐渐发展成一门综合的学科。到60年代系统工程理论被广泛地应用于社会经济的很多重要领域，从军工、航天、电力、交通、通信等技术工程到社会管理、经济管理、企业管理等社会领域，系统工程的思想和方法已经渗透到人类生活的方方面面，并被其他学科大量吸收和应用，产生了广泛而深远的影响。

系统的定义和概念也很多，我们综合各个时期对于系统的基本认识以及各个学者对于系统的阐释和定义，可以把系统看作是由相互作用和相互依赖的若干组成部分或要素结合而成的、具有特定功能的有机整体。我们不仅需要从概念的角度来理解系统，还要从系统特征入手来深入地理解和辨析。

1.3.2 系统的特征

系统具有如下基本特征。

1. 整体性

系统是一个整体的概念，研究系统就是为了获得整体的效应，这是所有研究系统、使用系统的根本出发点和第一要务，没有系统的整体性，就没有研究系统的必要了。系统至少要有两个或者更多的要素来构成，系统是这些要素的有机整体。作为这些要素的有机整体，系统所获得的功能，要比这些单个要素所有的功能的总和还要大。简单举例来说，就是要获得1+1>2的效果。我们对于系统的关注，在于希望通过系统的思维和方法，使得系统整体的功能大于组成系统的各个要素单个的功能之和，从而获得从量变到质变的飞跃。正是系统的整体性的功能质变，使我们能够通过有效地组合各种要素来获得远远超过单个要素功效之和的巨大的功效。要想获得系统的强大整体功能，就必须使系统的各个组成部分有机地组成一个整体，各个组成要素通过相互影响、相互配合，发挥系统最大的功效，这就是系统的整体性。

2. 相关性

系统都是有机的整体，而不是各个组成要素简单地相加或者组合，一个系统的质量取决于各要素的相互作用、相互联系，各个要素通过相互作用来决定系统的特性和功能。这些要素之间既相互作用、相互联系，又相互制约，每个要素都要服从整体，追求整体利益最大化而不是要素的个体功效最大化。系统的观点要求系统中的每个组成要素并不一定要最完善、功能最强大，关键的核心要点在于通过各个要素之间的协调、配合、统筹，使整个系统具有完整强大的功能。如果每个组成要素实现了自己最强大的功能，而不考虑系统的整体协调，只追求局部最优，而不是整体最优，那么会使整个系统成为差的系统。因此一个系统的好坏主要取决于各个要素之间相互作用、相互联系的水平，而不是各个要素各自的功能是否强大。

3. 目的性

系统的目的性指的是系统运行要达到预期目标。系统的目的和功能，决定了系统的各个要素的组成和结构。系统的存在就是要紧密围绕着预期目标运转，为实现目标来决定要素的组成和要素之间的关系。要实现系统的预期的各种功能，对于各种人造系统来说，目的性是不可或缺的。本教材讨论的核心是管理信息系统，更要强调它的目的性。管理信息系统建设的核心就是围绕着系统的目的性开展工作。由于系统的目标往往不是单一的，可能是由多个目标组成的一个综合目标，各个目标之间可能还有相互的矛盾和冲突，因此需要系统的设计者和管理者做好目标之间的平衡，这样才能够让系统从整体上达到最优。

4. 层级性

研究系统需要层级的概念，系统是分层级的，系统本身也在层级当中。系统是由各个组成要素构成的，如果我们进一步从微观来划分，每个要素的内部又是由更小的要素组成的；换句话说，系统的每个要素，针对组成它的更小的要素来说，也是一个小的系统。如果我们进一步向宏观来看，每个系统又是更高级的更宏大的系统的组成要素。上一级系统的要素是下一级要素的系统，下一级要素的系统是上一级系统的要素。系统的这种层层嵌套的层次结构表明系统和要素的概念是相对的，可以让我们清楚地看到系统各个层级的构成，也可以帮助我们从更加宏观和更加微观两个角度对一个系统进行更深刻的理解，更精确地研究和更加精准地掌控。

5. 环境适应性

系统以外的事物总称环境。环境包括系统边界以外的所有的物质、能量和信息。系统总是置身于一定的外界环境约束下，环境是系统的限制条件或称为约束条件。系统和环境之间通过相互交流、相互影响，来进行物质、能量或者信息的交换。系统总是处在一定的环境条件中，通过和环境之间不断交换物质、能量和信息，在这个基础上系统的组成要素之间相互作用，为实现系统的目标而努力。由于环境是经常变化的，系统必须能够适应环境的变化，及时做出有效的调整，这样系统才有生命力。不能适应环境变化的系统，是没有生命力的。

1.3.3 系统的评价

由于系统的重要性，尤其是人造系统对于人类生产和生活的重要影响，需要对系统构建一套评价标准和评价体系。综合上述对于系统特征的描述，可以从以下几方面对系统做出评价。

1. 目标明确

每个系统都有自己的目标，系统围绕着这个目标而运转，目标的实现程度直接决定了系统的使命是否完成。评价一个系统，首先需要看它的目标是否明确，系统的运转是否紧紧围绕着目标的实现，这是评价系统的第一指标。建立信息系统的目标就是最大限度满足组织的需求，支持组织的运营和管理，帮助组织实现自己的目标和价值。历史上很多失败的系统就是由于偏离了组织的需求，过度强调信息系统的技术层面，忽略了管理层面，导致了系统的失败。

2. 结构合理

系统的结构是否合理，直接决定了系统的目标是否能够实现。一个系统由若干要素构成，这些要素又可以看成若干子系统，子系统又可以分为更微小的子系统。要素之间合理的结构，明确的分工，清晰的联系，通畅的路径，是构成合理结构的基本要求，也是实现系统目标的基本条件。

3. 接口清楚

要素与要素之间连接的部分可以视为接口。接口部分的定义应十分清楚，因为接口是否清楚直接决定了系统要素之间相互配合相互影响的关系，从而影响到系统功能的实现。现实的企业系统中，接口主要表现为部门之间衔接的工作以及需要跨部门合作的工作，这些工作都应该制定清晰规范的责、权、利标准，保障接口部分的清楚明确，这样才能让这些工作有序高效地完成。在市场和产业系统中，接口表现在产业链、供应链、价值链上的合作单位之间发生业务往来的交接部分，这一部分的工作需要合作各方本着互惠互利的原则，清晰地定义好各方的关系。在信息系统中，接口主要表现在各个子系统和模块之间的衔接部分，这一部分需要清楚地定义数据的标准格式，使各个模块之间的衔接通畅高效。

4. 能观能控

构建系统是为了获得更大的效能，这需要对系统进行有效的管理和控制。因此一个系统内部的相互影响和相互配合的关系，系统在运转时的各种状态，都应该能够清楚地观察到，并且通过输入信息有效地控制系统的运转。一个系统只有做到能观能控，才是一个有效的系统。要想即时掌握系统的运行状态和迅速地控制和纠偏，就需要系统拥有良好的信息传递、反馈和控制机制。信息系统的作用就在于能够帮助组织迅速有效地进行信息管控，从而随时掌握组织动态和控制组织行为。

在信息系统应用中引入的系统观点具有重要的意义。一方面，我们需要从系统的视角看待计算机在企业中的应用，计算机硬件、软件和相关人员等各种组成元素形成了信息系统。建设信息系统需要高度重视管理者、使用者、计算机硬件和软件之间的相互作用，这些重要的组成要素之间相互协调与配合才能充分发挥信息系统的作用。把信息系统看作是纯粹的技术系统，必然导致系统结构的失衡，从而加大信息化失败的风险。另一方面，需要引起重视的是管理信息系统是企业系统中的一个要素，管理信息系统需要和企业系统中的其他要素相互配合，达到企业系统总体功效的最优。在过去几十年的信息化历史当中，企业应用信息系统的过程中产生了大量的管理问题，尤其是那些技术正确但是用户不买账的系统，在"企业有效性"方面存在问题。无论是业界还是学界，都察觉到信息系统应用不是单纯的信息系统本身的技术问题，里边蕴含着大量的管理要素需要考量。信息系统要和企业其他管理要素密切配合，才有可能取得成功，这也是信息管理领域最重要、最核心的问题之一。

1.4 信息系统的发展演进

信息系统是由人、计算机硬件和软件以及数据资源组成的人造系统，它可以迅速正确地收集、加工、存储、传输信息，帮助组织实现各项管理职能和运营活动。1946年2月，世界上第一台计算机ENIAC（电子数字积分计算机）由美国研制成功。它使用了18000个电子管，占地170平方米，重30吨，每秒做5000次加减法运算，耗电140千瓦。虽然ENIAC体型庞大，运算速度慢，耗电量惊人，但它的诞生标志着电子计算机时代的到来。随后，信息技术的日新月异，不断冲击和改变全人类的工作和生活方式，也深刻改变了人类组织的各项运行规律，重塑了人、组织和社会之间各种关系和概念。计算机技术、通信技术和管理科学的发展迅速推动计算机在组织管理中的应用。

1. 20世纪70年代

从计算机问世到20世纪70年代，基本上属于信息系统发展的初始阶段。当时的企业需求主要集中在提高基层事务的处理效率和准确性，降低数据处理和数据存储的成本，并且，当时的计算机软件和硬件发展水平也制约着计算机的深度应用，因此信息系统主要是数据处理系统，帮助企业从繁重的手工处理中解放出来，提高基层数据处理的效率。这一时期的信息技术应用主要集中在数据处理密集的工作领域，如财务管理、工资管理等等。这一阶段还可以分为单项数据处理和综合数据处理两个阶段。

这一阶段受制于计算机硬件和软件的水平，体积庞大、计算速度慢的大型主机是主要的硬件设备，通过它和多台终端相连接，可以集中处理数据，把多个业务环节的数据处理综合来进行，极大地提高了工作效率，并且能够产生各种信息报告，如生产状态报告、服务状态报告等等。

2. 20世纪80年代

这一阶段的信息系统开始逐步走向成熟，逐渐从单一的业务数据处理发展到综合性的信息系统，系统应用日益广泛，数据库技术、计算机硬件、网络技术和管理科学的发展，都起到了一定的推动作用。信息系统的综合能力开始得到体现，组织中的数据和信息开始集中快速处理，中心数据库和计算机网络开始出现，组织内部开始通过系统连接起来，信息的深度应用开始加强，对中层管理的支持作用越来越明显，各类定量化科学管理方法开始得到广泛应用。

3. 20世纪90年代

这一阶段，信息技术的发展开始加速，个人计算机开始日益普及，终端的计算能力得到很大提高，办公自动化系统、决策支持系统等开始应用并且日益重要，关系型数据库成为主流的数据库系统，信息系统越发走向成熟，开始运用数据和模型来辅助决策，信息系统覆盖了组织的各个层次和各种智能管理，整个应用达到了较高的水平。

4. 21世纪

这一阶段的信息技术达到了爆炸式增长的阶段，计算机的计算能力快速提高，各种应用技术层出不穷，互联网、图形界面技术、人工智能等领域飞速发展，以英特尔为代表的计算机硬件厂商和以微软为代表的软件厂商，把个人计算机推向了全球市场。个人计算机的爆炸式增长也极大地推进了企业的信息应用。

随着各种新思想、新技术的不断涌现，信息系统与图形界面技术、人工智能、互联网等新技术不断融合，极大地提升了信息系统的功能；组织信息技术应用日益深化和拓展，形成了众多的发展分支，如专家系统、总裁信息系统、经理信息系统、智能决策支持系统、群体决策支持系统、办公自动化系统、战略信息系统等等。

1.5 我国信息系统发展

20世纪50年代，信息技术就开始应用到商业领域。经过几十年的发展，IT应用的深度和广度日益增加，已经渗透到现代社会生活的方方面面和企业运营管理的各个环节。我国的信息化进程最早始于1973年9月1日，在邓小平同志提出"中国企业应该学习外国的先进技术"的建议下，"中国电子计算机辅助企业管理联合设计组"成立。1975年，我国从IBM引进了370138大型机，1976年引进IBM的MRP-II软件COPICS。随后国家先后在长春一汽和沈阳鼓风机厂进行信息化试点，以此为起点，开始中国企业的信息化之路。

中国的信息化之路还可以从专业化的信息系统软件公司的发展历程来考察。这一历程最早始于台湾，早在1982年，鼎新电脑公司在台湾成立，成为中国第一家MRPII厂商，伴随着80、90年代台湾制造业的高速发展，台湾的信息化和企业发展齐头并进，并取得长足进步。随后在两岸经贸发展交流的推动下，台湾的信息产业逐渐扩散到大陆，并极大地推动了大陆的信息化发展。在这一过程中，在国家经贸委、信息产业部、机械工业部、财政部等部委的大力支持和推动下，一批大陆软件企业快速成长，包括开思、用友、金蝶、神州数码等。

由于计算机硬件和软件都起源于国外，外国的软件公司对中国的信息化产生了重要而且深远的影响，无论是在技术水平、管理理念、运营水平，还是在行业经验、市场营销等多个方面，都成为中国软件企业学习和赶超的对象，并在相当长的一段时间内影响了国内的信息系统软件市场格局和市场走向。直到今天，以SAP和ORACLE为代表的国外的领袖企业依旧是中国企业学习和赶超的对象，他们的软件产品水平、软件研发实力、项目管理水平等各个方面，依旧占有明显的优势。当然，近年来国内的软件企业追赶速度很快，在诸多细分市场占据了越来越多的市场份额。

时至今日，在政府和企业的共同努力下，信息化已经成为我国市场经济改革和企业管理实践中的重要组成部分。党的十六大报告中明确提出要走一条"坚持以信息化带动工业化，以工业化促进信息化，走出一条科技含量高、经济效益好、资源消耗低、环境污染少、人力资源优势得到充分发挥的新型工业化路子"，而"优先发展信息产业，在经济和社会领域广泛应用信息技术"。党的十七大报告指出，"必须全面认识工业化、信息化、城镇化、市场化、国际化深入发展的新形势新任务，深刻把握我国发展面临的新课题新矛盾，更加自觉地走科学发展道路，奋力开拓中国特色社会主义更为广阔的发展前景"。党的十八大报告共有十八处提及信息化、信息技术、信息网络等关键词，信息化对国民经济和社会生活的重要程度得到充分体现，而且在"全面建成小康社会和全面深化改革开放"的总体目标中，提出"工业化基本实现，信息化水平大幅提升"，信息化首次被定义为"经济健康发展"的一个目标。报告提出"坚持走中国特色新型工业化、信息化、城镇化、农业现代化道路，推动信息化和工业化深度融合、工业化和城镇化良性互动、城镇化和农业现代化相互协调，促进工业化、信息化、城镇化、农业现代化同步发展"。信息化成为与工业化、城镇化和农业现代化并列的"新四化"之一，强调了信息化在经济发展中的重要战略地位。总体上，从中央到地方，各类鼓励信息化的政策和举措层出不穷。除了传统的政府立项和评选信息化示范单位之外，还积极推进具体的指导措施来加快信息化进程。2010年广州市经信局委托中山大学信息经济与政策研究中心起草了《广州市CIO制度建设指导意见》，成为我国第一个推进CIO（Chief Information Officer）制度建设的城市。

从企业管理实践和IT使用与深化来看，经过30年的经济高速增长，中国企业开始全面参与到全球经济体系中展开竞争。随着中国综合国力的迅速提升和国际经济交融的深入，国际政治局势发展和金融动荡，都对中国企业的管理实践和信息化发展提出了新的要求。同时，随着国内经济结构调整和产业升级转型的深入，中国企业既要应对外部环境的复杂多变，也要面对信息技术进步带来的内部的管理压力。在经过多年的信息化尝试和努力之后，中国企业的信息化已经进入了一个新的阶段，企业信息化的持续深化和升级成为中国企业面临的新的IT任务，在这个过程中，IT技术正发挥着越来越重要的作用。在IT、通信技术和互联网组成的新的技术平台和通信平台的基础上，企业要实现优秀的绩效和可持续发展，必须构建更为灵活、有效的IT平台。

【本章小结】

本章首先介绍了信息的基本知识，包括信息的概念、特征和度量，指出信息具有客观性、主观性、等级性、时效性、传递性、共享性、增值性等重要特征，并且详细介绍了信息等级性在各个维度上的特征。随后介绍了系统的基本知识，对系统的定义、特征和评价体系进行了描述。最后对信息系统的发展进行了介绍。

【复习思考题】

1. 什么是信息，信息有哪些特征？
2. 信息的等级性如何体现？
3. 围绕信息、数据、情报和知识，举出生活中的实例，分析其中的区别和联系。
4. 什么是系统，如何理解系统？
5. 信息系统经历了怎样的发展历程？

第 2 章 管理信息系统概论

2.1 管理信息系统的基本概念

作为一门伴随着计算机科学技术飞速进步和社会经济快速发展而成长起来的学科，管理信息系统始终处于不断的成长进步当中，围绕着管理信息系统产生了大量的概念、定义和解释，直到1985年，管理信息系统的创始人、美国明尼苏达大学的戴维斯才对管理信息系统做出了比较完整的定义。戴维斯认为管理信息系统是一个利用计算机硬件和软件、手工作业、分析、计划、控制和决策模型以及数据库的用户—机器系统，它能够提供信息，支持企业或组织的运行、管理和决策功能。这个定义明确了管理信息系统的目标、功能和组成，具有相当的代表性。

《中国企业管理百科全书》将管理信息系统定义为："一个由人、计算机等组成的能进行信息的收集、传递、存储、加工、维护和使用的系统。管理信息系统能实测企业的各种运行状况，利用过去的数据预测未来，从企业全局出发辅助企业进行决策，利用信息控制企业的行为，帮助企业实现其规划目标。"

由于中国企业所处的经济发展阶段与西方不同，企业本身的管理基础和经营理念等各方面和国外也有较大的差异，因此《中国企业管理百科全书》对于管理信息系统的定义，在一定程度上更符合目前我们国家的实际情况。从管理信息系统的概念可以看出，计算机硬件和相关的通信办公设备、计算机软件、使用计算机的人一起构成了管理信息系统的基本要素。计算机的硬件和相关设备以及计算机软件仅仅是技术层面的组成要素，一个完整的信息系统应该包括使用信息系统的人。这里要进一步强调，人是管理信息系统中最重要的要素。因此管理信息系统是一个技术系统，而更重要的是它是一个由人和计算机一起组成的社会系统。使用信息系统的人在管理信息系统中具有重要的地位，企业的各级人员既是系统的使用者，也是系统的组成部分，充分发挥人和技术各自的优点和长处，才能得到系统整体的效果最佳。

管理信息系统，可以对企业运行的数据、信息进行收集、传递、存储、加工、维护和使用，这就明确了管理信息系统在技术层面的最基本功能。通过对企业实时运转的各种信息和数据进行上述的处理，信息系统可以实时监控企业的各种运行状况，及时地向管理者提供企业运行的各种信息。由于能够实时获得企业运行的各种数据，那么管理信息系统就可以对历史数据进行归纳整理，从而根据历史来预测未来，提供未来的预测功能；通过对企业各类信息进行汇总归纳，就可以帮助管理者从企业全局的角度制定决策。

由于管理信息系统是伴随着世界经济环境的巨大变化和技术环境的巨大变化成长起来的一门学科，它不可避免地要受到外界经济和技术环境变化的影响。近年来市场环境有了非常大的变化，管理信息系统也相应地产生了深刻的变化。

2.1.1 环境的复杂多变

管理环境的变化会对管理的思想、理论、方法和实践产生重大的影响，每一次的环境大变化，就会催生一批新的管理学理论和实践的成果，也会诞生一批伟大企业，淘汰一批曾经的巨无霸。随着全球化的推进和市场经济的快速发展，市场的需求日趋多元化并呈现快速变化的趋势，企业之间的竞争日趋激烈。环境的快速变化迫使企业做出迅速的反应，适应变化成为很多企业的战略重点。面对变革，美的提出"唯一不变的就是变化"，三星提出"除了老婆孩子一切都要变"。一方面，能够快速适应环境变化的企业在复杂的环境中能长久保持竞争优势，一些新兴的行业和企业也不断脱颖而出。另一方面，一些传统行业的领袖级企业，由于对行业的快速变化反应迟钝，对新技术引发的产业革命无动于衷，从行业领袖的位置走向衰落和破产。以财富500强企业为例，这些企业都是每个行业的领袖，无论是企业规模、管理水平还是经营理念，都是全球企业的学习典范，拥有巨大的市场影响力。但是从财富500强入围企业名单的历史演变来看，这一名单的变化非常大，有相当多的企业没能守住500强的位置，退出了榜单甚至申请倒闭破产。进入21世纪以来，申请破产倒闭的企业不断增多，例如雷曼兄弟、华盛顿互助银行、世界通信公司、通用汽车、安然公司、康赛可公司、克莱斯勒、太平洋燃气电力公司、德士古公司、Kmart、宝丽来、安达信、施乐……这些企业都曾经是行业的明星和领袖。例如传统胶片产业的领袖企业柯达，对于数码产品反应迟钝，应对失策，已经永远消失了。手机行业曾经的领头羊诺基亚，因为对智能手机的崛起反应过慢，应对失策，迅速沦落为二流企业。从另一个角度来看，很多企业抓住机会，适应变化，迅速成长为行业的佼佼者，如世界500强的名单中，中国企业在不断地增加，从1999年中国工商银行首次上榜开始，每年都有新的中国企业进入500强名单。到2015年，上榜的中国企业已经达到106家，这从一个侧面也说明相当多的企业离开了世界500强的名单。

2.1.2 信息系统支持的深度和广度

从管理信息系统支持的管理层级来看，无论是高层管理、中层管理，还是基层的业务处理，都需要管理信息系统提供充足的信息支持，要求管理信息系统的服务范围涵盖企业各个层级和各个部门。随着使用信息系统时间的增加，企业积累了大量的原始数据，围绕着这些数据的深度利用也成为管理信息系统应用的一个热点。运用数据实现优化决策、辅助决策、支持决策，给当前的信息系统和IT管理人员乃至企业最高层领导都提出了新的命题和挑战。相当多的企业高层已经意识到自己企业的管理信息系统里沉睡着大量的数据，这是一种极大的浪费。实际上，近年来大量新兴企业的崛起都是在挖掘、整合、共享这些沉睡的数据，从中找到资源整合的巨大机会。但是如何利用这些数据建立起决策支持体系却是一项漫长而艰巨的任务，这并不是仅仅依赖信息技术就能实现的，企业高层的管理意识，从数据到决策的方法论体系，以及对数据驾驭的能力，都是企业需要逾越的屏障。目前国内的企业在这几个方面，都存在着一定程度的不足，因此在利用信息系统优化决策方面还有很长的路要走。近年来随着大数据业务的崛起，利用数据来支持决策越来越受到重视，阿里巴巴创始人马云认为，当前正在从IT时代过渡到DT时代，即数据技术时代。

2.1.3 管理信息系统和业务的深度融合

经过 60 多年的发展和经验积累，企业应用管理信息系统已经相当普遍，企业之间的竞争优势已经从谁拥有新系统就能获得优势，逐步转变为谁能够将业务与信息系统深度融合，谁才能获得优势；从谁上马信息系统谁就拥有优势变成谁用得好谁才拥有优势。信息管理部门为了满足不断变化的业务需求，需要技术人员与业务部门进行深度的交流与沟通，密切协调与配合，甚至共同参与业务的实践。将来对于信息系统的评估也不是按照信息系统究竟能够解决多少技术问题来衡量的，而是要看信息系统能帮助企业进行多少创新和业务的增长。管理信息系统正在逐渐告别以前的业务支持和配合的角色，逐渐转变成企业业务的一个重要组成部分。在这一过程中，管理信息系统应该以积极主动的姿态和企业业务保持亲密的互动和协作，也要和业务部门一起统一到整个企业的战略管理平台上。随着互联网的快速发展，越来越多的组织和个人将更多的业务活动依托互联网平台来实现，因此，围绕着互联网的管理信息系统业务创新会成为引领企业未来战略的重要力量。

2.1.4 信息系统的边界拓展

互联网技术、产业集群、云计算等技术的发展，推动组织架构的不断演化，使更大规模的分工与合作成为可能。信息系统的边界开始跨越企业内部，逐渐蔓延拓展到企业外部，帮助企业打通整个供应链条，实现从原材料、生产到销售的统一信息服务平台；企业的客户、供应商、渠道商和关联方借助电子商务平台，形成了更加密切的分工与合作关系。各个合作方实现了更深层次的合作，实现了更大的整体利益。企业间的竞争一定程度上也转变成了供应链和价值链之间的竞争。企业可以自建电子商务系统，为合作伙伴分配登录账号，合作方可以方便地远程登录获取相关的信息数据。各个企业也可以分别建设电子商务平台，实现系统的对接，将数据交换和业务流程整合在一起。这种合作方式可以使企业之间共享程序和数据，带来了更多的合作，提高了信息对称性，并有效降低自身的管理成本。

总体来看，管理信息系统作为一门新兴的学科，综合了管理学、计算机科学、数学、心理学等多个学科的相关成果，是一门横跨多个领域的交叉边缘新兴学科。同时，社会的发展和技术的进步，又在不断给管理信息系统赋予新的命题和挑战，这一学科的理论体系还在不断的构建、发展和完善中，管理信息系统的边界和内涵也在不断发展演进的过程中，用动态的发展的视角来看待管理信息系统，有助于我们紧跟时代的脚步，不断完善这一领域，并指导当下的信息化进程。

2.2 管理信息系统的功能

2.2.1 信息系统与计划职能

任何组织都离不开计划职能。计划是管理的基本内容之一，组织通过计划做出部署和安排，制定行动策略和方案，调度人力、物力和财力等支持资源的投放，对执行的结果进行跟踪和评估，并且不断反馈和修正计划，使组织围绕计划的预定目标而努力，从而确保组织目标的实现。信息系统对管理计划职能的支持主要体现在以下几个方面。

1. 提供数据支持

制定计划和实施计划需要大量的历史数据和当前数据的支持，组织不但需要在日常运营中采集到巨量日常数据，还要对数据进行加工、分析、存储和传输，在编制和实施计划时随时调用。信息系统可以建立大量的与计划相关的数据库，能够帮助组织快速、便捷、高效地完成这些工作，从而支持组织的计划职能。

2. 提供模型支持

在日益复杂的市场环境和管理活动中，组织要在更加复杂的环境约束下完成多目标和多任务的计划方案。信息系统可以提供丰富的计划模型供组织参考使用，可以帮助组织更加高效地制定出合理的高质量的计划。同时，组织编制计划时离不开预测功能的支持，预测是计划制定的基础。预测的本质工作就是在历史和当前的形势下推演未来的趋势，从而为编制计划提供依据。信息系统提供的丰富的模型，可以帮助组织进行更为精准的预测。由于预测的计算量非常大，需要信息系统强大的计算能力来支持。

3. 支持计划编制的试算

在计划工作中需要拟定多种可行性计划方案，在多个方案中进行综合对比评估，这一过程中需要调整关键的环境变量和一些重要的参数，以此来观察这些变化对于计划未来结果的影响。例如，有限的企业资源如何实现最优的分配，在生产能力允许的条件下，如何通过产品种类和数量的分配，获得最大的效率和最丰厚的利润，等等。由于企业环境的复杂和现代企业管理的复杂性，这种在海量数据基础上通过数据模型来模拟未来变化的方法，需要巨量的计算工作，计划调试的过程中需要反复测试，计算工作非常烦琐，必须依靠强大的信息系统来支持；没有信息系统的支持，这些工作都是难以完成的。

2.2.2 信息系统与控制职能

控制职能是管理学的基本职能，与计划职能紧密相关，制定计划就是为了有效控制。有效的管理离不开控制问题，控制是对组织运营的掌控、计量、纠正和反馈，从而确保在组织实际运营当中不偏离最初的计划和目标。控制职能包括制定各种控制标准，检查工作是否符合既定的标准，及时将实施过程中的实际情况与计划目标相比照，若发生偏差和错误则及时发出控制信号，然后进一步分析偏差和错误产生的原因，及时纠正偏差或制定新的计划，以确保组织运营始终在管理者的掌控之下，从而实现组织计划目标。

控制职能需要控制的内容很多，广义上来说包括整个组织活动中的各类资源，如人力资源控制、各类规章制度和标准的控制、质量控制、库存控制、进度控制、预算控制、成本控制、收支平衡控制等等。

组织管理中的控制职能的核心在于随时监测管理运营中的动态信息，迅速、准确、完整地获得这些信息，针对这些信息做出判断，将控制指令迅速、准确、完整地反馈到管理运营活动中。这一过程需要信息系统的有力支持。控制过程中，信息传输和反馈的速度是至关重要的，因为控制系统非常普遍的现象就是时滞问题。从信息的测量、采集、传递、加工，到找出偏差和错误，然后及时反馈，一直到整个系统恢复计划的状态，这一过程如果耗费太多时间，会直接影响控制的效果。组织利用信息技术来处理这一过程会更加高效便捷，使控制过程和结果更加理想。

随着计算机技术的进步，自动化智能化的控制被越来越多的企业采用，很多企业用信息系统自动监控生产制造并及时调整调度。如大型钢铁厂、炼油厂和流水装配线，都可以通过信息系统收集数据，由信息系统及时处理，对过程加以控制。在一些生产制造企业中，生产一线的工作环境极其恶劣，为了完成有效的生产控制，达到规定的工艺标准和质量标准，人工操作需要高超的技术和丰富的经验，现场操作的工人的健康和生命安全也受到很大的影响，采用信息系统以后，这种情况大为改观。例如在钢铁生产企业中，炼钢和铸造是整个生产链条中的核心环节，过去的生产需要依赖现场工人通过随时观察钢水和火焰的颜色来判断。现在运用信息系统，通过计算机网络和数据库，可以实时采集生产过程中的信息和数据，经过汇总分析可以获得整个现场的运行状况和历史数据，如钢水的温度和质量、熔炉的工作状态、各类压铸设备的运转情况等，可以极大地帮助生产指挥人员掌握整个厂区的生产状况，然后根据历史数据以及计划指令做出对比判断，及时调整。

2.2.3 信息系统与组织结构

组织职能是管理的基本职能之一，是指按计划来分派和组合企业的活动和各种生产要素，通过这些行为来发挥企业的集体力量，合理配置企业的资源，提高运营效率，达成企业目标。组织职能包含着两个方面的内容，一方面包括为了实施计划和达成目标而设计和构建起来的一种结构，例如设立组织层级，建立组织结构，设置相关职能部门，配置人力资源，确定责任、权利和利益分配，界定各个职能部门之间的合作关系，等等，这些结构在很大程度上决定了企业的功能。另一方面，组织职能还包括为了实现计划目标所进行的组织的过程。与组织的结构相比，这一内容注重从动态的角度看待企业的运营过程，并施加相应的组织行为，通过过程控制来影响结果。

组织结构是组织职能的重要形式，是管理协调机制的一种外在的形式反映。自1911年泰勒提出"科学管理"的思想以来，传统的金字塔形的结构就成了组织结构的首选和标准样式，这种结构也被称之为机械式结构或官僚层级结构。金字塔形结构采用多层次的纵向集中管理，通过大量的规章制度来明确组织的各项功能，集权管理，责权分明，分工明确，合作规范，结构稳定，模式清晰，便于理解和管理，能够高效率地进行标准化活动。在传统的市场环境和技术环境下，金字塔形结构被广泛采用，但是它的缺点也是相当明显的：这种组织结构过于僵化，导致组织反应能力差，部门冲突多，管理控制跨度窄，管理层级过多，信息传输缓慢，成本高昂，管理效率低下。这些弊端在日益激烈和快速变化的市场环境中愈发凸显。随着信息系统的应用，促使这种组织结构向扁平化转变。

1. 精简中层管理

金字塔形组织结构的一个显著特点是设立大量的中层管理者。由于企业决策都是在有限理性和信息不充分的条件下进行，管理者永远得不到完全充分的信息，也不可能获得并且评估所有的解决方案，因此企业需要一定的管理结构来弥补这种不足。金字塔形结构的处理方式就是设立庞大的管理中层，通过中层收集、分析和总结各种来自基层一线的实际运营信息，然后交给高层管理者用以决策。高层决策之后，再由中层管理人员根据高层的决策来管理基层人员。信息系统可以帮助企业低成本地快速获取大量信息，使信息上传下达非常便捷。高层很容易获知企业的各类运营信息，也可以方便快捷地把信息传达给基层，这样的应用可以大大减少中间管理层。

2. 增加管理幅度

管理幅度，又称管理宽度，是指在一个组织中管理人员所能直接管理或控制的下属数目。有效管理幅度是没有固定标准的，不存在一种普遍适用的固定的标准人数。但是管理幅度又是有限制的，它会受到多个因素的影响，其大小取决于若干基本变量，如计划的完备程度，管理人员的管理水平和经验，工作任务的难度和复杂程度，员工的素质和经验水平，等等。使用传统的管理手段，每个管理者可以直接管理监督的范围一般为 5 到 7 人，当然，由于行业和企业的具体情况不同，很多企业的管理幅度可能有很大偏差。但是一般来说，管理幅度越大，下属之间的关系就越复杂。当管理幅度过大，管理者会疲于应付，也会引起复杂的人际关系。当超过一定限度时，管理的效率就会随之下降。因此管理者要有效地领导下属，就必须认真考虑管理幅度的问题。组织设计中一个主要的任务就是找出本企业中影响管理幅度的各种因素，评估各种影响因素的大小，具体确定企业里各个级别和各个部门的管理幅度。

信息系统可以将这一管理幅度显著地扩大。信息系统可以帮助平行关系的各个部门之间更加顺畅和高效地进行信息沟通和交流，有效地简化人际关系。对于很多跨地域的沟通与合作，信息系统提供的通信技术和手段可以轻松突破地理和时间的限制，实时了解彼此的工作进展。

信息系统可以有效地促进上下级之间的沟通与交流，使之更加快捷和透明。管理者可以更加清楚、更加快捷地了解下属的工作进展，用更少的时间和精力来管理下属的工作；下属可以通过信息系统实时了解上级的工作部署和安排，实时获得上级的指示和帮助，减少工作的失误和偏差。信息系统可以自上而下地帮助管理者覆盖更大的管理幅度，也可以帮助下级获得更多的管理指导，从而使管理幅度扩大。

2.2.4 信息系统与组织规模

组织规模究竟应该有多大，如何选择适当的组织规模，使组织既保持的核心竞争力，拥有长久的竞争优势，同时又具有战略战术的灵活性，是业界和学界长期关注的一个问题。组织显然不是越大越好，尽管在实际的市场当中，很多企业还是追求尽可能做大做强，尽可能大到没法倒闭。企业常见的做法是当企业在行业内成为领袖以后，积极地向行业上游和下游扩张，同时实施各种相关和不相关多元化战略，向其他行业延伸自己的触角。这当然不是一个一劳永逸的办法，某些行业的领袖级的企业，曾经拥有至高无上的地位，是全世界学习的楷模，规模也大到令人咂舌，而一旦在行业变化的关键时刻决策失误，就会引起快速的崩塌。另一方面，有很多组织不追求盲目做大，而是尽可能保持适当的规模，保持组织拥有长久的核心竞争力，同时保持高度的灵活性，不至于过于臃肿。这样的组织往往分布在一些细分行业中。

根据经济学的交易成本理论，企业存在的理由是因为和市场相比，在企业内部能够以更低的成本来提供产品和服务。随着企业规模的扩大，在企业内部沟通协调管理的难度越来越大，提供同样的商品和服务的成本开始逐渐增加，当企业内部提供这些商品和服务产生的成本跟市场的成本接近的时候，企业的规模就达到了极限。

管理信息系统的作用在于它能够有效地监控组织运营，帮助组织提升管理水平，提高管理运营效率，降低运营成本。因此在管理信息系统帮助下，企业可以获得更大的规模，更大的未来成长空间。同时由于信息系统的存在，企业也可以比以往更加自由地做出选择，适当缩小规模。因为信息系统可以有效地帮助企业寻找外部信息降低交易成本，由于沟通协调的成本更低，企业可以更小规模来实现高效运转。组织究竟是选择更大的规模，通过规模优势取得竞争胜利，还是选择更为精当的规模和通过合理的管控，通过快速适应环境变化来获得长久的生存，并没有定论。近年来，大规模的企业也越来越注重通过组织结构的设计和管理运营的调整，使企业内部具备一些小企业的特征，让自己更加灵活和富于活力；同时一些小规模的细分行业的优秀企业，也努力让自己具备大企业的一些管理特征，使企业内部责权分明。无论是哪一种选择，都需要企业深度运用信息系统，只有在信息系统的有效支持下，企业才可以有更多的选择。总之，管理信息系统的出现对于组织规模的影响，主要体现在组织可以更加自由地突破以往的地理环境和管理规模的限制，选择适合自己的组织规模。

2.2.5 信息系统与决策职能

决策是组织里重要的管理活动，决策行为贯穿管理过程的所有环节，管理质量直接取决于决策的质量。著名的管理学专家西蒙认为，管理就是决策。决策的过程就是在约束条件下为了实现特定目标，从多个可选择方案中做出判断，求得最优效果的过程。西蒙把决策过程分为4个阶段，分别是情报、设计、选择、实施。由于决策的复杂性和动态性，提升决策的质量是一件难度极大的工作，决策的质量取决于正确、即时、全面的信息支持。在每一个阶段中，管理信息系统都大大提升了决策的效率和质量。

1. 情报

情报工作是决策的最前端，主要是进行和决策相关的信息的收集处理，基于情报来定义决策对象。问题和现象是决策问题的表象，决策者需要通过大量信息的收集、分析、诊断，把表象的问题提炼成真正的决策问题。例如，企业的市场占有率在下降，这只是问题的表象，要解决这个问题，需要围绕市场占有率下降进行大量的信息收集和分析诊断，从而确定产生这个问题的可能原因，如竞争对手开发了更符合市场变化的新产品，或者消费者群体的需求特征转变，也可能是企业市场销售策略出现问题。总之，要在表象问题的基础上进行大量的情报工作。这一过程需要大量的调查、研究、分析、归纳，需要进行大量的烦琐的数据和信息的收集调研工作。

明确了决策问题之后，要针对决策问题做大量的情报工作，要把和决策问题相关的各种信息尽可能充分收集到。例如，一个企业在决定是否进入一个新的市场的时候，这种企业宏观战略的决策必须搜集大量的数据，对外包括国内外政治经济变化、未来消费变化趋势、新兴市场的发展动态、市场和消费者细分等等；对内要收集企业当前的运行状态数据，评估企业现有资源，可以动用的人力、物力、财力等方面。

决策要面对的首要问题就是决策相关的信息是否充分。决策的质量与决策时收集的相关信息是否充分直接正相关。很多时候管理者需要在信息不充分的情况下做出决策，依靠个人的能力、经验和感觉来弥补决策信息的不充分。信息系统在情报阶段可以做到迅速、准确、及时、完整地收集大量信息，并且对这些信息进行加工、整理、存储，最终形成报告。这些工作将极大地节省决策者的工作量，帮助决策者将时间和精力投放在更加重要的工作上，更加迅速准确地把握相关信息，从而提高决策质量和效率。

2. 设计

设计阶段的主要工作是根据情报阶段获得的信息制定各种可行方案。一般说来，为了实现目标和解决问题，总是拟定多个方案供选择，这样决策者就面临方案对比论证的问题。为了尽可能制定出高质量的决策方案，决策者需要在众多的变量和参数中做出计算、权衡和取舍。很多时候，现实中的决策问题往往是多目标决策，各个目标之间还存在着复杂的相互关联和制约，构成了一个难以确定的庞大复杂系统，往往很难有最优解决方案使所有目标都达到最优。

决策时还需要研究各类与目标相关的限制性约束，包括组织的人力资源支持、可提供的资金支持额度、政府补贴等等，这些约束直接影响决策的效果。如果能够放松这些限制性约束，决策方案的选择空间和预期结果都会显著改善。但是限制性约束也是复杂的动态的，随着时间的推移和方案实施的进展，会有新的限制性约束涌现出来。因此围绕限制性约束来设计决策方案也是难度较高的管理行为。

传统的决策更多地依靠管理者的个人经验及其对市场的直觉，管理学中经常强调"管理是科学也是艺术"，这跟过去的决策性质和决策条件有很大关系。但是，随着市场经济的发展，现代企业的管理环境已经发生了天翻地覆的变化，组织规模更加庞大，管理职能更加复杂。随着经济全球化的推动，越来越多的企业不得不面对更加复杂的市场外部环境以及国际和国内政治经济局势变动的影响。

从20世纪70年代开始提出决策支持系统的概念，到80年代信息系统的应用，逐渐从常规的事务性处理转向企业的高级决策支持，相继产生了很多决策支持系统。决策支持系统融合了管理科学、运筹学、控制论、行为科学、计算机仿真等多个学科的知识基础，通过计算机技术和信息技术来支持决策活动。决策支持系统可以提供丰富的模型和数据，帮助决策者快速建立或修改决策模型，并且提供各种备选方案和强大的人机交互功能，让决策者和信息系统之间进行灵活的对话，为企业提供更多的可行性方案，从而方便决策者做出高质量的决策。

3. 选择

决策成功的关键在于找到合理的解决方案。针对决策问题会有多种可能的备选方案，围绕这些方案进行论证探讨，然后形成决策。论证的过程中，需要对各个方案进行分析，包括定性分析和定量分析。由于决策问题往往具备多目标和动态演化的复杂性，决策者需要在多个目标和决策变量中间做取舍和权衡，对决策者的智力、体力和经验都是很大的挑战。举一个简单的例子，企业需要提高产品质量，又要控制好成本，这本身就是矛盾的，提高产品质量意味着购买更高质量的原材料，更好的生产设备，更严格的质量控制和更高水平的人力资源支持，而这些又必然导致成本的上升。管理者的每次决策几乎都是各种利益和约束的平衡取舍，难度非常大。更加让管理者困惑的是，随着市场经济的发展和竞争的日益激烈，决策问题的复杂性也越来越高，需要平衡和考量的变量越来越多，管理者在选择决策方案时更加力不从心。

信息系统不仅能够为决策者提供所需的数据和信息，帮助决策者明确决策目标和识别决策问题，而且可以对各种方案进行评价和优选，通过人机交互功能进行分析、比较和判断，为正确的与决策提供必要的支持。系统工程、计算机仿真、运筹学、模糊数学等多个领域的成果都开始用于信息系统，信息系统提供的模型和算法可以为这些定量化的决策辅助工具提供有力的帮助。通过与决策者的一系列人机对话过程，为决策者提供各种可靠方案，检验决策者的要求和设想，从而达到支持决策的目的。

4．实施

实施阶段主要的任务是根据最终确定的方案来执行，并且监控方案执行的情况，有时候还要根据实施的情况对方案进行调整。实际的实施过程中，很少有方案能够完全按照计划严格执行而不进行任何调整的，绝大多数方案都要经过或多或少的调整。因为无论如何充分收集信息、设计方案和确定方案，人们对于决策问题的认知都是有限理性的，现实中总会存在事先没有考虑到的因素，当方案开始实施以后发现漏掉了重要因素，就要调整方案。同时，由于事物的发展都是动态的，随着时间的推移和方案的实施，会有新的问题涌现出来，从而迫使决策者调整方案。

因此在决策方案的执行、反馈、监控和调整的过程中，同样要解决信息的收集、传输、整理、分析等一系列问题，在每一个步骤中，信息系统都能提供强大的支持，帮助方案的顺利实施。此外，信息系统还可以大幅度减少与决策相关的各种各样的沟通成本，与决策过程相关的各种工作都可以通过信息系统更加方便快捷地完成。比如决策人员可以提前收到要讨论的与决策相关的内容，也可以随时对决策提出建议并且及时通知其他决策者。企业可以利用远程会议系统直接召开视频会议或者电话会议，让处于全世界不同位置的管理人员轻松跨越地理的限制，可以快速集中讨论问题。而在以前要将这些管理人员聚集在一起，首先需要花费大量的时间在路程上，无论是时间损耗还是差旅费用都是巨大的成本损失。

2.3 管理信息系统的结构

管理信息系统掌控着整个企业的信息流，既要从上至下覆盖企业的各个管理层级，又要贯穿企业业务流程的每个环节，因此管理信息系统是一个包含着各种子系统的复杂的、嵌套在一起的系统。管理信息系统的各个组成部分以及各个组成部分之间的相互关系，构成了管理信息系统的结构。从不同的视角来看，管理信息系统会呈现出不一样的结构形式。对管理信息系统的结构进行剖析，有利于我们深入理解和掌握管理信息系统的功能。接下来，从管理信息系统总体结构、层次结构和智能结构来分析。

2.3.1 管理信息系统的总体结构

管理信息系统的总体结构包括硬件系统、网络通信系统、计算机软件系统、管理信息系统中的工作人员、管理信息系统中的管理制度等子系统。

1．硬件系统

这一子系统包括各种计算机硬件设备、各种输入设备和输出设备、办公设备、存储设备、外围设备等等。这一子系统是管理信息系统运转的基础硬件设施资源，是支撑管理信息系统运行的物质基础，硬件系统的性能直接决定了系统的运算和存储能力。随着计算机硬件设备的快速发展和新技术的不断出现，硬件系统的计算能力愈发强大，硬件种类范围都在不断地扩大，大量的新型网络设备和终端设备都成为管理信息系统硬件系统的组成部分。这些技术的进步和新型设备的出现，极大地拓展了管理信息系统的支持范围，丰富了系统的功能，使管理信息系统的功能越发强大。

2. 网络通信系统

这一子系统包括计算机网络系统和各类通信设备。基于互联网技术的网络通信系统是现代管理信息系统中一个非常重要的组成部分，只有通过网络通信系统才能够使企业各个部门以及企业与外部环境之间及时快捷地进行信息的传输和共享。近年来，随着移动互联网的快速发展，基于手持设备和移动互联技术的通信系统又给管理信息系统带来了新的发展机遇和空间。由于移动互联通信系统比传统的互联网通信系统覆盖面更广，使用更方便快捷，可以有效地突破时间和空间的限制，围绕着移动互联进一步拓展管理信息系统的覆盖范围和功能成为近年来的热点。

3. 计算机软件系统

这一子系统包括各类系统软件和应用软件，也包括各类程序、文档和数据。计算机软件系统负责管理计算机的全部硬件资源，提高计算机的利用率，是支持管理信息系统实现各种功能的核心与灵魂。信息化中的核心工作就是开发出适合企业需求、能够支持企业各类职能和各管理层级需求的软件系统。管理信息系统的强大功能主要来自硬件技术和软件工具的进步，二者是相辅相成互相促进的。随着软件工具功能日益强大，硬件的处理能力快速提升，以及软件知识经验的积累，计算机软件系统的功能正变得越来越丰富。围绕着大数据、云计算、人工智能等热门领域，未来的计算机软件系统将会进一步提升管理信息系统的性能。

4. 管理信息系统中的工作人员

这一子系统包括使用管理信息系统的各类终端用户，开发管理信息系统的各类相关人员（系统规划人员、系统分析人员、系统设计人员、系统实施人员、系统维护人员），还包括对管理信息系统进行管理的信息部门，等等。总之，作为一个社会系统，管理信息系统中所有的工作人员是管理信息系统中最重要的构成要素，他们直接决定了管理信息系统的开发水平和应用水平。企业使用管理信息系统的过程中，往往由于忽略了人的作用，过于强调计算机系统硬件和软件的重要，导致了信息系统开发和应用的失败。信息系统是为了满足人类的需求而开发的，信息系统的开发者、设计者都是人，使用者也是人，这些都决定了信息系统的核心要素永远是人，也只能是人，这是信息系统最重要最核心的要素和基本原则。随着信息系统在社会各个层面的日益普及和深化，人们越来越深刻地认识到信息系统建设需要围绕着人的需求和使用来开展，只有紧密贴近用户需求和用户使用的信息系统才能取得最后的成功。

5. 管理信息系统中的管理制度

相关的管理制度体系是管理信息系统重要的组成部分，是开发优质的管理信息系统和维持管理信息系统良好运行的基础和制度保障。这一子系统包括管理信息系统建设和应用中所涉及的责权利的规定、日常操作规程、工作程序，以及围绕着管理信息系统运作产生的各类相互关联的规章制度、绩效考核办法和奖惩条例，等等。这些制度涵盖相关信息管理部门的结构设计和各类设置安排、信息系统的运行管理制度、系统的运行维护制度、系统的文档管理制度、系统安全与保密等等，整个体系必须做到完备、严密、科学、合理。由于管理信息系统对于现代组织的重要性，以及管理信息系统本身的复杂性，要充分发挥信息系统的作用，组织必须从建设信息系统开始，到系统的正式验收和投入使用，以及信息系统的日常运行，一直到信息系统被新的系统所取代，整个过程自始至终贯穿着管理与维护，这样才能够保证信息系统在尽可能长的生命周期里保持良好的运行状态。

2.3.2 管理信息系统的层次结构

组织的结构是分层级的，一般可以简略分为高层管理、中层管理和基层运作。其中，高层管理主要负责企业战略层面的问题，中层管理主要负责企业战术执行问题，基层又称为作业层，负责企业的日常常规性的工作。管理信息系统作为一个从企业（组织）高层到基层全面覆盖的系统，必须能够有效地支持从基层日常工作到高层战略管理的不同层次的工作需求。从层次结构上可以把管理信息系统大致划分成如下3种层次。

1. 基层

支持企业基层日常操作的是事务处理系统（transaction processing system，TPS），也称为电子数据处理系统（electronic data processing system，EDPS），或者数据处理系统（data processing system，DPS），它诞生于20世纪50年代，是最早在企业中应用的信息系统。随着时代和技术的进步，不断演化变迁，事务处理系统成为当今的管理信息系统中最基础，也是最重要的面向基层的子系统。

事务处理系统的主要功能是记录、收集、加工、存储和报告组织日常工作的事务性数据，对数据进行加工、转换、分类、排序、运算、汇总等操作，提高零散而且巨量的日常事务性数据的可应用性，并为高级的信息系统提供数据基础。

事务处理系统记录原始零散的结构化数据，如订货收货单据、销售数据、工资系统、绩效考核、人事档案、生产领料等等，输出经过汇总分类的规范性的报告和报表，如生产报告、销售报告、工资报表等等。它可以帮助管理者追踪、控制组织的日常经营活动，并且对一些结构性较高的日常运作问题提供报告，因此该系统需要迅速、准确、规范化和程序化，系统的主要使用对象为企业中的基层人员。

事务处理系统的发展可以分为两个子阶段：单项数据处理和综合数据处理。单项数据处理是事务处理系统的初级阶段，其主要的目的是运用计算机来替代手工劳动，进行一些最基础的单向数据处理工作，如日常的工作统计。随后进入综合数据处理阶段，这一阶段可以同时对企业运转的多个流程的相关业务基础数据进行综合的处理，并产生各类报告。综合数据处理阶段，其发展历程也可以看作是事务处理系统涵盖范围的不断扩大和功能的日趋完善。事务处理系统成为企业管理各个职能的基础子系统。

事务处理系统的业务处理可以分为实时处理和批处理两种情况。实时处理也称为在线处理或联机处理，数据的输入、记录、转换和更新都是即时的，对顾客的响应也是即时的。实时处理的优点在于即时准确地获取业务信息和响应客户，例如顾客购物时刷卡消费的计算和反馈，储户取款等等。批处理是定期收集数据，进行批次处理。批处理的优点在于，当对于数据没有即时计算和反馈需求的时候，错开信息系统使用的高峰时段，在系统空余的时间进行运算，对数据集中进行处理，充分利用信息系统的资源。这种情况下对硬件的计算速度要求不高，硬件费用比较经济。例如，金融系统每天下班后，对金融数据的集中处理；企业每个月对薪酬的集中处理。

事务处理系统在企业运转的各个环节都被广泛采用，比如市场营销、生产制造、财务会计、人力资源管理等等。企业日常运营管理活动产生的事务性数据，具有程序化、重复性、描述性、可预测性和客观性的特点，事务处理系统的主要目标是提高基层和管理人员处理日常业务的工作效率，减轻工作负担，节省人力成本和降低工作费用。

事务处理系统已经成为现代经济社会不可缺少的微观神经系统，离开事务处理系统，现代社会根本无法运行，企业难以运转。银行、超市、商场几乎所有的日常经济活动，全部需要事务处理系统的支持，尤其是大型企业，离开事务处理系统，企业几乎一单生意也做不了。现在经济社会运行的每时每刻都有海量的数据产生，需要事务处理系统来及时处理，这对人工手工处理来说，是无法想象的巨大的工作量；只有借助事务处理系统的强大功能，才能对这些数据进行有效的管理和利用。

2. 管理层

从 20 世纪 70 年代开始，管理信息系统的范围逐渐从基层的事务性操作拓展到中层的战术执行，将事务处理系统中的数据信息，经过信息的"二次"加工处理，生成周期性报告和专门报告，为中层管理人员监控企业各个环节的业务活动、有效地调度和分配企业资源提供必要的决策信息，为组织系统高效地利用事务处理系统的基础数据提供支持，帮助组织进行计划、控制和决策。

这类中层的信息系统主要产生周期性报告和专门报告两类报告。周期性报告遵循某一特定时间周期产生，报告内容固定，按部就班，如各类周报、月报、季报等。这些报告为中层管理者提供稳定的时间周期数据，帮助中层管理者有效掌控监管各个部门的周期性运作规律。专门报告主要包括特殊事件、例外事件、突出事件等等。例如例外情况出现时所产生的报告，排序发现的突出情况，各种与正常情况或计划不一致的偏差信息。专门报告方便管理者及时发现各类特殊情况，给予关注和排查，有效掌控各类意外情况的发生。

这类报告本身一般不具有分析能力，因为它并不负责提供明确的解决方案，但是可以通过报告向人们提示潜在的问题，由管理人员来进一步分析和判断，从而有效地提高整个组织信息资源的使用效率和使用质量。一定程度上事务处理系统可以看作管理信息系统的输入子系统。

信息系统发展到这一阶段，开始拥有自己的中心数据库，通过计算机网络系统将组织中的数据和信息高度集中，快速处理，使企业内部各个部门能够跨越地理位置的限制，把分散在不同地方的计算机和数据资源联系起来。这一层级的信息系统主要包括知识工作系统（knowledge work systems，KWS）、办公自动化系统（office automation systems，OAS）、管理信息系统（狭义）（management information systems，MIS）

3. 战略层级

支持战略层级的信息系统一般称为战略支持系统（executive supporting systems，ESS）。ESS 能够提供丰富的人机交互功能和大量的模型数据库，把数据库和管理模型结合起来，通过优化运算提供管理、预测和决策功能，它能够为高层决策者提供决策信息，也可以提供更多的决策方案，是信息系统中重要的组成部分。

事务处理系统和中层的信息系统能够提供大量的数据和报告，但是这些报告却没有得到有效使用。高层管理者需要信息系统提供更有效的信息和更强大的功能来支持高层决策，从 20 世纪 70 年代起，这种需求日益强烈。随着全球经济的不断发展和市场竞争的加剧，高层决策面临的环境越来越复杂。从外部环境来看，市场范围和复杂程度不断增大；从内部环境来看，组织规模不断拓展，组织复杂度也越来越高，高层管理者需要处理的决策问题越来越多,而且复杂程度日益提高。此时,基于领导艺术、心理洞察力、管理经验的传统个人决策显得捉襟见肘,管理层迫切需要强大的信息系统来支持决策,科学化决策越来越受到重视。计算机硬件和软件的快速发展,为这种需求的实现提供了可能性,于是战略支持系统开始从概念走向实际的开发应用,并且不断发展。

目前三个层级的系统都在迅速发展,并且彼此之间也存在着交叉的关系。在企业运营当中,企业的各项职能在三个层级都有体现,每个层级的关注点不同。例如,销售管理问题,销售终端的事务处理系统主要负责即时准确地记录销售数据,并且完成各自的销售任务;中层的控制系统主要关心市场战略的执行情况,即时掌握市场数据和监控终端市场行为;高层的战略系统主要根据基层和中层系统的数据来分析市场战略的总体效果,对市场情况和竞争对手进行分析,总体上把握市场战略。

上述三个层级的划分,实际上也体现了管理信息系统的发展历程。在信息技术发展的初期,企业最早使用的信息系统是基层数据管理系统,当时的硬件和软件水平的限制,信息系统主要被用来处理基层事务,提升工作效率,降低人工成本。随着信息技术的进步,计算机的硬件和软件都快速发展,信息系统的覆盖边界逐渐拓展到组织的中层和高层,提供的系统功能也越来越丰富,并且逐步拓展到组织的边界以外,在供应链、价值链上整合组织的信息资源,而互联网的出现和飞速发展,为全世界范围内整合信息资源提供了更大的可能性和想象空间。

2.3.3 管理信息系统的职能结构

组织里各个职能部门都有自己独特的运作模式,各个部门的信息需求也不相同,需要管理信息系统提供相应的功能子系统来支持其日常的运作;同时需要各个职能部门之间保持通畅的信息流,使各个部门子系统构成一个综合的整体系统,因此不同的职能部门子系统也构成了管理信息系统的职能结构。管理信息系统的发展也是一个不断涵盖和贯通更多职能部门的历程。一般组织都包括物资供应、生产制造、销售市场、财务管理、人力资源管理、信息管理等基本的职能,管理信息系统对这些职能都能提供强大的支持。

1. 物资供应子系统

物资供应子系统的基础业务活动包括原材料的采购、收货、库存等活动。物资供应系统的基层业务包括各种物料单据的采集、加工、存储、传输等处理;物料单据主要包括订货、收货、库存等单据。中层的管理控制包括对库存水平和原材料采购成本进行综合分析,对仓库使用情况、库存水平、库存周转率、物资供应季节性变更等做出相应的统一规划和调整。战略管理主要包括供应商的测评、政策制定、供应方案设计等等。随着供应链信息系统的发展,企业信息系统逐步拓展,和供应商信息系统联结起来,对整个供应链条的相关信息进行分享和整合。

2. 生产制造子系统

生产制造子系统的核心是对生产过程进行管理和控制,对产能安排、生产效率、产品质量等方面进行更为精准和高效的管控。具体内容包括计算机辅助设计、计算机辅助制造、产品数据管理、生产设备计划、作业调度、质量控制与检验等等。

生产制造子系统是管理信息系统应用的核心领域,是管理学界和企业界重点关注的领域,也是系统软件厂商多年来投入巨大研发精力的领域。经过多年来不断的技术进步、经验积累和发展演变，生产制造子系统已经成为制造类企业重要的信息系统。基层的业务处理主要包括生产指令的传达、生产各环节成品半成品的统计、工时计算、各类装配处理的单据等等。中层管理控制包括根据生产进度落实生产计划，调整生产进度，及时排查生产瓶颈，控制生产成本，等等。战略层面主要包括生产线的改进，新生产线的引进，生产自动化的推进，新技术、新方法、新产品、新工艺、新材料的研发与使用，等等。

3. 销售市场子系统

销售市场子系统主要包括市场细分、产品定价、销售预测、客户关系管理、市场数据统计汇总、市场调研、广告促销、售后服务、产品战略等业务活动的信息系统支持。

销售市场子系统基层具体的业务处理主要是市场单据的处理，尤其是统计汇总销售终端数据，这些数据构成了最基础的销售信息处理单元。在电子商务环境下，网络销售的销售数据比传统市场环境下的数据更为快速和便捷。对终端销售数据的收集、整理、计算、分析、存储，为进一步提炼这些数据提供了基础的支持。中层的管理控制，包括制定市场销售计划，根据渠道、区域、产品和客户的销售数据进行分析，及时根据基层采集的销售数据调整市场行为。高层的战略管理工作内容主要在市场战略方面，根据市场终端的信息，对于消费人群进行细致的分析，包括市场的容量、消费者细分、客户调查、经济数据预测、居民收入支出分析预测，主要竞争者的分析，现有市场战略和新兴市场战略等方面。高层战略还包括在产品的不同周期和不同阶段进行相应的策略调整，有效分配企业资源，使市场战略能够有效支持企业战略的实现。

4. 财务管理子系统

财务管理是信息系统最早使用的领域之一，早期的信息系统主要支持会计和财务两大功能。会计系统主要功能是记账，编制各类报表，对预算和成本等进行分析。财务管理系统的主要工作目标是收集、加工和利用企业的财务信息，对企业的现金流进行掌控，优化企业的资金使用，对组织经济活动进行管理和控制，以满足企业运营的需要。

财务管理子系统的基层工作主要是各类报表和单据的处理，收集、加工、处理、存储、汇集与企业成本和资金等直接相关的数据信息。中层的管理控制是利用基层系统采集的基础数据对企业的资金成本做出管理控制，并对各种例外情况进行管理控制。高层在战略管理层面上对企业的战略进行预算管理，并保证资金的充足，确保企业现金流的通畅。

5. 人力资源管理子系统

人力资源管理子系统的功能包括员工的招聘、录用、培训、绩效考核、薪酬管理、人力资源发展计划等，确保企业的人力资源和日常运营实现良好匹配，并支持企业战略的实现。由于企业规模的日益扩大和管理活动的复杂性不断提高，企业人力资源管理更加需要依靠信息系统的支持。

人力资源管理子系统基层的业务主要是企业人力资源基本数据信息的收集与统计，例如企业人员的基本信息、岗位设置、绩效考核、薪酬计算、员工培训、员工健康等。中层的管理控制主要是对企业人力资源状况和市场需求以及政府政策法规进行管理和控制，包括员工职业发展、企业的薪资结构、员工数量、培训费用、教育背景、专业背景等等，通过对企业人力资源的实际状况进行动态分析比较，生成各类报告。人力资源系统的战略层面功能主要是通过人力资源战略管理来帮助企业完成战略目标，这一点对大型企业尤其重要，需要结合国际国内宏观政治经济情况、人口结构演变、地方收入水平、国家和各个地方的法律法规、人口受教育情况、企业人力资源状况等信息来综合评估，对企业招聘、薪酬、福利等各种方案进行对比，确保人力资源能够支持企业战略。

一个完整的管理信息系统既能够满足组织不同管理层级的需求，又能够覆盖组织里各项不同业务的各个工作环节，能够提供丰富强大的管理功能，因此管理信息系统的内部结构是一个相互联系的多维度交叉的有机的整体，如图2-1所示。管理信息系统中的软件子系统和模块形成了一个完整的软件体系。通过上述对于管理信息系统组成结构、层级结构和功能结构等各个方面的详细描述，可以大致从整体上把握管理信息系统的内部结构框架。

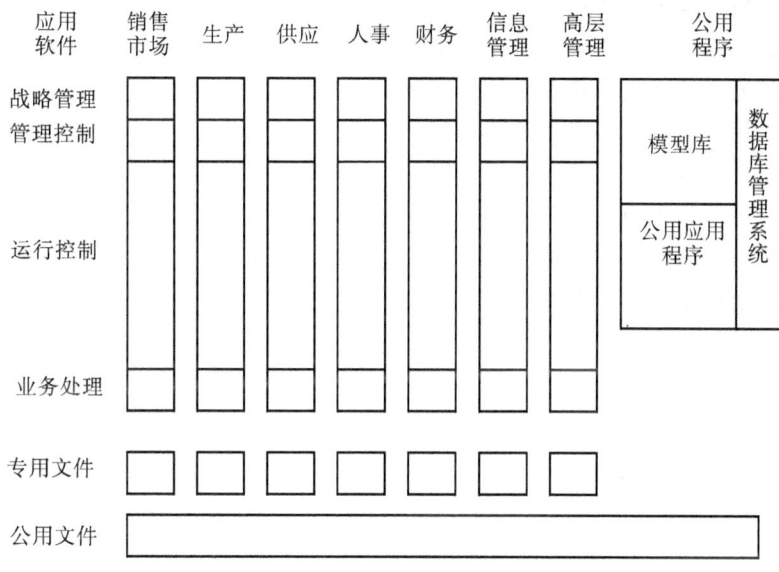

图2-1 管理信息系统结构

从纵向结构来看，每一个纵列代表着组织里某一项管理职能，管理信息系统都有针对该职能的子系统和模块，把每项管理职能各个管理层级的业务活动联系在一起，使每个职能自上而下和自下而上地收集、转换、存储、加工、传输相关的业务信息，形成对该职能的有力支撑。

从横向结构来看，信息系统把每个管理层级的各种管理职能有机地整合在一起，使每个层级都能共享相关的信息资源，提高了信息的利用率和管理效率，并且能够帮助管理者从各个职能的综合信息来制定决策，提高了决策的效率和质量。

管理信息系统的每个子系统都有自己的专用数据文件，通过专用数据库进行管理，同时还有针对企业其他子系统生成的公用数据文件，通过公用数据库进行管理，实现企业内部各个部门的共享。管理信息系统为各个职能部门提供统一服务的公共应用程序，同时也为每个子系统提供专门的应用程序，公共程序和子系统应用程序之间都有接口联结。管理信息系统也提供了模型库供各个程序使用，模型库包含了丰富的决策模型。

总体来看，纵向和横向结构形成了管理信息系统的综合一体化结构，可以使企业对信息资源集中掌控，快捷传输，无缝共享，统一管理，使企业的运营管理水平得到巨大的提升。

【本章小结】

本章对管理信息系统的基础知识进行了介绍，首先描述了管理信息系统的基础概念，随后详尽介绍了管理信息系统对计划职能、控制职能、组织结构、组织规模和决策职能的支持，最后从横向、纵向和整体上对管理信息系统的结构进行了分析。

【复习思考题】

1. 如何理解管理信息系统的外部环境变化？
2. 管理信息系统如何支持管理计划职能？
3. 管理信息系统如何支持管理控制职能？
4. 管理信息系统如何影响组织结构？
5. 管理信息系统如何影响组织规模？
6. 管理信息系统如何支持管理决策职能？
7. 如何理解管理信息系统的层级结构？
8. 如何理解管理信息系统的职能结构？

第二篇

管理信息系统的技术基础

第 3 章　数据管理基础

信息资源对于企业有重要的战略意义。信息资源主要指信息系统中管理的大量数据。企业要获得竞争优势，必须围绕这些数据进行高效的管理和应用，这是企业信息管理的核心。利用信息系统中的数据佐证、辅助和支持决策，增加利润和提升效益，是信息系统的最大价值之一。随着信息技术的飞速发展，对海量数据的管理和应用已经成为信息技术发展的重要方向。

3.1　数据处理

数据处理是用计算机系统把原始数据按照计算机系统的要求，加工成另一种可供计算机系统操作的数据的过程。数据处理的主要目的在于通过转化把原始数据转换成便于计算机分析、处理、传输或进一步处理的形式。数据管理是信息系统的核心功能，而数据处理是数据管理的基础。

数据处理可以将大量的原始数据进行收集、整理、归档，提取其中有价值的部分，作为决策的依据。数据处理利用计算机系统强大的运算和存储能力将大量的原始数据保存和管理，方便人们充分利用这些数据资源。

数据处理主要的内容包括：
- 数据采集：根据需求采集相关的数据。
- 数据转换：把采集的数据转换成计算机能够理解和接受的形式，要通过设计计算机代码来描述这些原始数据。
- 数据组织：按照系统的标准和逻辑关系的梳理，对数据进行筛选、分类和排序。
- 数据运算：按照算术运算和逻辑运算，对数据进行进一步的提炼。
- 数据存储：利用计算机的存储能力将大量数据保存，方便随时调用。
- 数据检索：按照用户的要求提供相应的数据。

数据处理相对来说计算方法比较简单，但是处理的信息量非常大。由于数据处理的重要性和数据处理的特点，数据处理需要考虑数据存储形式的选择，要设计合理的数据结构便于计算机处理。

3.2　数据结构

要对海量的数据进行管理，就要求这些数据必须符合统一的格式，具有严格符合相关规则的关联关系。只有这样才能够对海量的数据进行快速的存储、分类、检索、调用，才能够对数据进行有效的组织和管理。信息资源管理的核心就是对数据进行有效管理和利用。因此，必须对数据的结构进行详尽的设计和规范，才能进行数据快速处理和大规模存储应用。

数据结构是计算机组织和存储数据的方式,是信息系统中的一个重要概念。数据结构的设计决定了数据管理的质量和效率。数据结构包括相互之间存在的一种或多种关系的数据元素的集合,以及集合中各种数据元素之间的关系组成,它包含了数据的存储结构和结构上的操作。

数据结构还可以分为逻辑结构和物理结构,如图3-1所示。逻辑结构指的是数据之间的逻辑关系,这种逻辑关系是指数据元素之间的前后件关系。逻辑结构与数据在计算机中的存储位置无关。数据的逻辑结构包括线性结构和非线性结构两大类,其中,线性表、栈、队列和串是线性结构,树和图是非线性结构。

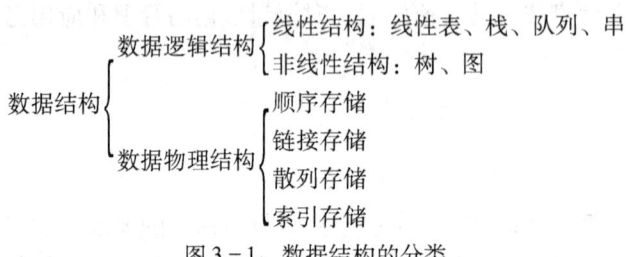

图3-1 数据结构的分类

物理结构又称之为数据的存储结构,是数据在计算机中的存储方式,也是数据的逻辑结构在计算机中的存放形式和实现形式。它一般分为顺序存储、链接存储、索引存储、散列存储四种。对于每一种逻辑结构,需要与之对应的适当的存储结构,这样才方便计算机对其进行处理,我们把这种对应关系称之为映像。一种逻辑结构可以对应多种存储结构,不同的存储结构会影响到数据处理的效率。

在程序设计中需要认真考虑数据结构的选择,是否选择了最适当的数据结构会直接影响到系统设计的难度和系统构造的质量,这一点在大型系统的构造中尤其明显。确定了适当的数据结构就可以找到相应的算法。有些时候也会根据特定算法的要求反过来选择与之对应的数据结构。由于数据结构设计的重要性,数据结构选择成为构造系统的关键因素。实际上,很多软件设计方法和程序设计语言的区别就在于数据结构选择的不同。

3.3 数据库技术

3.3.1 数据库管理的发展

数据库技术是信息系统的核心,是进行信息管理的重要技术手段。在信息系统发展的早期,由于当时的数据量很小,不存在专门的数据管理,信息系统的核心是程序,数据依附于程序代码,数据管理是一种自由零散的方式。随着信息系统应用的推进和深入,数据量开始激增,围绕数据进行科学高效的管理逐渐成为信息系统最基础最核心的工作任务,因此各种技术手段开始不断发展,促成了数据库管理的飞速进步。数据库管理大体可分为如下几个阶段:

1. 自由管理

早期的信息系统关注的核心是程序功能,数据内嵌在程序中。这种数据管理方式非常简单，也非常粗陋，使数据处于无序的状态，无论是数据修改还是数据维护都很不方便，依附在程序中的数据也无法被其他程序共享。

2. 文件管理

数据管理随后进入文件管理方式，程序和数据文件之间通过文件系统来联系起来，数据开始独立于程序。程序通过文件来对数据进行操作，由文件系统完成对数据的存储，程序不需要介入。这样的管理方式在一定程度上可以实现程序之间的数据共享，也可以降低程序的复杂程度；文件系统可以对数据进行实时处理和批处理，可以长期保存数据，但是无法解决数据冗余的问题，数据冗余又导致数据修改和维护的困难。尽管文件管理比自由管理阶段有所进步，但是无法提供真正有效的数据管理，随着数据量的增大，迫切需要能对大规模数据进行高效的、标准化管理的技术，于是数据库技术开始出现。

3. 数据库

数据库（Database）是把相关数据按照数据结构来组织、存储和管理的数据集合。数据库尽可能以最佳的方式来组织这些数据并提供多种应用服务，数据库技术使程序与数据之间具有较高的独立性。数据库就像存储电子文件的文件柜，用户可以对文件柜中的文件进行增加、删减、更新和修改等操作。

在组织日常管理工作中，需要把大量的数据放进这样的文件柜，并且进行频繁的操作来支持日常管理工作。例如，组织中的人力资源管理部分需要把所有员工的基本情况进行记录和管理，比如工号、姓名、性别、年龄、受教育水平、薪酬等等，这些数据记录的集合就是一个简单的数据库。管理者可以根据需要随时查询这些数据，并且根据需要进行增加、删除、修改、统计、分析等工作。在其他各个部门的工作中，都有大量的类似的工作内容，信息系统的数据库可以通过计算机系统来处理这些工作，可以极大地提升管理的数据量和操作的方便快捷性。

与以前的数据管理方式相比，数据库主要解决两个问题，一是获得数据和应用程序之间的独立性，二是减少数据冗余。数据冗余是指数据的重复，同样的数据在多个文件中都有存储，这就意味着对同样的数据进行修改必须在数据存储的每个地方都要进行，如果有的地方修改而有的地方没有修改，那么就会出现数据不一致，很难确定究竟哪一个数据是正确的，这是数据冗余带来的最大的弊端。数据冗余还会浪费存储空间，给数据存储和修改带来很多困难。数据的独立性是指数据结构独立于使用它的应用程序，对数据的增加、删除、修改、查询等工作由软件统一进行管理和控制，不必再修改数据的应用程序。数据库是数据管理的高级阶段。

3.3.2 数据库管理系统

数据库管理系统（database management system，DBMS）是管理数据库的大型软件，用于建立、使用和维护数据库。它能够对数据库进行统一的管理，保证数据库的安全性和完整性。数据库管理系统可以使多个应用程序用不同的方法同时或不同时刻去建立、修改和询问数据库，也能使不同的用户同时或者不同时刻进行上述操作，用户可以定义数据库的模式结构与权限约束，实现对数据的操作。

数据库管理系统是数据库系统的核心，它把用户意义下抽象的逻辑数据处理，转换成为计算机中具体的物理数据处理。有了数据库管理系统，用户就可以在抽象意义下处理数据，而不必顾及这些数据在计算机中的布局和物理位置。数据库管理系统的常见功能包括：

1. 数据定义

DBMS 使用数据定义语言 DDL（data definition language），用户可以定义数据库的模式结构、两级映像以及完整性约束和保密限制等约束。

2. 数据操作

DBMS 提供数据操作语言 DML（data manipulation language），用户可以对数据进行增加、删除、更新、查询等操作。

3. 数据库的运行管理

数据库管理系统要确保数据库的顺畅运行，因此需要提供数据库的运行控制。DBMS 在多用户环境下对并发操作进行控制，能够进行安全性检查和完整性检查，能够进行存取限制控制，能够执行日志的组织管理，能够进行事务的管理和自动恢复。

4. 数据组织、存储与管理

对数据进行组织、存储和管理，需要考虑存储空间利用率，选择适当的存取方法来提高存取效率，需要确定数据文件的结构。数据库管理系统可以提供这些功能。

5. 数据库的保护

对于信息社会而言，数据库中的数据是重要的战略资源，所以数据的安全至关重要。数据库管理系统提供数据库的恢复、数据库并发控制、数据库完整性控制、数据库安全性控制、系统缓冲区的管理以及数据存储的自适应调节机制等功能来实现数据的保护。

6. 数据库的维护

由于数据库中的数据量巨大，良好的维护工作是保证数据库高效应用的基础。数据库管理系统提供的数据库维护功能包括数据载入、转换、转储，数据库的重组以及性能监控等功能。

7. 通信

信息系统需要数据库管理系统有良好的通信功能，DBMS 可以提供结构与操作系统进行联机处理，也可以给远程作业提供相关接口，方便数据的传送。

3.3.3 关系数据库

常见的数据库结构有四种，分别是层次数据库、网状数据库、关系数据库、面对对象数据库。层次数据库和网状数据库都曾风靡一时，但是结构复杂，灵活性不足，逐渐被关系型数据库取代。关系型数据库成为当前的主流模式，支撑起当前信息社会庞大的数据管理需求。

关系型数据库模型的概念最早由 IBM 的研究员科德博士提出，他奠定了关系模型的理论基础。随后，关系型数据库的理论研究和软件研制取得长足进步。由于关系型数据库界面操作简便，数学理论基础坚实，所以受到了学术界和产业界的高度重视和广泛响应，并很快成为数据库市场的主流。

关系型数据库是影响最大、应用最广泛的数据库，它的逻辑结构是二维表，每个关系都是一张二维表，所有的实体和实体之间的联系都是通过关系来描述的。关系模型从结构上来看，就是一系列二维表体现的关系。如表 3-1 所示为学生实体集合的关系二维表。

关系模型中重要的概念包括：
关系：即对应于实体的二维表。
记录：也叫元组，二维表中的一行，对应于实体集合中的一个实体。
属性：即二维表中的一列，记录上的取值就是数据项。

表 3-1 关系二维表示例

学号	姓名	班级	性别
20151601	赵一	信息管理1班	男
20151602	钱二	信息管理1班	女
20151603	孙三	信息管理1班	男
20151604	李四	信息管理1班	女
20151605	周五	信息管理1班	男
20151606	吴六	信息管理1班	女

关系数据库建立在关系数据库模型基础上，借助于集合代数等概念和方法来处理数据库中的数据。关系数据库把元数据描述成一张表格，对行、列、范围和约束进行正式描述。每个表格包含用列表示的若干个数据种类。每行包含一个唯一的数据实体，这些数据是被列定义的种类。关系型数据库的逻辑是关系代数，通过各种逻辑运算实现复杂的数据管理需求。关系型数据库是当前应用最广泛的数据库，目前主流的关系数据库有 oracle、db2、sqlserver、sybase、mysql 等。

3.4 数据挖掘

信息技术进步带来了海量的数据，人们迫切需要探索这些海量数据中蕴藏的规律和秘密。过去的技术手段无法收集到如此巨量的数据，人们通过基于逻辑、推理、灵感、经验等方法来探索事物的规律，当面临巨量的数据的时候，需要对这一陌生领域的知识和模式进行发现和获取，数据挖掘技术就是在这些数据海洋中寻找宝藏的方法。

数据挖掘（data mining），也有称之为数据采矿，一般是指从海量的数据中通过算法来搜索和分析隐藏于其中信息的过程。数据挖掘通常与计算机科学有关，并通过统计、在线分析处理、情报检索、机器学习、专家系统（依靠过去的经验法则）和模式识别等诸多方法来实现搜索和分析隐藏于其中的信息。常见的数据挖掘方法有分类、聚类、关联规则等。

3.4.1 分类

分类是常见的数据挖掘方法之一，这一方法也符合人类认识世界的基本方式。我们对客观世界纷繁芜杂的各类事物的一个基本认知方式就是分类，通过分类对客观世界建立起认知体系。例如，我们根据国籍、民族、肤色、人种、宗教、地域、性别、年龄、血型、受教育程度、工作性质、收入水平等多种方式对人类进行分类；我们根据门、纲、目、科、族、属、组、系、种、亚种、变种、变形一共12个主要等级对植物进行详尽细致的分类。这样的分类例子不胜枚举，因为这是我们认识世界的最基本方式之一。

面对海量的数据，要挖掘其中的价值，就要对数据进行分类。要进行分类，就要建立合理的分类标准，并且把符合标准的对象纳入已经定义好的类当中。分类的过程是利用一定的分类算法对样本数据进行分类分析，得到分类规则，把一些新的数据项按照分类规则映射到已经划分好的给定类别中的某一个类别。

分类过程一共有两个步骤。第一步是根据已有的训练数据集，采用分类算法来抽象构造出分类模型，也叫作分类器。训练数据集就是一个已有的数据集，其中每条记录都已经明确归属于一个已经划分好的类别。常用的分类算法包括统计方法、决策树、神经元网络、规则集和贝叶斯网络等等。第二步是根据构造好的分类模型对新的数据进行分类。例如，银行信用卡中心可以根据每个客户的刷卡消费规律和还款信用情况的记录来区分出不同质量的客户种类，从而制定不同的客户管理策略，新增用户可以通过一段时间的记录情况来自动划入相应的客户种类。分类分析方法的用途非常广泛，应用于多个领域。

3.4.2 聚类

聚类分析也称群分析，它是统计分析的一种分类方法，也是数据挖掘中的重要方法。聚类分析以相似性为基础，对记录按照某种标准进行分组，把相似的记录在一个类别里。聚类来源于分类，但是聚类不等于分类，两者的根本区别在于聚类不依赖于预先定义好的类，不需要训练数据集，而且划分的类也是未知的。聚类的结果是一个聚类内部的数据按照该聚类标准具有极高的相似性，但是类之间的数据按照该聚类标准相似性很低。

聚类在很多领域有着广泛的应用，如工程技术、生物科学、医药、语言学、人类学、心理学和市场学等等。聚类分析可以从客户基本资料数据库中发现并区分出不同的客户群体，帮助市场营销人员采用不同的营销模式来应对不同的客户群体的需求特征。在科学研究中，聚类分析能够对多个学科的庞大研究对象进行分类，帮助科学家掌握各类事物的特征，比如对动植物的分类。在语言人工智能识别领域，也需要通过聚类对大量的人类语言进行分析。聚类也可以分析 Web 上的文档，对它们进行分类以发现规律。

由于聚类分析的对象日益庞大和复杂，仅仅靠人类的专业知识和经验很难对这样的研究对象实行合理的分类，必须借助信息系统的庞大计算能力。这就对聚类算法提出了很多具体的要求，主要体现在以下几个方面。

1. 可伸缩性

由于需要聚类分析的数据量可能存在很大差距，这就要求聚类算法具有高度可伸缩性，即同一聚类算法要能够对不同容量的数据都产生良好的聚类效果。比如许多聚类算法在处理小数据集合时可以得到很好的结果，但是面对包含上百万甚至上千万的对象的大规模数据库可能会产生偏差，从而影响聚类的效果。

2. 处理不同类型数据的能力

随着信息系统的发展，数据的类型越来越多，很多以前没有作为重要数据来分析的数据类型都开始产生海量的存储容量。由于数据类型的庞杂多样，因此要求聚类算法能够聚类不同数值类型的数据，如二元类型、分类/标称类型、序数型数据等等，或者这些数据类型的混合。

3. 任意形状的聚类

许多聚类算法是基于欧几里得几何和曼哈顿距离度量来决定的，这样的算法有助于发现具有相近尺度和密度的球状簇。但由于簇的形状可能是任意的，因此要求算法能够尽可能处理任意形状的簇。

4. 输入参数的领域知识最小化

通俗来讲，就是尽可能让用户傻瓜式操作，而尽可能少让用户涉及聚类分析内部的算法问题，要能够做到深入浅出。例如，在聚类分析中很多聚类算法要求用户输入一些参数，如希望产生的簇的数目，但是参数通常是很难确定的，尤其是包含高维对象的数据集，其参数设定的要求很高，超过了用户的能力范围。然而聚类结果对于输入参数又十分敏感，参数设置不好就会导致聚类质量难以控制。

5. 处理"噪声"数据

现实的数据往往都不是完整无缺的，会包含一些错误、孤立点和缺失。如果聚类算法对于这样的数据很敏感，就有可能导致聚类结果不理想。由于噪声数据是普遍存在的，因此要求聚类算法能够很好地处理这类问题。

6. 对于输入顺序不敏感

某些聚类算法对于输入数据的顺序很敏感，对于同一个数据集合，当以不同的顺序让同一个算法进行聚类分析时，可能会得到差别很大的聚类结果。因此聚类算法要求对数据输入顺序不敏感。

7. 高维度

数据库可能包含若干维或者属性，人在处理多维数据或者属性的时候，如果超过三维就会力不从心，因此处理高维度聚类数据的时候难度非常大。很多聚类算法对处理低维的数据比较擅长，对高维度数据的处理则不理想，因此开发高维度聚类算法也是富有挑战性的工作。高维度聚类分析是一个非常活跃的领域，同时也富有挑战性，在市场分析、信息安全、金融、娱乐甚至在现代反恐等方面都有广泛的应用。

8. 基于约束的聚类

现实中的聚类需要考虑各种约束条件，在多个约束条件的限定下，找到高质量的聚类数据是相当困难和富有挑战性的工作。例如，我们要对某种商品的市场进行细分，就要对消费者的年龄、性别、受教育程度、消费习惯、收入水平、地域等多个约束条件进行深入的考虑，既要满足特定的约束，又要找到良好的聚类特性的数据分组，这项工作的难度很高，极富挑战性。

9. 可解释性和可用性

聚类的最终目的是为了更好地应用，因此聚类结果要尽可能是可解释和可理解的，这样的聚类才会带来更好的应用。这就要求聚类算法尽可能和语义解释和应用相联系，尽可能贴近实际的应用，这也是信息系统以用户需求为核心的一个体现。

3.4.3 关联规则

关联规则也称为相关性分组。关联规则是如同 X→Y 这样的蕴含式，其中，将 X 称为关联规则的先导，将 Y 称之为后继。关联规则 XY，存在支持度和信任度。

关联规则数据挖掘过程主要包含两个阶段：第一阶段要求从原始的数据集合中，找出所有的高频项目组。高频是指相对于所有记录，某一项目组出现的频率必须达到某一水平（一项目组出现的频率称为支持度）。第二阶段是在这些高频项目组中建立关联规则。在最小信赖度的条件要求下，若一规则的信赖度大于等于最小信赖度，此规则即为关联规则。

研究关联规则的需求最初来自于购物篮分析问题。如果商场的管理者想知道顾客的购物习惯，尤其是顾客在一次购物时可能会同时购买哪些商品，就可以对顾客的消费数据进行关联分析。大规模的交易数据库中，存在着数据项之间潜在的相互关系，关联规则分析可以寻找这种知识模式。一个耳熟能详的故事就是沃尔玛关于"尿布和啤酒"的故事。

作为世界上最大的零售巨头，沃尔玛拥有世界上先进的信息系统和庞大的数据库系统，为了准确了解顾客在沃尔玛的购买习惯，沃尔玛认真分析了顾客的购物行为。由于沃尔玛数据库里集中了各个门店的详细原始交易数据，沃尔玛在此基础上进行了数据挖掘和分析，意外地发现，啤酒竟然是跟尿布一起购买的最多的商品！经过大量实际调查和分析，发现了隐藏在"尿布与啤酒"背后的美国人的一种购物行为模式：美国的太太们经常叮嘱她们上班的丈夫在下班时给孩子买尿布，年轻的父亲当中有30%～40%的人在买尿布的同时顺便也为自己买一些啤酒。

关联规则挖掘是数据挖掘和商务智能领域重要的发展方向，已经在多个领域广泛应用，并取得令人瞩目的发展。例如，在金融行业中，通过关联规则分析可以成功预测客户需求，改善自身营销策略。当前刷卡消费正在成为主流消费模式，银行可以随时获取客户的消费信息和消费习惯，并据此提供产品。如果数据库中显示，某个客户有一大笔消费，那么很有可能是购置了新的房产或者汽车，一方面他可能需要更高信用额度的信用卡，另一方面他可能需要贷款或者分期付款业务。这些消费需求可以引导产品经理对该客户做出相应的营销策略，当客户进行电话咨询的时候，数据库也可以及时提供类似信息给电话客服人员，有力支持客服人员的工作。

销售市场往往可以收集到大量的一手交易数据，这些数据数量庞大，结构复杂，但是数据中却包含着大量的有价值的信息。关联规则分析可以从这些庞大的数据中发现一些潜在的有价值的信息，如各种商品共同被购买的销售关联规律，然后根据这些规律安排货品的摆放位置，也可以设计捆绑销售的价格策略。这些分析在互联网时代的作用更加突出，电子商务网站可以从强大的关联规则挖掘中受益，因为他们对购买数据的采集更为迅速和准确，通过关联规则挖掘获得有价值的信息以后，可以直接通过网络向客户的终端投放相应的广告。

当然，在很多具体的应用问题上，实际情况往往比购买问题要复杂得多，为了能将更多的因素都纳入到关联规则方法之中，人们主要从两个角度来拓展关联规则：一是扩展经典关联规则，以此来扩大能够解决问题的范围；二是进一步改进关联规则算法，提高效率和规则兴趣性，如类别层次关系、时态关系、多表挖掘等等。

【本章小结】

本章介绍了数据处理、数据结构、数据库技术和数据挖掘相关知识。首先描述了数据处理基础知识，随后对数据结构进行了介绍；在数据库技术方面，分别讲述了自由管理、文件管理、数据库、数据库管理系统；最后讲述了数据挖掘的主要内容，分别包括分类、聚类和关联规则。

【复习思考题】

1. 简述数据库管理系统常见的功能。
2. 简述关系型数据库的特点。
3. 简述数据挖掘常用的方法及其特点。
4. 简述分类和聚类的区别与联系。
5. 简述聚类的技术要求。

第 4 章　计算机网络技术基础

计算机网络是管理信息系统运行的物质基础之一，要把大量处于不同地理位置的计算机硬件和其他网络设备连接在一起，使硬件系统和软件系统高效和谐地进行信息采集、加工、传输、储存、运算和共享，必须构建一整套统一完备的计算机网络系统。计算机网络系统是管理信息系统基础设施中不可缺少的，是构建管理信息系统的基础物理支撑。

4.1　网络的基础概念

计算机网络的一些基础概念包括：

1．网络介质

网络介质是连接计算机进行数据传输的物流通道，常见的网络介质有双绞线、同轴电缆、光纤、微波等。

2．网络协议

网络协议是网络设备之间进行通信和数据交换的规则、标准或约定的集合，网络协议由语义、语法、时序 3 个要素组成。常见的协议有：TCP/IP 协议、IPX/SPX 协议、NetBEUI 协议等。Internet 上使用的是 TCP/IP 协议。

3．网络节点

网络节点是指连接在网络上并且拥有唯一网络地址的设备。网络节点可以是一台计算机、工作站、客户机、网络用户，还可以是交换机、服务器、打印机和其他网络连接的设备。网络就是由这许许多多的网络节点组成的。

4．链路

链路是两个相邻的网络节点之间的一段物理通信线路，并且中间没有任何其他的交换节点。链路是网络节点直接相连的通路。

5．网络拓扑结构

网络拓扑结构是指网络的链路和网络设备在空间上形成的几何关系。常见的网络拓扑结构包括星形结构、环形结构、总线结构等等。

6．网络体系结构

网络体系结构是计算机网络各个层级的设计和相应的协议的集合。网络体系结构中详细地规定了计算机网络的分层设计，每层应用哪些协议，提供哪些功能。

4.2　计算机网络的种类

如今，网络已经深入到每个人的工作和生活。实际上网络分为若干种类，在不同情况下，人们在不同的地点和场合会使用不同的网络种类，以达到最佳的网络通信效果。常见

的网络种类包括以下几种:

1. 局域网

局域网指在某一局部地理区域内,例如办公大楼、学校、工厂、机关等局部范围,由多台计算机、网络服务器、工作站、办公设备等互联成的计算机网络。局域网可以实现办公文件管理、办公设备共享、应用软件共享、电子邮件和传真通信等功能。局域网是封闭型的,可以由办公室内的两台计算机组成,也可以由一个公司内的上千台计算机组成。局域网主要特点有:

覆盖范围比较小,一般是方圆10km以内。

网络传输速率比较高,传输速率可以达到10Mb/s～10Gb/s。

布网相对简单,建网成本低,便于安装和维护,可靠性高。

2. 城域网

城域网是在一个城市范围内建立的计算机网络,属宽带局域网。宽带城域网是城域网的典型应用,在城市范围内以IP和ATM电信技术为基础,以光纤作为传输媒介,将同一城市内的主机、数据库互相连接起来,提供数据、视频、语音等多种数据服务。

城域网主要采用光缆作传输媒介,带宽高,传输速率快,网络延时较小,传输速率可达100Mb/s以上。局域网通常局限在一个单位或系统内部,城域网是为整个城市服务。

目前,政府、企事业单位、学校等组织和居民日常生活对高速率、高质量数据通信服务的需求日益旺盛,其中网络用户对宽带高速上网的需求尤其显著。由于城域网在数据传输上的优势,它可以提供丰富的宽带数据应用服务,如高速上网、视频点播、视频通话、网络电视、远程教育、远程会议等等,给工作和生活带来了极大的便利。

3. 广域网

广域网(wide area network,WAN)也称远程网,是将分散的局域网互联互通而形成的覆盖更大区域范围的大型网络。广域网传输距离远,覆盖范围可以从几十公里到几千公里,能连接城市、国家、大洲,甚至遍及全球,形成国际远程网络。互联网就是广域网的典型代表。

通常广域网的数据传输速率很高,可以从56kb/s到155Mb/s,现在可以达到2.4Gb/s甚至更高,但是由于广域网覆盖面积大,传输距离远,各种原因会导致信号的传播延时比较大,可从几毫秒到几百毫秒。

4. 个人网

个人网(personal area network,PAN)指个人范围(随身携带或数米之内)将计算机设备和各种数码设备连接组成的通信网络。个人网范围大约为10m,网内设备之间传输数据,也可以连接到互联网。个人网可以采用有线连接的形式,例如USB或者IEEE1394总线;也可以采用无线连接,如WiFi或者蓝牙。

4.3 计算机网络拓扑结构

网络拓扑结构是指网络中各种设备、节点相互连接的物理布局,通俗来讲,就是用什么方式把网络中的设备连接起来。常见的网络拓扑结构主要有星形结构、环形结构、总线结构、分布式结构、树形结构、网状结构、蜂窝状结构等。这里主要介绍以下几种。

1. 星形结构

星形结构是最古老的一种网络连接方式,适用于一般网络环境,是广泛而又首选使用的网络结构设计之一。现在的数据处理和声音通信的网络大多采用星形拓扑结构,电话交换机就是星形网拓扑结构的典型实例。

星形结构的最显著特点就是网络有中央节点,其他节点都以星形方式与中央节点直接相连。这种结构因以中央节点为中心,也称为集中式网络。这种结构中,由于终端用户必须通过中心节点才能互相通信,某一终端用户出现了故障,不会影响其他终端用户之间的通信,因此便于集中控制,易于维护,安全性和可靠性都比较好,网络的延时小,传输误差较低。

星形拓扑结构中的核心是中央节点(又称中央转接站,一般是集线器或交换机),所有的通信必须通过中央节点的处理,因此中央节点负担很重。这就要求中心系统必须具有极高的可靠性,一旦中心系统出现问题,整个系统便趋于瘫痪。

2. 环形结构

在这种结构中,每个节点首尾相连,彼此串联形成一个闭合环形,数据传输按固定方向沿着环路,从一个节点传输到另一个节点。每个节点都和两个相邻的节点相连接,两个节点之间只有一条通路,因此在路径选择控制上是简单的,但是当环路中的节点过多时,会影响信息传输速率,导致网络响应时间延长。同时,封闭的结构不够灵活,不便于扩充。任何一个节点的故障都会引起整个网络的瘫痪,因此可靠性比较低,维护起来也比较困难,一旦出现故障,对于各个分支节点的故障定位是比较困难的。

3. 总线结构

总线结构中,每个节点都连接到一条共同的总线上,每个节点都可以通过总线向两侧发送信息,被其他节点收到。总线结构的优点十分明显,线路长短皆可,节点的增加和删减非常方便灵活,网络结构易于调整而且布线简单,网络的可靠性比较高,某个节点出现故障也不影响其他节点的通信;总线结构中的设备直接通过一条总线进行连接,不需要添加另外的互联设备,所以组网费用较低。总线结构的缺点在于各节点共用总线带宽,接入网络的终端用户越多,传输速度越低,因此接入的用户数量是有限的;虽然单个节点的故障不影响整个网络的通信,但是总线如果断了,则整个网络就瘫痪了。

4.4 网络通信与传输介质

网络通信中的传输介质是网络数据传输的载体,是数据传输的物理基础,它位于开放系统互连 OSI (open system interconnect) 模型的最底层(物理层)。通信介质一定程度上决定了网络通信的质量,目前常见的网络传输介质有:双绞线、同轴电缆、光纤等;网络信息还可以利用无线电系统、微波无线系统和红外技术等传输。

1. 双绞线

双绞线是将一对绝缘导线螺旋扭在一起,然后将一对以上的双绞线封装在一个绝缘套中制成的电缆。电缆中的每一对双绞线螺旋扭绕是为了降低信号的干扰程度。双绞线普遍用于近距离的点对点连接,是家庭和办公系统常用的传输通路。双绞线价格便宜,便于安装,短距离内的双绞线的数据传输速度很好,可以达到 100M,最大传输范围可达 500m,

是短距离网络传输常用的介质。

2. 同轴电缆

同轴电缆是常见的局域网传输介质，由一根中心轴线的内导线和一根空心圆筒外导体组成，内导线和外导体及外界之间有绝缘材料相互隔开。中心轴和外层导体的圆心在同一个轴心上，所以叫作同轴电缆。这样的设计可以防止外部电磁波干扰，保证信号的传递。同轴电缆可分为基带同轴电缆和宽带同轴电缆，还可以根据其直径大小分为粗同轴电缆与细同轴电缆。

3. 光纤

光纤也叫光导纤维，是根据"光的全反射"传输原理，通过传播光束来传输信息。光纤一般由玻璃或塑料制成，外加保护层。和传统的传输介质相比，光纤体积小，重量轻，损耗低，抗干扰能力强，信号保真度好，传输数据量大，可传输的频带宽，性能稳定，传输距离长，保密性好，原材料广泛。光纤技术出现以后，迅速成长为全球主要的通信介质，目前是宽带接入的主流方式。

4. 无线传输

无线传输是和有线传输相对应的，它不需要铺设传输介质，而是利用无线技术直接在空气中传输数据，其传播媒介是微波、无线电波或红外线。在现实中往往由于地理自然环境和工作场所环境等方面的限制，有线传输需要铺设线路，导致工程量极大，施工周期长，因此非常不方便。由于无线传输不像有线传输那样需要铺设线路，可以轻松解决这些问题。无线传输只需要一次性建设，施工周期短，成本低廉，可扩展性好，组网灵活，维修费用低，维护方便。由于这些天然优势，无线传输技术的应用越来越广泛，成为当前信息技术应用的一个热点。近年来已经开始研究使用中微子传输信息的技术。由于中微子质量极小，本身又不带电，是一种中性基本微粒，它能够以接近光速的速度进行直线传播，可以轻松地穿透钢铁、岩石、海水乃至整个地球，传输过程中本身能量的损耗非常小。由于中微子的特性，在军事、航天、宇宙科学、地理科学等领域都将有广泛的应用前景。

4.5 网络体系结构

网络体系结构是指网络系统的整体设计，为整个网络硬件、软件、协议、存取控制和拓扑结构提供统一的标准。由于计算机网络是一个非常复杂的系统，要保证这个系统的统一规范和联系通畅，需要处理大量的软件、硬件技术标准，为此，计算机专家引入了分层设计的理念。计算机网络的各个层级和协议的集合，详细规定了各个层级的组成、功能和技术标准，由此构成了计算机网络的体系结构。网络体系结构广泛采用的是国际标准化组织（ISO）在1979年提出的"异种机联网标准"OSI的参考模型。到20世纪80年代，互联网开始飞速发展，其使用的TCP/IP体系占据了重要的地位。

4.5.1 OSI参考模型

OSI参考模型采用分层结构，一共分为7个层级来描述和构建网络的结构，分别是：物理层、数据链路层、网络层、传输层、会话层、表示层和应用层。这一规范对所有的厂商都是开放的，因此可以指导国际网络结构和开放系统的走向。

第一层：物理层

物理层主要规定通信设备的机械、电气、功能和规程的特性，统一的特性指标才能建立起网络的物理硬件之间的连接，比如建立、维护和拆除物理链路连接，以此确保网络连接的通畅。具体地讲，机械特性规定入网接插件的规格尺寸、引脚数量和排列情况等；电气特性规定了在物理连接上传输 bit 流时线路上信号电平的大小、阻抗匹配、传输速率距离限制等；功能特性是指对各个信号分配确切的信号含义；规程特性定义了进行 bit 流传输的操作规程。这一层数据的单位称为比特（bit）。物理层的主要设备是中继器、集线器、适配器等。

第二层：数据链路层

在物理层基础上，建立相邻节点之间的数据链路，确保数据帧（frame）在网络上无差错传输。数据链路层的作用包括：物理地址寻址、数据的成帧、流量控制、数据的检错、重发等。这一层数据的单位称为帧。数据链路层主要设备包括二层交换机、网桥。

第三层：网络层

网络层的主要作用是选择合适的网间路由和交换节点，确保数据及时传送。网络层将数据链路层提供的帧组成数据包，包中封装有逻辑地址、信息源站点和目的站点地址的网络地址。第三层的重要功能是地址解析和路由，还可以实现拥塞控制、网际互联等功能，比如 IP 地址就是属于第三层处理的范畴。这一层数据的单位称为数据包（packet）。网络层主要设备是路由器。

第四层：传输层

传输层负责跟踪数据碎片、乱序到达的数据包和其他在传输过程中可能发生的危险，确保获取全部信息。传输层为上层提供端到端的可靠数据传输服务。

第五层：会话层

会话层也称为会晤层或对话层，在会话层及以上层次中，数据传送的单位统称为报文。会话层提供访问验证和会话管理等，用于建立和维护应用之间通信的机制，但是不参与具体的传输，比如服务器验证用户登录。

第六层：表示层

表示层提供格式化的表示和转换数据服务，它负责解决用户信息的语法表示问题，能够把欲交换的数据从适合于某一用户，转换为适合于 OSI 系统内部使用。比如数据的压缩和解压缩，加密和解密，图像格式的显示，等等。

第七层：应用层

网络应用层是 OSI 的最高层，也是最复杂的层级，它所包含的应用层协议最多，涉及范围很广。网络应用层为操作系统和应用程序提供网络管理、文件传输、事务处理等服务，为用户通信提供专用的程序。

4.5.2 TCP/IP 协议

TCP/IP 协议由传输层的 TCP（transmission control protocol）协议和网络层的 IP（internet protocol）协议组成，也叫作传输控制协议、因特网互联协议或者网络通信协议。TCP/IP 定义了计算机设备如何连入互联网，以及数据如何在互联网设备之间传输的标准，是互联网最基本的协议。

由于计算机网络是由许多计算机和通信设备组成的复杂网络,要在计算机之间迅速传输正确无误的数据,是一件相当困难的事情,因为数据在这样复杂的传输过程中很容易丢失或传错,而 TCP/IP 确保了数据传输目的地址正确和数据迅速可靠传输。

TCP/IP 协议所采用的通信方式是分组交换方式,在传输时将数据分成若干段,每个数据段称为一个数据包,给每个数据包写上序号,以便接收端把数据还原成原来的格式。

IP 协议给每个数据包写上发送主机和接收主机的地址,数据包就可以在物理网上传输了。由于这些数据包可以通过不同的途径来传输,可能出现顺序颠倒、数据丢失、数据失真甚至重复,而 TCP 协议具有检查和处理错误的功能,解决了上述问题。

TCP/IP 体系结构采用了 4 层的层级结构,分别是网络接口层、网际互联层、传输层、应用层。TCP/IP 模型实际上是 OSI 模型的一个浓缩版本,和 OSI 模型 7 个层次存在着对应关系,如图 4-1 所示。

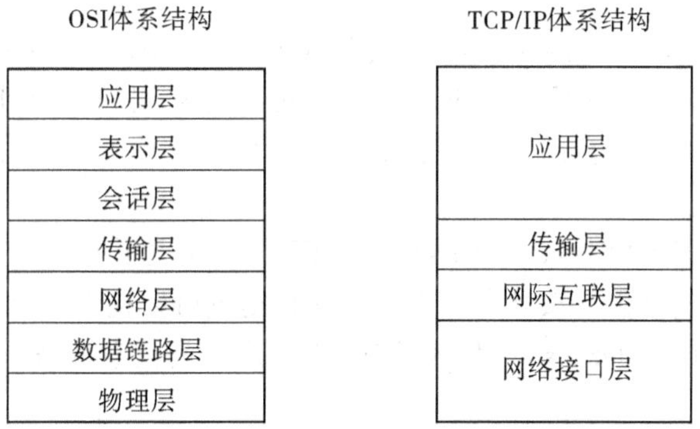

OSI体系结构	TCP/IP体系结构
应用层	应用层
表示层	
会话层	
传输层	传输层
网络层	网际互联层
数据链路层	网络接口层
物理层	

图 4-1 OSI 体系结构和 TCP/IP 体系结构对比

1. 网络接口层

网络接口层与 OSI 模型中的物理层和数据链路层相对应,它负责数据在主机和网络之间的交换。TCP/IP 本身并未定义物理层和数据链路层协议,而是由参与互联的各个网络使用自己的物理层和数据链路层协议。

2. 网际互联层

网际互联层与 OSI 参考模型的网络层对应,主要负责主机之间的通信。该层有三个主要协议:网际协议(IP)、互联网组管理协议(IGMP)和互联网控制报文协议(ICMP)。

3. 传输层

传输层对应于 OSI 模型的传输层,主要为应用层提供端到端的通信功能,识别不同的应用程序,保证数据包的顺序传送及数据的完整性。该层定义的协议主要有两个:传输控制协议(TCP)和用户数据报协议(UDP)。

4. 应用层

应用层对应于 OSI 模型的会话层、表示层和应用层,为用户提供所需要的各种应用服务,包括:文件传输协议(FTP)、远程登录协议(Telnet)、简单邮件传输协议(SMTP)等。

4.6 网络通信技术

互联网（Internet）始于 1969 年，由美国军方首先用于军事领域，连接军方的计算机系统。美国国防部研究计划署制定协议，后将美国的加州大学、加州大学洛杉矶分校、斯坦福大学和犹他州大学的计算机连接起来形成 ARPAnet，ARPAnet 成为计算机网络诞生的标志。ARPAnet 推动了 TCP/IP 协议的开发和利用，解决了不同计算机网络互联的理论和技术问题，奠定了 Internet 的基础。

1978 年，贝尔实验室提出来 UUCP（UNIX 和 UNIX 拷贝协议），在 UUCP 的基础上逐步发展起新闻组网络系统。新闻组是集中在某一主题的讨论组，它为全世界范围内交换信息提供了新的方法，把世界各地的 UNIX 系统连接起来。虽然它并不共享 TCP/IP 协议，却是互联网发展的重要部分。

20 世纪 80 年代中期美国国家科学基金会（national science foundation，NSF）建立了 NSFnet。NSF 将全美国的计算机广域网按地区划分，将它们和超级计算机中心互联起来，并很快取代了 ARPAnet 而成为 Internet 的主干网。NSFnet 使 Internet 向全社会开放，快速推进了互联网的普及。

1989 年，麦吉尔大学的 Peter Deutsch 为 FTP 站点建立了一个名为 Archie 的档案，它能定期列出所有开放的文件下载站点的文件，并且提供可以检索的软件索引，这是第一个检索互联网的成就。Brewster Kahle 发明了 WAIS（广域网信息服务），能够检索一个数据库下所有的文件。

1989 年，Tim Berners 和欧洲粒子物理实验室提出了一个分类互联网信息的协议，就是后来的基于超文本协议链接的系统。该协议允许在一个文字中嵌入另一段文字的链接，当阅读这些页面的时候可以随时选择另一段文字链接。超文本协议成为互联网发展的一个重要阶段性成果。

互联网最初是由政府投资建设的，只限于政府、学校和研究部门使用，不允许有商业行为。20 世纪 90 年代初，这种局面才被打破，商业应用开始逐渐增多，商业站点之间的信息传输可以不经过政府资助的网络中枢。商业机构很快发现了互联网巨大的商业潜力，大量的互联网应用开发如同雨后春笋。这些功能强大的互联网应用已经成为当今人们工作生活的一个重要组成部分，给现代人类带来了极大的便利，也深刻改变了全人类的生产生活方式，成为人类历史上的巨大变革。无数满怀理想的青年人纷纷涌入互联网的世界，大量的创新型企业不断涌现。在短短 20 多年的时间里，这一领域诞生了大量的世界级企业，成长速度惊人，发展前景广阔，由此带来了 Internet 发展史上乃至人类发展史上的一个新的飞跃。

目前，主要的网络通信技术有：

1. 万维网

万维网是环球信息网的缩写，也常常表达为 Web、WWW、W3。万维网是一个由巨量的超文本文档组成的庞大系统，这些超文本文档相互链接，可以通过互联网进行访问。

万维网使用浏览器/服务器结构，分为 Web 客户端和 Web 服务器程序。用户通过 Web 客户端（浏览器）访问浏览 Web 服务器上的页面资源。万维网对每一个链接赋予一个统一资源标识符（uniform resource locator，URL），也就是俗称的网址，用户点击链接后，这些超文本文档信息资源通过超文本传输协议传输给用户的客户端。

万维网是互联网提供的服务之一，也是比较主要的内容之一，是依靠互联网运行的一项服务；但万维网本身并不是互联网。实际上，互联网发展到今天，已经不单纯是通过万维网来浏览信息，整个互联网的应用越来越丰富多样。

2. 电子邮件

电子邮件是互联网应用最广泛的功能之一，通过互联网电子邮件系统，每个互联网用户都可以和世界上任何一个连接在互联网上的用户取得联系。电子邮件使用方便，操作简易，联系迅速，收费低廉，易于保存，而且可在全球范围内实现快速的联系，深刻改变了人们的交流方式。电子邮件可以传送文字、图像、声音、视频等多种数据，而且用户可以方便地管理邮件信息，获取新闻，并能够实现信息的搜索。目前，电子邮箱账号成为很多互联网应用注册账号，作为应用服务的通行证；电子邮件服务也和即时通信、社交、资讯、娱乐、搜索、电子商务、办公协作等众多网络应用相互整合，有平台化应用的趋势。

3. 即时通信

即时通信（instant message，IM）是指能够即时发送和接收互联网消息的应用服务，通过通信技术实现在线聊天和社交。和电子邮件不同的是，即时通信的交流是即时的，比电子邮件所需时间更短，允许两人同时在线即时交流，或者多人在线共同即时交流。即时通信自1998年面世以来，其发展速度非常惊人，功能日益丰富。早期的即时通信以网络聊天为主要功能，随后，由于互联网的迅速发展，以及商业应用对于互联网入口的开发与市场竞争，市场逐渐意识到互联网已经不是单纯的计算机技术应用，而是深刻影响人类日常生活的一项革命。人们的网络社交需求日益膨胀，即时通信的方便快捷使之成为人类进入互联网的最佳选择之一，因此围绕着即时通信，大量的网络应用逐渐集成到了一起，电子邮件、博客、音乐、视频、游戏和搜索等多种功能都紧密统一在即时通信工具平台上。即时通信已经不再是一个单纯的社交聊天工具，它已经发展成集社交、资讯、娱乐、搜索、电子商务、办公协作等于一体的综合化信息平台。MSN、QQ、微信等常见的软件工具都是典型的即时通信软件。

4. 网络视频

网络视频是指由网络视频服务商提供的，以流媒体为播放格式的，以计算机或者移动设备为终端，可以在线直播或点播的声像文件。常见的网络视频内容格式包括：WMV、RM、RMVB、FLV以及MOV等类型，内容则涵盖各类影视节目、新闻、广告、动画、聊天视频、会议视频、游戏视频等等。

随着计算机终端处理能力的日益强大，互联网网络带宽日益增加，网络视频的发展非常迅速。和文本、声音相比，视频的信息量更大，对于终端用户的吸引力更强，用户体验更好。网络视频的内容丰富程度大大增加，各种类型的视频资源呈爆炸式增长。

目前这个领域的市场竞争非常激烈，提供网络视频应用服务的企业非常多，包括：YouTube、爱奇艺、搜狐视频、优酷土豆、腾讯视频、乐视、PPTV、迅雷看看、56网、芒果TV、风行、暴风影音、华数TV等等。

视频通话、视频会议的应用型需求也进一步促进了网络视频的发展。随着视频技术和互联网的进一步发展，未来的网络视频将提供更好的画质、更加丰富的功能和更加个性化的选择。

5. 网络游戏

网络游戏（online game），又称"在线游戏"，简称"网游"。百度百科对网络游戏的定义为"指以互联网为传输媒介，以游戏运营商服务器和用户计算机为处理终端，以游戏客户端软件为信息交互窗口的，旨在实现娱乐、休闲、交流和取得虚拟成就的具有可持续性的个体性多人在线游戏"。

网络游戏中，一般由多名玩家在计算机终端通过网络进入服务器营造的虚拟游戏环境，通过客户端和服务器的软件系统对人物角色按照一定的游戏规则进行操作。这一过程中，计算机系统在网络的支持下可以给游戏者带来远远超乎现实世界的游戏体验。在个人计算机领域，软件跟硬件最先进的技术和应用服务往往都体现在大型3D游戏上，网络游戏的兴起使这些技术得到了更好的应用平台，为消费者提供了难以想象的用户体验。由于网络游戏提供了大量的视觉、听觉、情节、互动等多个方面的虚拟现实感受，吸引了大量的消费者，极大地丰富了互联网的应用服务内容。

第一款真正意义上的网络游戏诞生于1969年，仅支持两人远程连线。在随后很长一段时间里，由于互联网还没有出现，计算机的硬件和软件也没有统一的技术标准，因此第一代网络游戏平台各不相同，主要在高等院校的主机系统上运行，都是免费模式运行。随着互联网的出现，越来越多的专业游戏开发商开始介入这个领域，网络游戏开始走向商业市场，并且催生了收费的商业模式。网络游戏巨大的市场前景，开始逐步凸显，越来越多的专业团队开始涉足这一领域，一个分工明确、规模庞大的产业生态环境逐步形成，网络游戏甚至已经成为社会生活方式的一种。因此，围绕着网络游戏商业模式的拓展，产生了一系列的积极探索。

以著名的网络游戏公司暴雪娱乐为例，2004年暴雪首次推出第一款大型多人在线角色扮演网络游戏——《魔兽世界》（*World of Warcraft*），截至2014年，《魔兽世界》在全世界创建的账号总数已超过一亿，人物角色达到5亿，涉及244个国家和地区的游戏玩家。由于暴雪在网络游戏《魔兽世界》上取得的巨大成功和全世界范围内的影响力，引发了更多的创业者的关注和投资机构的青睐，仅以国内网游市场来看，2012年上半年中国网络游戏（含PC与手机）整体用户数量已经超过3亿人，发展非常迅猛。

目前这个领域的竞争已经非常激烈，并有逐步向移动终端蔓延的趋势。随着计算机处理能力的提高，虚拟现实技术的飞速进步，游戏设计经验不断丰富，网络游戏的风靡也许才刚刚开始。

6. 虚拟专用网络

虚拟专用网络（virtual private network，VPN），通过公用网络来建立专用网络，以此来进行加密通信。VPN在企业网络中有广泛应用，比如在外地的员工，需要连接到企业内部的局域网，这种情况下，对于访问速度和保密都有一定的要求。VPN提供的解决方案是在局域网内部设置一台VPN服务器，当企业员工在外地联通互联网后，通过互联网连接VPN服务器，由VPN服务器进入企业内部局域网。

VPN之所以被称为虚拟专用网络，是因为VPN使用的仍然是互联网上的公用链路，但是在数据加密的情况下，VPN服务器和客户机之间的数据都进行加密处理，如同为个人专门架设了一个专用数据通道，可以认为数据是在一条专用的数据链路上进行安全传输有了 VPN，用户可以通过互联网和企业内部局域网进行高效机密的数据传输，即使是在外地出差，只要能联上互联网就能访问内网资源，因此 VPN 在企业中得到广泛的应用。

7. 云计算

关于云计算的定义，目前未得到绝对的统一。参考美国国家标准与技术研究院（NIST）的观点，可以认为：云计算实际上是一种关于资源利用的模式，只要在有网络的条件下，它能够随时随地、十分方便地按照用户需求去访问一个可以配置的共享资源池；而资源池主要包括网络、服务器、存储和应用程序等等，它并不需要过多的管理工作，也不需要用户和服务商进行过多交互，但能够被迅速配置和使用，就可称为云计算。

美国伯克利大学的学者们则认为：云计算可分为两部分，一部分是云端环境上的各类服务，另一部分则是实现这些云服务所基于的各种硬件、软件等基础设施。

对于用户而言，云计算简单但是非常有用，作为云计算的使用者，用户只需要享用云计算所提供的计算、存储空间或者各类应用信息服务，而不必了解资源池里的各种软硬件设施，无须了解云计算的服务器的来源或位置，也无须了解各计算机之间的连接原理，用户仅需要关心的是自身的网络问题及云服务计量收费的问题。

云计算的主要特征包括：

（1）按需自助服务。作为云计算用户可以单方面去配置资源，比如云中的服务器和网络存储空间等，可以自主去配置那些有需求的资源而无须和服务商进行人工交互。

（2）通过互联网获取。只要云计算用户可以使用网络，不管使用的是什么终端设备（笔记本、平板电脑，智能手机等等），用户都可以通过互联网以标准的方式去访问云端，从而获取自己需要的资源。

（3）资源池化。为了满足不同用户的不同需求，服务商在云端的资源将被资源池化，如此在多种模式下被各种用户所租用，比如各种虚拟资源可以根据用户的需求而被动态分配或者被重新配置。这些资源主要包括处理器、存储空间、网络带宽等等，它们的确切位置通常不为用户所知。

（4）快速伸缩。云端的资源是动态伸缩的，经常可以自动地、弹性地部署和释放，规模能迅速扩大或缩小，以便满足不同使用者的各类不同需求。这样一来对用户而言，只要用户愿意支付相应的费用，用户便可随心所欲地从云端获取到各种各样的资源，而且这些资源是无限的。

（5）可以计量。云计算能够为使用者提供计量功能，而使用者按量付费的支付方式也往往是在这个基础上实现的。同时，资源的使用可以被监控或者报告，这样能够提高云计算供应商和用户之间的透明度。

云计算为用户带来的服务是高效且便捷的，有了云计算，用户再也不需要自己去购买或者升级软硬件设施，那些是云计算服务商的事；而一些中小型的企业，特别是刚起步的企业，也不需要一开始就斥巨资去购买计算机软硬件和聘请相关管理人员，大大缓解了企业资金紧张的问题。

云计算蕴藏着广阔的市场前景，目前这一领域的竞争刚刚开始，IBM、亚马逊、微软等国外企业在云计算领域已经积累了相当的优势。根据市调机构 Synergy Research 的数据，2014 年全球云计算市场亚马逊排名第一，市场份额为 28%；微软公司排名第二，市场份额 10%；IBM 排名第三，市场份额为 7%；谷歌排名第四，份额为 5%。亚马逊超过了主要竞争对手的份额总和。国内企业如腾讯、百度、阿里巴巴等纷纷加大市场投入，2015年，阿里巴巴宣布，在未来三年内将对阿里云业务投资十亿美元，并将在四年内赶超亚马逊公司。

【本章小结】

　　本章介绍了计算机网络技术基础知识，包括基本概念、网络种类、网络拓扑结构、网络通信介质、网络体系结构和网络技术。首先描述了计算机网络相关的基础概念，并介绍了常见的计算机网络种类，如局域网、城域网、广域网、个人网。在网络拓扑结构中介绍了星形结构、环形结构和总线结构。在网络通信与传输介质中介绍了常见的双绞线、同轴电缆和无线通信技术。随后本章结合 OSI 模型和 TCP/IP 介绍了网络体系结构，最后介绍了网络通信技术，包括万维网、电子邮件、即时通信、网络游戏、虚拟专用网络和云计算。

【复习思考题】

1. 简述计算机网络的基本概念。
2. 简述计算机网络的主要种类和特点。
3. 简述计算机网络的主要拓扑结构及其特点。
4. 简述计算机网络的通信和传输介质种类及其特点。
5. 阐述 OSI 和 TCP/IP 的结构特征，比较二者的异同。

第三篇

管理信息系统的开发与应用

第5章 管理信息系统的开发方式与方法

5.1 概述

管理信息系统开发方法是指在信息系统开发过程中的指导思想、逻辑、途径以及工具等的组合。由于管理信息系统是一个规模庞大、结构复杂、涉及面广的人机系统，因而管理信息系统的开发是一项复杂的系统工程。它涉及的知识面广、部门多，开发过程中不仅涉及技术，而且涉及管理业务、组织和行为。为了保证系统的成功建设，必须遵循一定的方法和规律，才能更好地解决系统开发过程中所面临的各种问题。

管理信息系统开发方式是指管理信息系统开发过程中的用户参与方式，主要方式有：由本企业自行开发、委托开发、企业与软件公司联合开发、购买应用软件产品等。每种方式都有其适应条件和优缺点，企业应根据自身的条件和能力进行选择。

本章将介绍常用的系统开发方式、开发方法及相关概念，以便读者对管理信息系统的开发方式与开发方法有一个基本的理解。

5.1.1 管理信息系统开发的任务和特点

管理信息系统开发是一项复杂的综合性工程，需要投入大量的人力、物力、财力；为了确保项目开发能以最小的投入获得理想的效果，必须从进度管理、质量过程管理、文档管理、内部监督机制等方面加强对管理信息系统开发过程的控制和管理。

1. 管理信息系统开发的任务

管理信息系统开发的任务是根据企业管理的目标、内容、规模、性质等具体情况，从系统论的观点出发，运用软件工程和系统工程的方法，按照管理信息系统发展的规律，为企业建立起计算机化的管理信息系统。其中最核心的工作，就是开发出一套适合于现代企业管理要求的应用软件系统。在计算机应用领域中，人们经常用"系统开发"一词来概括管理应用软件系统从项目提出直到运行、评价为止的整个过程，这个过程有时又称为"系统分析与设计"。

2. 管理信息系统开发的特点

管理信息系统开发的成果或产品主要是一套应用软件系统。与一般技术工程相比，管理信息系统开发的特点主要有：①复杂性高。管理信息系统是面向管理的系统，管理需要的信息量大，形式多样，来源复杂；一个完整的管理信息系统要支持各层次各部门的管理，规模大，结构复杂；另外，管理信息系统是现代信息技术与现代管理理论相结合的产物，它涉及计算机技术、通信与网络技术、数据库技术、人工智能技术、各种现代管理技术和决策方法等，掌握这些技术和方法，合理地应用以达到预期效果，其难度远远超过一般技术工程。②是集体的创造性活动。③质量要求高。④产品是无形的。⑤历史短，经验不足。

5.1.2 管理信息系统开发的指导原则

软件工程是研究如何应用系统性的、规范化的、可定量的过程化方法去开发和维护软件,以及如何把经过时间考验而证明正确的管理技术和当前能够得到的最好的技术方法结合起来,用工程化方法构建和维护有效的、实用的和高质量的软件的学科。系统工程是为了合理地进行开发、设计和运用系统而采用的思想、步骤、组织和方法的总称。管理信息系统的开发属于软件工程和系统工程的范畴,深入分析系统的特征,根据系统发展的规律来建立管理信息系统,成为系统开发的指导原则。其要点如下:

(1) 系统的目的性原则。应明确系统开发的目的,确立面向用户的观点。

(2) 系统的整体性原则。强调系统的整体性,采用先确定逻辑模型,再设计物理模型的开发思路。具体做法是:①详细了解原系统信息处理过程,包括各种处理的物理细节,得出原系统的物理模型。②对原系统的物理模型进行综合和抽象,去掉物理细节,分析原系统的逻辑功能,得出原系统的整体逻辑模型。③对原系统的逻辑模型进行改进和完善,补充管理需要的、人工系统难以实现的新的功能,形成新系统的逻辑模型,解决新系统应当"做什么"问题。④建立新系统的物理模型,即确定新系统实现逻辑模型的技术方法和手段,解决新系统"如何做"的问题。

(3) 系统的相关性原则。管理信息系统是由多个子系统(功能)组成的,这些子系统相互配合,或者前后衔接,或者主从搭配,共同实现系统的目标。

(4) 系统的环境适应性原则。应该适应环境变化的要求,开发易扩展、易维护的系统。

(5) 工作成果文档化、图表规范化原则。软件是程序,数据以及开发、使用和维护这些程序所需的所有文档,要及时按照一定规范产生各种文档,做到工作成果文档化、图表规范化。这些文档的作用主要是:①各种调查分析的结果和设计的技术细节以书面形式记录下来,以供查阅和核对。②开发人员之间、开发人员与用户之间,可利用书面的、超越各自专业的共同语言——文档的形式有效地进行交流。文档形式以规范化、标准化的图表为主,其表达效果在很多情况下比文字叙述简洁、形象、效果真实。③系统开发要经过一定的过程,后一阶段的工作要在前一阶段的基础上,也就是在前期工作文档的基础上继续进行。

5.1.3 管理信息系统开发的基本条件

1. 管理信息系统开发成功的要素

(1) 合理地确定系统目标。目标的确定直接影响系统开发的成功与否。目标的确定应坚持先进性和实用性结合的原则。

(2) 组织系统开发队伍。信息系统开发涉及多种学科、多种人才,搞单干不可能完成信息系统的开发任务,这就需要根据具体系统的具体情况,合理组织系统开发所必需的各方面人才,共同完成任务。

(3) 从总体上对系统开发进行规划。信息系统的开发涉及面广,工作复杂,需要遵循系统工程的开发步骤。

2. 管理信息系统开发的基本条件

一个组织要开发信息系统，必须对自己有一个清醒的认识，检查组织是否具备以下基本的必要条件：

（1）有科学的管理基础。组织中所应用的管理理论和方法与组织的实际结合；组织有合理的管理体制和科学的管理方法、完善的规章制度、管理工作标准化、稳定的作业秩序、完整准确的原始数据。

（2）领导的重视和员工的积极参与。领导最清楚自己面临的问题，最能合理地确定系统目标，拥有实现自己目标的人、财、物的调配权，能够决定投资及调整机构，能够确定应用程度等。员工是信息系统建设不可缺少的力量，他们的业务水平、工作习惯、对新系统的积极性都直接影响系统开发的效果。

（3）有一支高水平的专业技术队伍。

（4）有较雄厚的物质基础。系统需要设备设施建设，开发费用，运行维护费用。

5.2 管理信息系统开发策略与开发方式

5.2.1 管理信息系统开发策略

常用的管理信息系统开发策略有"自上而下"开发策略（Top-Down）和"自下而上"开发策略（Bottom-Up），以及两者结合的综合开发策略。

1. "自上而下"开发策略

这种策略是从一个企业的高层管理和整体目标着手，确定信息系统需要哪些功能去保证目标的完成，从而划分相应的业务子系统，并进行各子系统的具体分析与设计。这种开发策略的步骤通常是：

（1）分析系统整体目标、环境、资源和约束条件；

（2）确定各项主要业务处理功能和决策功能，从而得到各个子系统的分工、协调和接口；

（3）确定每一种功能所需要的输入、输出、数据存储；

（4）对各个子系统的功能模块和数据进一步分析与分解；

（5）根据需要和可能，为要开发的子系统和数据库规定先后开发顺序。

"自上而下"的开发策略强调从整体出发，由整体到局部，由上到下，由长期到近期，因此采用该方法所开发的新系统具有很强的整体性、逻辑性和环境适应性。但该开发策略要求有很高的开发技术、充足的经费，以及强有力的组织保证。因此，它通常适合于开发技术力量强、实际经验丰富的大型企业。

2. "自下而上"开发策略

这种策略是从各种基本业务和数据处理着手，即从一个企业的各个基层业务子系统（如工资计算、订单处理、统计报表等）的日常业务处理开始，先实现一个个具体的功能（或称应用），逐步地由低级到高级，自下而上地实现管理信息系统的总目标。因为任何一个管理信息系统的基本功能都是数据处理，所以"自下而上"的开发策略首先是从各项数据处理应用开始，然后根据需要逐步增加有关计划、控制、决策方面的功能。

该策略可根据企业资源情况逐步满足用户要求，边实施边见效，所开发的各应用子系统易被识别、理解、接受和修改。但是，该开发策略是从局部出发，在具体子系统的分析与设计中，不能考虑到系统的总目标和总功能，所以在上层分析与设计时，反过来又要对下层子系统的功能和数据做较大修改和调整。因此，采用该开发策略会使新系统缺乏整体性和协调性，可能导致功能及数据的矛盾、冗余、造成返工。这种开发策略通常适应于缺乏实际开发经验的小企业。

3. 综合开发策略

在实践中，为了充分发挥以上两种开发策略的优点，人们往往将它们综合起来应用。例如，先利用"自上而下"的开发策略制订总体方案，然后在总体方案的指导下利用"自下而上"的开发策略逐步实施各个子系统的开发工作。这两种开发策略的综合运用，将能得到一个比较理想的，耗费人力、物力、时间较少的用户满意的新系统。目前，一般规模的工业企业选择综合开发策略是比较适宜的，这些工业企业的规模一般都较大，管理业务复杂，理论上讲应选择"自上而下"的开发策略，但从开发技术、经费和经验方面看，目前还不具备采用"自上而下"开发策略的条件。

5.2.2　管理信息系统开发方式

合理选择管理信息系统开发方式是企业建设管理信息系统的首要任务，开发方式是否恰当直接关系到管理信息系统的成败。管理信息系统的开发方式主要有：由本企业自行开发，委托开发，企业与软件公司联合开发，购买应用软件产品等。这几种开发方式各有特点，对企业来说也各有利弊。每个企业都有自身的特点和要求，这就决定了企业不可能随意选择开发方式，而是要通过慎重分析后，确定对本企业发展最为有利的开发方式。

1. 自行开发

用户具有开发系统的基本必要条件，且技术力量比较雄厚，可以采取自行开发的方式。所谓自行开发方式，是指基层单位或行业主管部门自己组织技术力量进行管理信息系统的开发工作。这种开发方式需要用户有出色的领导和自己的开发队伍，包括系统分析师、程序设计员、计算机技术人员和有经验的管理人员等各类人员。

这种开发方式的优点是：开发人员熟悉业务处理过程，能较快地满足企业主要业务的需要，针对性强，使用效率高；沟通交流容易，系统建成后易于推广应用；可以培养组织内部的技术开发与管理人才，获得开发经验。但自行开发方式对开发队伍的素质要求高，一般的企业开发队伍没有实力采用和尝试先进的、新兴的技术，开发的系统技术先进性较差；易受本企业习惯的管理方式的影响和一些因素的干扰，难以开发出一个高水平的管理信息系统；开发费用较高，开发周期一般较长。

2. 委托开发

用户在调查研究的基础上将信息系统建设的规划、目标等方面的要求明确提出，然后采取招标等方式委托软件公司、科研机构、高等院校等外部技术单位，通过签订合同的方式来完成开发任务。

委托开发方式的优点主要有：开发周期短；企业不必组织本企业的开发队伍；如果选择了好的开发单位，企业能密切配合系统开发管理工作，使之符合现代信息处理要求，则可开发出水平较高的系统。但这种开发方式有一定的风险，原因是：一方面接受委托的单位的开发人员一般不熟悉具体企业的特殊管理业务，开发出来的管理信息系统实用性差；在实现用户需求上往往限于模拟手工处理过程，系统的适应性差；另一方面，使用单位一开始对管理信息系统认识不充分，难以提出较好的需求，或难以对开发单位的需求说明书进行准确的评价，往往到后期才发现设计中存在的问题，或者后期才有较为准确的需求，使开发单位无所适从。

因此，若采用这种开发方式，需要事先对开发单位进行深入调查了解，选择真正合适的外部技术单位；用户要充分认识对管理信息系统的准确需求，相应地所签订的开发合同的条款需要细致、明确；在开发过程中，用户单位应派出精通管理业务的人员参与开发方案的研究，监督控制工作的进展，以保证系统开发的质量。

3．联合开发

联合开发方式是由用户和开发单位共同完成系统开发任务。企业邀请有管理信息系统开发实践经验的电脑公司、科研院所的专家进行协作，并选派得力的领导和有经验的业务管理人员以及本企业的计算机技术人员参与。协作单位的专家负责整个系统分析与设计的工作，而编程等技术工作可在协作单位专家的指导下由企业组织人员完成。

采用联合开发方式开发的管理信息系统实用性强、技术上也过硬，而且由于有本单位人员参与，使用和维护也比较方便。联合开发，双方取长补短，回避了企业信息开发队伍开发经验少、技术低下的问题；同时，在联合开发中锻炼和培训了本企业信息技术人员，所以其效果一般好于自行开发。

联合开发方式成功的前提条件是明确双方在合作过程中的职责。

4．购买软件

"购买"方式是直接购买商品化应用软件产品。商品化软件应用范围正在日益扩大，将成为系统建立的主要方式之一。

购买商品化应用软件产品的主要优点是：软件产品可靠性、稳定性高；能够反映先进的企业管理思想；开发周期短；费用相对较低。

购买商品化软件产品的主要缺点是：系统维护比较困难；市场上的商品化应用软件包往往注重通用性，对于组织的特殊情况难以充分考虑，需要进行二次开发。

5.2.3 开发单位的选择

除了自行开发以外，其他几种开发方式都存在选择开发单位的问题。对于选择开发单位，一般应从以下几个方面进行考虑和衡量：

（1）开发单位应具有计算机专门知识，熟悉开发工具；

（2）开发单位具有相关项目开发成功的实际开发经验；

（3）开发单位熟悉用户的业务情况和开发过类似的信息系统项目；

（4）开发单位与用户单位具有较近的地理位置，便于及时对系统进行维护。

5.2.4 系统开发组织和项目管理

1．建立系统开发组织

系统开发是一项涉及面广的工作，需要成立相应的工作组织，包括成立系统开发领导小组和系统开发工作小组。

(1) 系统开发领导小组。系统开发领导小组的任务是制定管理信息系统规划,在开发过程中,根据客观发展情况进行决策,协调各方面的关系,制订开发制度。

小组成员应包括:一名企业领导,系统开发项目负责人,有经验的系统分析师,以及用户各主要部门的业务负责人。

(2) 系统开发工作小组。系统开发工作小组由系统分析员,即系统工程师负责。其任务是根据系统目标和系统开发领导小组的指导展开具体工作。这些工作包括:开发方法的选择,各类调查的设计和实施,调查结果的分析,撰写可行性报告,系统的逻辑设计,系统的物理设计,系统的具体编程和实施,制订新旧系统的交接方案,监控系统的运行;如果需要,协助组织进行新的组织机构变革和新的管理规章制度制订。

2. 制订系统开发计划

系统开发之前一般需制订系统开发大致的进度计划。随着系统分析、系统设计的不断深入,再制订系统的详细的开发进度计划,并且指定专人负责。项目负责人要对各项任务进行定期检查,将系统开发的进展采用进度计划及甘特图进行表示。

3. 加强项目管理

项目管理也是一项系统工程,它要负责协调各类开发人员和各级用户之间的关系,以保证开发过程有条不紊地进行。项目管理包括计划管理、技术管理、质量管理和资源管理。

(1) 计划管理。主要工作内容为:①制订总体计划,确定系统开发范围,估算开发所需资源,划分系统开发阶段,分步实施,同时明确系统开发重点;②制订阶段计划,分解阶段任务,估算阶段工作,规划阶段工作进度;③工程计划执行情况检查,找出无法按计划完成的原因并且提出相应建议,以对计划做出相应调整。

(2) 技术管理。主要工作内容为:①标准化管理,确定所依据的标准,确定自定义标准范围;②安全管理,制订安全保密制度,排除不安全因素,进行安全保密教育。

(3) 质量管理。主要工作内容为:①贯彻系统开发过程质量管理原则;②确定系统质量管理指标体系;③保证系统的可用性、正确性、适用性、可维护性,以及文档完整性;④系统开发周期内的质量管理,分阶段确认工程质量指标,实行质量责任制;⑤对各项任务进行质量检查,分阶段质量评审,分析影响阶段质量的原因。

(4) 资源管理。主要工作内容为:①人员管理——制订各类专业人员需求计划,对人员进行合理组织和使用,进行人员培训;②软件资源管理——明确软件所需和软件来源,合理使用软件,重视软件的日常维护;③硬件资源管理——熟悉系统运行环境和硬件系统配置,制定硬件安全使用制度,重视硬件维护保养,加强对辅助设备的管理;④资金管理——严格执行投资概算,包括硬件软件投资、系统开发费用、运行和维护费用,做到资金使用平衡,定期编制资金使用报表。

4. 合理组织队伍和人员分工

(1) 企业高层领导。管理信息系统的开发必然涉及企业中的组织结构的变动,实际上就是对人的权力和职责的再分配。这种工作在一个组织中,如果没有第一把手的首肯,是不可能做好的。对于信息系统这种组织中的神经中枢系统,其目标必须与组织战略目标一致,否则系统建立之后是无法运行的。组织战略目标与信息系统目标的结合只有最高领导才能把握。所以,组织中的高层领导必须是系统开发小组的领导成员,并且要在把握大方向上切实投入时间和精力。

（2）项目主管。项目主管是实际系统开发的业务领导者与组织者，他主持整个系统开发工作，确定工作目标以及确定实现目标的具体方案。项目主管需要懂管理和懂技术。管理层面需要项目主管有很强的管理能力和与人进行交流的能力。技术方面的工作才能，包括对计算机科学技术的掌握和应用，有能力指定系统开发时有关问题的技术解决方案与技术路线。

（3）系统分析员。系统分析员的主要任务是研究用户对信息系统的需求，进行可行性研究；进行系统分析与设计；负责新系统的安装、测试和技术文件的编写。系统分析员不仅应当具备计算机硬件、软件的知识，懂得企业管理的业务，还应了解现代化管理方法以及各种经济数学模型在企业管理中的应用，并且应当具有理论联系实际、灵活运用上述知识的能力。

系统分析员也要善于处理人际关系，能与各类人员建立良好的合作关系；能够正确理解各级管理人员提出的需求，灵活运用现代管理方法，将这些需求经过分析和逻辑抽象转换为计算机系统的设计方案，成为编写程序的依据。

（4）程序设计员。程序设计员的主要任务是按照系统分析员提出的设计方案编写程序，调试程序，修改程序，直到新系统投入运行。在系统交付使用以后，企业的程序设计员还要担负系统的运行维护工作，负责程序的改进任务。程序设计员应该有较强的逻辑思维能力，掌握计算机软件的基本知识，熟练掌握数据库及程序设计语言。

（5）组织的管理人员。在前期，组织的管理人员要把自己的需求非常准确和全面地提供给系统分析员；在与计算机工作人员进行沟通时，要把业务流程和系统功能阐述得很透彻。在后期系统雏形出来之后，组织的管理人员能够根据系统的功能，对系统进行客观的评价，找出系统改进方向。因此，参与系统开发的管理人员必须是业务骨干，了解自己的部门或自己工作的关键点和难点，更重要的是能够对未来信息系统的构成和添加哪些新功能有自己的看法。

由于新系统的采用，势必造成原来管理方法和思路的改变。因此，企业管理人员应当按照新系统的要求，组织基础管理工作的整顿，提供新系统运行所需的各种数据，积极参与新系统开发所需要的培训，尽快适应新系统的工作思路和流程。

5.3 管理信息系统的开发方法

5.3.1 结构化方法

结构化系统开发法又称生命周期法、瀑布法等，是一种传统的信息系统开发方法，在1990年以前，是系统开发主要使用的方法。软件工程学的许多理论也是在使用这种方法中诞生的。

1. 结构化方法的主要思想

结构化系统开发法是用系统工程的思想和工程化的方法，按用户至上的原则，结构化、模块化、自顶向下地对系统进行分析与设计。将开发过程视为一个生命周期（lifecycle），也就是几个相互连接的阶段，每个阶段有每个阶段明确的任务，产生相应的文档；

上一个阶段的文档就是下一个阶段工作的依据。

具体来说，为了有效地进行系统开发与管理，将整个信息系统开发过程划分为 5 个相对独立的阶段：系统规划、系统分析、系统设计、系统实施、运行维护。其中每个阶段都有明确的任务，并产生一定规格的文档资料交付给下一阶段，而下阶段则在上阶段所交付的文档的基础上继续进行开发。图 5-1 为结构化系统开发方法模型示意图。

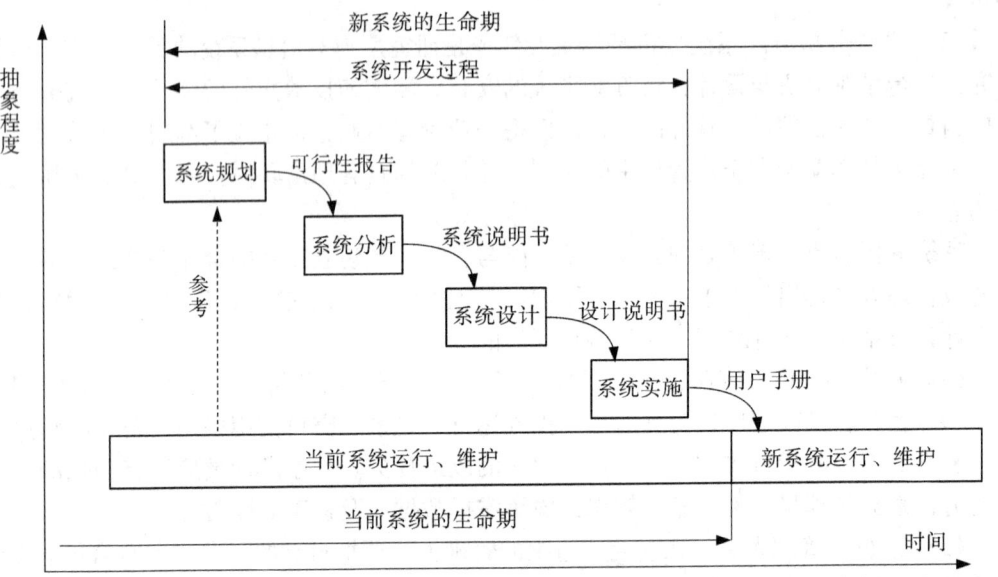

图 5-1　结构化系统开发方法模型示意图

2. 结构化方法的五个阶段

（1）系统规划阶段。明确当前组织所面临的问题和未来信息系统的关系，决定为解决这些问题进行信息系统开发所采用的基本策略、基本方法和组织结构。

（2）系统分析阶段。根据系统规划的思想，对组织当前所面临的问题进行详细分析，对组织现行的信息处理方法做出详尽的描述，提出新系统的若干代替方案，并对其进行成本效益分析。

（3）系统设计阶段。根据系统分析的结果，提出信息系统的逻辑模型和物理模型，进行子系统的划分，描述系统的功能和实现方法。

（4）系统实施阶段。按照系统设计的思想实现系统，进行软件编程和调试、检错，硬件设备的购入和安装，对终端用户的训练，从旧系统向新系统转换。

（5）系统维护阶段。使用和评价系统，对系统的升级、改进等。

3. 结构化方法的优缺点

结构化系统开发方法的优点：①面向用户、重视调查研究；②注重开发过程的整体性和全局性；③逻辑设计和物理设计分别进行；④结构化、模块化方法，易于开发；⑤严格按阶段进行，易于管理；⑥开发过程文档化，易于维护。

结构化系统开发方法的缺点：①开发过程复杂烦琐、周期长，开发效率低。在 4GL（即第四代语言，fourth-generation language）开发工具迅速发展起来之后，开发信息系统已经不需要经过烦琐的模块设计，而是代之以原型法或以对象为中心的开发方法。②对于规模较大或结构较复杂的系统，在系统开发前期，很难做到将整个管理信息系统描述完整，且与实际环境完全相符，很难通过逻辑推断看出新系统的运行效果。因此，当新系统建成以后，用户对系统的功能或运行效果往往会觉得不满意。

规格说明的难以完善和用户需求的模糊性已成为传统的结构化开发方法的重大障碍。

5.3.2 原型法

在建筑学和机械设计学中，原型指的是其结构、大小和功能都与某个物体相类似的模拟该物体的原始模型。在管理信息系统开发中，用原型来形象地表示系统的一个早期可运行版本，它能反映新系统的部分重要功能和特征。"原型化方法"则是利用原型辅助开发系统的一种方法。

1. 原型化方法的思想

原型法（prototyping）是一种实用的开发方法，适合采用 C/S（客户机/服务器）模式的中、小型信息系统的开发。

原型法的基本思想是假定系统的使用者是缺乏计算机技术知识背景的，因此开发者和使用者在讨论系统的构成等问题时存在着许多障碍；在这种情况下，开发者和用户的合作无疑是非常困难的。原型法系统开发方法的解决思路是：开发者基于和用户的交谈，得到对于系统的基本认识后，构筑一个能够反映系统特色的原型系统；在此基础上，和用户进行进一步的讨论，得出他们对于系统的真正的需求，直到开发者确信已经完全掌握了用户的需求时，才进行正式的开发。

2. 原型法开发的四个阶段

利用原型法开发管理信息系统，主要包含以下四个阶段。

（1）需求分析，确定用户的基本要求。

在这一阶段，开发者的任务是设计出若干基本的，同时又是关键性的问题向用户询问，从而得到用户对于信息系统的基本要求。例如：确定基本的信息单位，构筑起基本的系统模型；明确系统的基本用户界面形式，确定所需的输入数据来源；决定该系统的功能范围，哪些工作应由系统完成，哪些由工作人员负担；估计用户的期望，估算出开发该原型系统的费用。

（2）构造原型，开发初步的原型系统。

在此阶段建立原型系统，其目的主要是为了描述开发者所理解的用户的基本需求，所以对系统的工作效率、界面完美程度并不做更多的追求。

（3）评价修改原型系统。

请用户使用原型系统，让他们实际体验使用系统的感觉，并写下所有不满意之处。这一步的目的主要在于让用户发现原型系统所存在的问题。

（4）正式开发

将用户满意的原型系统作为进一步开发基础，设计恰当的系统集成设备等，正式开发。

原型法系统开发的过程可归纳为图 5-2 所示的循环。

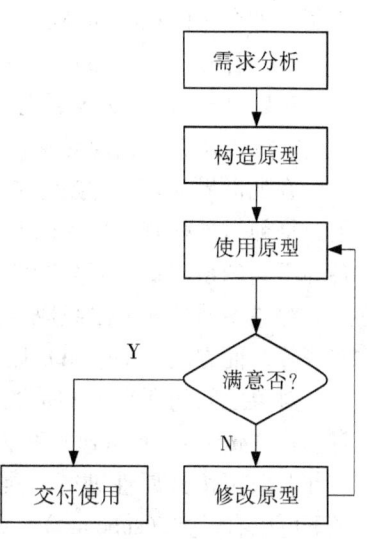

图 5-2 原型法系统开发过程

一般原型法开发中，以上循环过程不多于 4 次或 5 次。

3. 原型法的成功关键

要成功利用原型法开发管理信息系统，应满足以下几个条件：

（1）有合适的硬件设备和网络设施；

（2）有功能很强的系统构筑工具；

（3）有可以控制的数据；

（4）系统开发者有足够丰富的计算机知识；

（5）用户对于管理方面知识丰富，同时对系统开发感兴趣，能够投身到反复的讨论中来。

4. 原型法的优缺点

利用原型法开发管理信息系统，开发者在正式开发之前就可得到用户的真正的需求，而用户能在较短的时间内看到系统的模样，比较容易和开发者合作，从而使得人力资源得到了有效的利用。具体来说，原型法有以下优点：①可以有效地避免因开发者和用户的认识隔阂所产生的失败；②模型准确，使用方便灵活，易学易用易接受；③开发周期短，见效快，费用少。

原型法也存在一些缺点，包括：①在实施过程中缺乏对管理系统全面、系统的认识，因此不适用于开发复杂大型的管理信息系统；②每次反复都要花费人力、物力，如果用户合作不好，盲目纠错，就会拉长开发过程，因此要求用户有较高的素质；③容易产生多余的代码和数据；④用户很早看到原型易造成错觉，开发人员容易用原型代替系统分析。

5.3.3 面向对象法

1. 面向对象方法产生的原因

以前的开发方法，只是单纯地反映管理功能的结构状况，或者只是侧重反映事物的信息特征和信息流程，只能被动符合实际问题的需要。面向对象的方法（object oriented，OO）把数据和过程包装成为对象，以对象为基础对系统进行分析与设计，为认识事物提供了一种全新的思路和办法，是一种综合性的开发方法。

2. 面向对象方法的基本概念

对象（object）是客观世界中的任何事物或人们头脑中的各种概念在计算机程序世界里的抽象表示，是面向对象程序设计的基本元素。

客观世界由各种对象组成，任何客观事物都是对象，对象是在原事物基础上抽象的结果。每种对象都有各自的内部状态和运动规律，不同对象之间的相互作用和联系就构成了各种不同的系统；任何复杂的事物都可以通过对象的某种组合结构构成。

对象由属性和方法组成。属性（attribute）反映了对象的信息特征，如特点、值、状态等等，而方法（method）则是用来定义改变属性状态的各种操作。

对象之间的联系主要是通过传递消息（message）来实现的，而传递的方式是通过消息模式（message pattern）和方法所定义的操作过程来完成的。

对象可按其属性进行归类（class）。类有一定的结构，类上可以有超类（superclass），类下可以有子类（subclass）。对象或类之间的层次结构是靠继承关系（inheritance）维系的。

对象是一个被严格模块化了的实体，称之为封装（encapsulation）。这种封装了的对象满足软件工程的一切要求,而且可以直接被面向对象的程序设计语言所接受。

3. 面向对象方法的开发过程

(1) 系统调查和需求分析。对系统将要面临的具体管理问题以及用户对系统开发的需求进行调查研究,即先弄清要干什么的问题。

(2) 分析问题的性质和求解问题。在繁杂的问题域中抽象地识别出对象以及其行为、结构、属性、方法等。一般称之为面向对象的分析,即 OOA。

(3) 整理问题。对分析的结果作进一步的抽象、归类、整理,并最终以范式的形式将它们确定下来。一般称之为面向对象的设计,即 OOD。

(4) 程序实现。用面向对象的程序设计语言将上一步整理的范式直接映射(即直接用程序设计语言来取代)为应用软件。一般称之为面向对象的程序,即 OOP。

4. 面向对象方法的评价

面向对象方法直接反映了人们对客观世界的认知模式。人类认识客观世界有两个基本过程:一个是从特殊到一般的归纳过程,另一个是从一般到特殊的演绎过程。面向对象的方法从应用设计到解决问题的方案更加抽象化而且具有极强的对应性;在设计中容易与用户沟通;把数据和操作封装到对象之中;设计中产生各式各样的部件,然后由部件组成框架,以至于整个程序;应用程序具有较好的重用性,易改进、易维护和易扩充。

面向对象方法是当前比较流行的开发方法,适用面很广。

5.3.4 计算机辅助软件工程

工具在人类生活和生产活动中的地位和作用是众所周知的,软件工程也不例外。为支持软件开发、维护、管理而研制的计算机程序系统称为软件工具。例如,操作系统、文本编辑器、编译程序系统,等等。在软件工程活动中,软件工程师和管理员按照软件工程的方法和原则,借助于计算机及其软件工具的帮助,开发、维护、管理软件产品的过程称为计算机辅助软件工程(computer aided software engineering,CASE)。

计算机辅助软件工程属于软件开发环境/工具的范畴,其实质是一种软件自动化技术。CASE 的目的是:使系统开发工具和系统开发方法学结合起来,提高管理信息系统开发的效率和管理信息系统的质量,最终实现系统开发的自动化。

1. CASE 工具

支持软件工程活动的软件工具品种多、数量大,按照 CASE 工具的功能,可以将它们划分为九类。所有这些工具都是在软件工程信息库的支持下工作的。

(1) 事务系统规划工具(business systems planning tools)。这类工具为制定事务信息系统规划提供"元模型",利用元模型可以生成专用事务信息系统模型。该模型反映了一个单位各部门之间的信息流程。建立专用事务信息系统模型需要提供系统资源、模型运行方式和管理方法。

(2) 项目管理工具(project management tools)。多数 CASE 的项目管理工具只支持项目管理的某一项活动。项目管理员从 CASE 工具箱中挑选适当的工具估算项目的工作量和成本,并开展制订进度计划等工作。项目管理工具主要包括项目计划工具、需求追踪工具、度量和管理工具等。

(3) 支撑工具(support tools)。支持软件开发和维护的全过程,主要包括文档工具、操作系统、网络系统软件、质量保证工具、软件配置管理工具、数据库管理工具等。

（4）分析和设计工具（analysis and design tools）。用于建造系统模型，该模型包括数据的表示、数据内容、控制流、控制规格说明和进程表示等。分析和设计工具不仅能帮助建造模型，而且还能帮助评价模型的质量、检查模型的一致性和正确性。主要工具包括结构化分析/结构化设计（SA/SD）工具、原型/模拟（PRO/SIM）工具、界面设计和开发工具等。新一代的 SA/SD 还采用了基于规则的专家系统，丰富了传统 SA/SD 的功能。

（5）程序设计工具（programming tools）。用于软件开发过程的编码活动，主要包括传统的程序设计工具（如各种编辑器、编译器、调试器）、第四代程序设计工具（如数据库查询系统代码产生器、四代语言）和面向对象的程序设计工具（如 C++、Smalltalk、Eiffel）等。

（6）测试工具（testing tools）。支持软件测试的工具，包括测试数据获取工具、程序静态（非执行状态）测量工具、程序动态（执行状态）测量工具、硬件或其他外部设备的模拟工具、测试管理工具等。

（7）原型建造工具（prototyping tools）。通常支持某一领域的原型建造，带有一定的专用性（如通信、航空和航天）。较低级的原型工具可以用手工或机器描述系统的结构、功能和人机界面等，这样的原型工具是静态的，不能执行。较好的原型工具不仅能描述系统的特征和功能，而且还可以生成可执行代码，演示系统的动态行为和功能。近年来，某些原型工具开始借助于知识库理解应用领域的知识，建造可执行的原型系统。

（8）维护工具（maintenance tools）。支持软件维护。维护工具按功能划分，包括从程序到规格说明的逆向工程工具、代码的重构和分析工具、在线系统的重新工程化工具（例如修改在线数据库系统）。

（9）框架工具（framework tools）。支持数据库管理、配置管理和 CASE 工具集成的软件工具。

CASE 工具可以支持管理信息系统开发的各个阶段及各种常用技术，利用 CASE 工具分析、设计和测试基于计算机的系统，可以有效提高工作效率和系统质量。

2. 集成化的 CASE 环境

孤立的软件工具虽然能够支持系统开发的某一项活动或方法，但工具之间不能通信，工具界面没有统一的标准，工具缺乏数据库的支持，因而孤立、零散的软件工具难以有效地支持系统开发的全过程。集成化的 CASE 环境（ICASE）将系统开发需要的工具、信息按照统一的标准和一定的结构组合、封装起来，使得工具之间、人员之间及系统开发各个过程之间均能方便地通信。ICASE 中的工具在 CASE 数据库支持下工作，共享数据库的信息，并能方便地访问数据库。ICASE 环境能比较方便地从一种硬件平台和操作系统移植到另一种硬件平台和操作系统。

集成化的 CASE 环境应该满足下列要求：

（1）建立软件工程信息库，允许 ICASE 环境中的所有工具访问该数据库，共享软件工程信息。软件工程数据库存储系统项目在生存周期中的全部信息，包括项目合同、计划、进度、软件设计文档、软件模块和测试方案等。

（2）当对数据库中的某一项信息进行修改时，提供相关信息项的修改控制机制。

（3）为系统开发信息提供版本控制和配置管理机制。

（4）允许直接、随机地访问环境中的任何工具。

（5）自动支持软件工程项目的任务分解并提供标准的工作分解结构（WBS）。

（6）支持软件工程师之间的通信。

（7）在系统开发过程中，能对项目的管理和采用的技术进行度量，以便控制系统开发过程和软件产品质量。

（8）帮助用户学习、试用环境中的每一软件工具，验证工具的功能，体验人机界面环境。

【本章小结】

本章主要讨论管理信息系统的开发方式与开发方法。

管理信息系统的开发方式主要有：由本企业自行开发，委托开发，企业与软件公司联合开发，购买应用软件产品等。这几种开发方式各有特点，也各有利弊，企业应该根据自身的特点和要求，选择适合的开发方式。

常用的管理信息系统开发方法包括结构化方法、原型法、面向对象的方法和CASE方法。其中，结构化方法采用结构化的思想、系统工程的观点和工程化的方法，按照"自上而下，逐步求精"的原则，从全局出发，全面规划分析，从而确定简明的、易于导向的系统方式，是管理信息系统建设的主流方法。

原型化方法通过快速建立并供用户使用的原型来激发用户的信息需求。原型化方法加速了系统开发中用户需求的获取过程，有助于解决一些不确定因素较多的管理决策问题，提高系统开发的效率与有效性。

面向对象方法把管理信息系统看作是一起工作来完成某项任务的相互作用的对象集合。问题空间中的对象是系统中最稳定的部分，基于对象的分类结构和组装结构，并利用服务、消息、继承等概念建立的系统，有较强的应变能力。面向对象方法与结构化方法的主要区别体现在认识问题空间的角度和方法上：结构化方法从过程的角度，按照自顶向下逐步求精的思路认识、描述问题空间；而面向对象方法则从对象的角度，按照先归纳后演绎的思路来认识和描述问题空间。

计算机辅助软件工程CASE是借助于计算机及其软件工具的帮助，开发、维护、管理软件产品的过程，其目的是为了加快系统开发的过程，提高所开发系统的质量。

【复习思考题】

1. "自下而上"和"自上而下"两种管理信息系统的开发策略各有何优缺点？
2. 管理信息系统的开发方式有哪些？各有什么特点？
3. 企业应如何选择合适的管理信息系统开发方式？
4. 什么是结构化系统开发方法，其优缺点和适用场合是什么？
5. 结构化方法将系统开发分为哪几个阶段，各阶段是什么关系？
6. 原型法信息系统开发方法有什么优缺点？
7. 原型化方法的适应范围是什么？应用中应注意哪些问题？
8. 面向对象方法的基本思想是什么？
9. CASE的基本特点是什么？CASE工具有哪些？
10. 调查了解目前我国企业开发管理信息系统所采用的方式、开发方法。

第 6 章　管理信息系统的战略规划

6.1　概述

管理信息系统（management information system，MIS）的战略规划是关于管理信息系统的长远发展的计划，是企业战略规划的一个重要部分。这不仅由于管理信息系统的建设是一项耗资巨大、历时很长、技术复杂且内外交叉的工程，更因为信息已成为企业的生命线。信息系统和企业的运营方式、文化习惯息息相关。

一个有效的战略规划可以使信息系统和用户有较好的关系，可以做到信息资源的合理分配和使用，从而可以节省信息系统的投资；一个有效的规划还可以促进信息系统应用的深化，如 MRP-Ⅱ的应用，可以为企业创造更多的利润；一个好的规划还可以作为一个标准，可以考核信息系统人员的工作，明确他们的方向，调动他们的积极性；规划的过程本身就迫使企业领导回顾过去的工作，发现可以改进的地方。

管理信息系统的战略规划的内容包含甚广，涵盖企业的总目标到各职能部门的目标，以及他们的政策和计划，直到企业信息部门的活动与发展。绝不只是拿点钱买点机器的规划。一个管理信息系统的规划，应包括组织的战略目标、政策和约束、计划和指标的分析；应包括管理信息系统的目标、约束以及计划指标的分析；应包括应用系统或系统的功能结构，信息系统的组织、人员、管理和运行；还包括信息系统的效益分析和实施计划等。

MIS 战略规划一般包括三年或更长期的计划，也包括一年的短期计划。规划的具体内容包括：

（1）信息系统的目标、约束及总体结构。其中，信息系统的目标确定了管理信息系统应实现的功能，信息系统的约束包括 MIS 实现环境、条件（如管理的规章制度、人力、物力等），信息系统的总体结构指明了信息的主要类型和主要的子系统。

（2）组织（企业、部门）的状况。包括计算机软件及硬件情况、专业人员的配备情况以及开发费用的投入情况。

（3）业务流程的现状，存在的问题和不足，以及流程在新技术条件下的重组。企业流程重组实际上是根据信息技术的特点，对手工方式下形成的业务流程进行根本性的再思考、再设计。

（4）对影响规划的信息技术发展的预测。这些信息技术主要包括计算机硬件技术、网络技术及数据处理技术等。这些技术的不断更新将给管理信息系统的开发带来深刻的影响（如处理效率、响应时间等），与管理信息系统的性能有着密切的联系，决定着管理信息系统的优劣。因此，在规划过程中需要吸收相关技术的最新发展成果，使所开发的管理信息系统具有更强大的生命力。

6.2 管理信息系统发展的阶段模型

把信息技术应用到一个单位（企业、部门）的管理中去，一般要经历从初级到成熟的成长过程。诺兰（Nolan）总结了这一规律，于 1973 年首次提出了管理信息系统发展的阶段理论，被称为诺兰阶段模型。到 1980 年，诺兰进一步完善模型，把管理信息系统的成长过程划分为如图 6-1 所示的六个不同阶段。

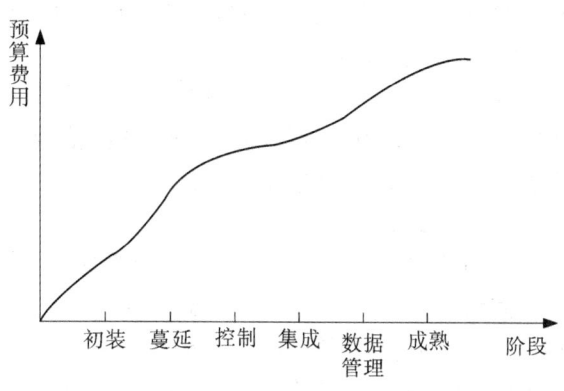

图 6-1 诺兰阶段模型

第一阶段：初装阶段

初装阶段指组织（企业、部门）购置第一台计算机并初步开发管理应用程序。在该阶段，计算机的作用被初步认识到，个别人具有了初步使用计算机的能力。一般而言，"初装"阶段大多发生在单位的财务、人事等数据处理量大的部门。

第二阶段：蔓延阶段

随着计算机应用初见成效，信息系统（管理应用程序）从少数部门扩散到多数部门，并开发了大量的应用程序，使组织的事务处理效率得以提高，这便是所谓的"蔓延"阶段。在该阶段中，数据处理能力的发展尤为迅速，但同时出现了许多有待解决的问题，如数据冗余性、不一致性、难以共享等。在此阶段，只有一部分计算机的应用收到了实际的效益。

第三阶段：控制阶段

管理部门了解到计算机数量超出控制，计算机预算每年以 30%～40% 或更高的比例增长，而投资的回收却不理想。同时随着应用经验逐渐丰富，应用项目不断积累，客观上也要求加强组织协调，于是就出现了由领导和职能部门负责人参加的领导小组，对整个组织的系统建设进行统筹规划，特别是利用数据库技术解决数据共享问题。这时，严格的控制阶段便代替了蔓延阶段。根据诺兰阶段模型，第三阶段将是实现从以计算机管理为主到以数据管理为主转换的关键，一般发展较慢。

第四阶段：集成阶段

所谓集成，就是在控制的基础上，对子系统中的硬件进行重新连接，建立集中式的数据库及能够充分利用和管理各种信息的系统。由于重新装备大量设备，此阶段预算费用又一次迅速增长。

第五阶段：数据管理阶段

根据诺兰阶段模型，"集成"之后，将会进入数据管理阶段。但 20 世纪 80 年代时，美国尚处在第四阶段，因此，诺兰没能对该阶段进行详细的描述。

第六阶段：成熟阶段

一般认为，"成熟"的信息系统可以满足组织中各管理层次（高层、中层、基层）的要求，从而真正实现信息资源的管理。

诺兰阶段模型还指明了信息系统发展过程中的六种增长要素：

(1) 计算机硬、软件资源：从早期的磁带向最新的分布式计算机发展；

(2) 应用方式：从批处理方式到联机方式；

(3) 计划控制：从短期的、随机的计划到长期的、战略的计划；

(4) MIS 在组织中的地位：从附属于别的部门发展为独立的部门；

(5) 领导模式：开始时，技术领导是主要的，随着用户和上层管理人员越来越了解 MIS，上层管理部门开始与 MIS 部门一起决定发展战略；

(6) 用户意识：从作业管理级的用户发展到中、上层管理级。

诺兰阶段模型总结了发达国家信息系统发展的经验和规律。一般认为，模型中的各阶段都是不能跨越的。因此，无论是确定开发管理信息系统的策略，或者是制定管理信息系统规划，都应首先明确本组织当前处于哪一生长阶段，进而根据该阶段特征来指导 MIS 建设。

6.3　制订管理信息系统战略规划的步骤

管理信息系统规划的步骤是：规划准备、收集有关信息、进行战略分析、定义约束条件、明确战略目标、提出未来蓝图、选择开发方案、编制实施进度、规划文档化、领导审批。

1. 规划准备

规划准备包括确定规划的目标、任务、年限、方法和过程等，邀请规划专家，组织规划小组，落实规划工作环境，启动规划等工作。

2. 收集有关信息

为了进行信息规划，需收集相关信息。这些信息包括：企业发展战略，企业产品、市场定位，企业技术、设备和生产能力，企业综合实力，组织机构和管理，企业员工素质，企业面临的机遇和挑战，企业现行信息系统建设水平、管理水平和信息技术现状。

3. 进行战略分析

战略分析是指对信息系统的目标、开发方法、功能结构、计划活动、信息部门的情况、财务状况、风险和政策等进行分析。

4. 定义约束条件

根据企业的财力、人力和物力等方面的限制，定义信息系统的约束条件和政策。

5. 明确战略目标

根据 3、4 的结果，确定 MIS 的开发目标，明确 MIS 应具有的功能、服务范围和质量等。

6. 提出未来蓝图

给出信息系统的总体框架、信息系统的总体技术路线、信息系统建设路线及子系统划分等。

7. 选择开发方案

确定总体开发顺序、开发策略和开发方法。

8. 编制实施进度计划

编制项目的实施进度计划，估计项目成本和人员需求。

9. 规划文档化

组织用户、信息系统人员和管理者，由信息部门人员将规划整理成文。

10. 领导审批

信息系统规划只有经过领导审批后方可生效。

6.4 制订管理信息系统战略规划的常用方法

用于管理信息系统规划的方法很多，下面主要介绍企业系统规划法（business system planning，BSP）、关键成功因素法（critical success factors，CSF）和战略目标集转化法（strategy set transformation，SST）。

6.4.1 企业系统规划法

企业系统规划法（business system planning，BSP）是由 IBM 公司于 1975 年提出的自上而下识别系统目标、企业过程、数据，自下而上设计系统，支持系统目标实现的结构化规划方法。该方法从企业目标入手，逐步将企业目标转化为管理信息系统的目标和结构，从而更好地支持企业目标的实现。

1. BSP 法的作用

BSP 法是一种能够帮助规划人员根据企业目标制定出 MIS 战略规划的结构化方法。通过这种方法可以：

（1）确定未来信息系统的总体结构，明确系统的子系统组成和开发子系统的先后顺序。

（2）对数据进行统一规划、管理和控制，明确各子系统之间的数据交换关系，保证信息的一致性。

BSP 法的优点：它能保证信息系统独立于企业的组织机构，使信息系统具有对环境变更的适应性，即使将来企业的组织机构或管理体制发生变化，信息系统的结构体系不会受到太大的冲击。另外，BSP 法的信息系统战略可表达企业各管理层次的需求。BSP 法的缺点主要是收集的数据往往不是反映管理者的关键目标和需要的信息，而是现在正在使用的信息，其结果只能是试图使现存业务自动化；此外，BSP 法的数据收集量大、成本高。

2. BSP 法的工作步骤

用 BSP 法制定规划是一项系统工程，其主要的工作步骤为：

（1）准备工作。成立由最高领导牵头的委员会，下设一个规划研究组，并提出工作计划。

（2）调研。规划组成员通过查阅资料，深入各级管理层了解企业有关决策过程、组织职能和部门的主要活动以及存在的主要问题。

（3）定义业务过程（又称企业过程或管理功能组）。定义业务过程是 BSP 方法的核心。业务过程指的是企业管理中必要且逻辑上相关的、为了完成某种管理功能的一组活动。

(4) 业务过程重组。业务过程重组是在业务过程定义的基础上,找出哪些过程是正确的,哪些过程是低效的,需要在信息技术支持下进行优化处理,还有哪些过程不适合计算机信息处理的特点,应当取消。

(5) 定义数据类。数据类是指支持业务过程所必需的逻辑上相关的数据。对数据进行分类是按业务过程进行的,即分别从各项业务过程的角度,将与该业务过程有关的输入数据和输出数据按逻辑相关性整理出来归纳成数据类。

(6) 定义信息系统总体结构。定义信息系统总体结构的目的是刻画未来信息系统的框架和相应的数据类。其主要工作是划分子系统,具体实现可利用过程/数据矩阵(U/C 矩阵)。

(7) 确定总体结构中的优先顺序。即对信息系统总体结构中的子系统按先后顺序排出开发计划。

(8) 完成 BSP 研究报告,提出建议书和开发计划。

图 6-2 所示为 BSP 法的具体工作步骤。

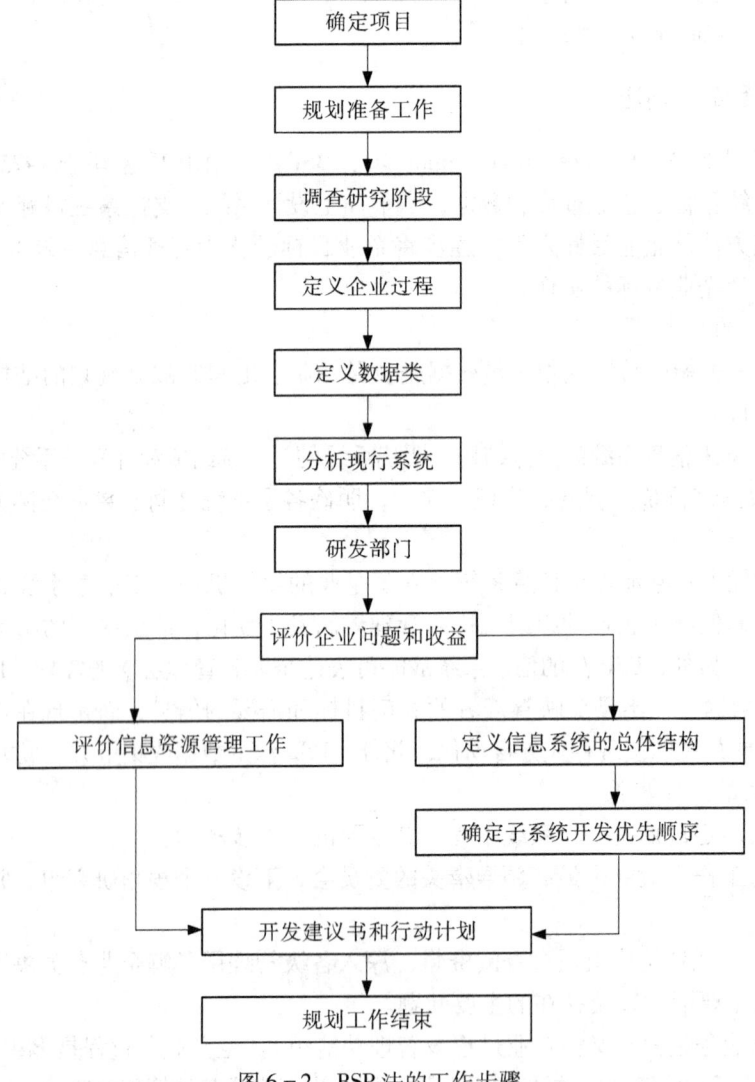

图 6-2 BSP 法的工作步骤

3．U/C 矩阵的应用

BSP 方法将过程和数据类两者作为定义企业信息系统总体结构的基础，它利用过程/数据矩阵（U/C 矩阵）来表达两者之间的关系。矩阵中的行表示数据类，列表示过程，并以字母 U（use）和 C（create）来表示过程对数据类的使用和产生。

利用 U/C 矩阵方法划分子系统的步骤如下：

第一步，在功能/数据关系表中，如果某类数据由相应功能产生，则在其交叉点上填写符号 C；如果某类功能要使用相应的数据类，则在其交叉点上填写符号 U。例如表 6-1 功能/数据关系表（1）中，经营计划功能需要使用有关财务和成本数据，则在这些数据下面的经营计划一行上填一个 U 号，最后产生的是计划数据，则填上 C。这样就可以得到如表 6-1 所示的 U/C 矩阵。

第二步，对表 6-1 作重新排列，先考虑"功能"这一列，把功能按功能组排列，每一功能组内按功能发生的先后次序排列；然后调换"数据类"的横向位置，使得矩阵中 C 最靠近对角线。如表 6-2 所示。

第三步，在表 6-2 上将 U 和 C 最密集的地方框起来（或用阴影表示），对每个框予以命名，就构成子系统。如此划分后，整个系统被划分为经营计划、技术准备、生产制造、销售、财会和人事等六个子系统；框外（阴影外）的 U 表示子系统之间的数据流向。

表 6-1 功能/数据关系表（1）

数据类 功能	客户	订货	产品	加工路线	材料表	成本	零件规格	原材料库存	成品库存	职工	销售区域	财务	计划	设备负荷	材料供应	工作指令
经营计划						U						U	C			
财务规划						U				U		U	U			
产品预测	U		U									U	U			
产品设计开发	U		C	U			C									
产品工艺			U	C			U	U								
库存控制								C	C						U	U
调度			U											U		C
生产能力计划				U										C	U	
材料需求			U	U											C	
作业流程				C										U	U	U
销售区域管理	C	U	U													
销售	U	U	U								C					
订货服务	U	C	U													
发运		U							U							
会计	U	U								U						
成本会计			U			C										
人员计划										C						
人员招聘考核										U						

表 6-2 功能/数据关系表（2）

功能	数据类	计划	财务	产品	零件规格	材料表	原材料库存	成品库存	工作指令	设备负荷	材料供应	加工路线	客户	销售区域	订货	成本	职工
经营计划	经营计划	C	U											U			
经营计划	财务规划	U	C											U			U
技术准备	产品预测	U		U									U	U			
技术准备	产品设计开发			C	C	U							U				
技术准备	产品工艺			U	U	C	U										
生产制造	库存控制						C	C	U		U						
生产制造	调度			U						C	U						
生产制造	生产能力计划								C	U	U						
生产制造	材料需求			U		U					C						
生产制造	作业流程								U	U	U	C					
销售	销售区域管理			U									C	U			
销售	销售			U									U	C	U		
销售	订货服务			U									U		C		
销售	发运			U					U						U		
财会	会计												U				U
财会	成本会计														U	C	
人事	人员计划																C
人事	人员招聘考核																U

6.4.2 关键成功因素法

在现行系统中，总存在着多个变量影响系统目标的实现，其中若干个因素是关键的和主要的（即关键成功变量）。由哈佛大学 William Zani 教授和 MIT 的 John Bockart 提出的关键成功因素法（critical success factors，CSF），通过对关键成功因素的识别，找出实现目标所需的关键信息集合，从而确定系统开发的优先次序。

关键成功因素指的是对企业成功起关键作用的因素。关键成功因素法就是通过分析找出使得企业成功的关键因素，然后再围绕这些关键因素来确定系统的需求，并进行规划。

关键成功因素法主要包含以下几个步骤：

（1）了解企业或 MIS 的战略目标。

（2）识别所有的成功因素，主要是分析影响战略目标的各种因素和影响这些因素的子因素；识别关键成功因素：不同行业的关键成功因素各不相同，即使是同一个行业的组织，由于各自所处的外部环境的差异和内部条件的不同，其关键成功因素也不尽相同。

（3）明确各关键成功因素的性能指标和评估标准。

（4）定义数据字典：关键成功因素法通过目标分解和识别、关键成功因素识别、性能指标识别，最后产生数据字典。

这四个步骤可以用一个图表示，见图 6-3。

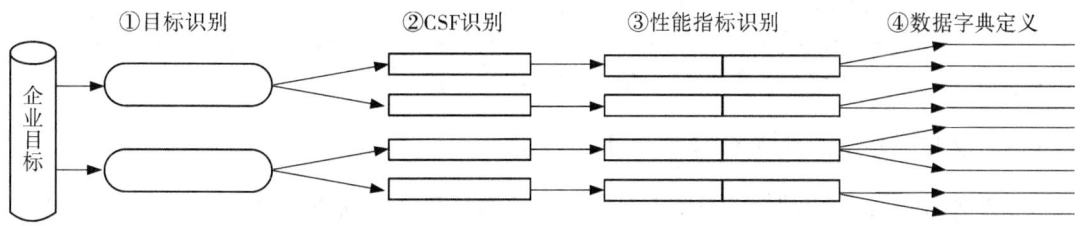

图 6-3 关键成功因素法的 4 个步骤

关键成功因素法的优点是关注核心信息需求，能够使所开发的系统具有强烈的针对性，能够较快地取得收益；使用操作比 BSP 方法简便。缺点是 CSF 方法得到的信息系统规划主观色彩较浓，随意性较大。应用关键成功因素法需要注意的是，当关键成功因素解决后，又会出现新的关键成功因素，此时必须再重新开发系统。

6.4.3 战略目标集转化法

战略目标集转化法（strategy set transformation，SST）是 William King 于 1978 年提出的，该方法将整个战略目标看成"信息集合"，由使命、目标、战略和其他战略变量组成，MIS 的战略规划过程是把组织的战略目标转变为 MIS 战略目标的过程。该方法进行信息系统战略规划的步骤是：

（1）识别组织的战略集。先考察一下该组织是否有成文的战略式长期计划，如果没有，就要去构造这种战略集合。可以采用以下步骤：

①描绘出组织各类人员结构，如卖主、经理、雇员、供应商、顾客、贷款人、政府代理人、地区社团及竞争者等。

②识别每类人员的目标。

③对于每类人员识别其使命及战略。

（2）将组织战略集转化成 MIS 战略。MIS 战略应包括系统目标、约束以及设计原则等。这个转化的过程包括对应组织战略集的每个元素识别所对应的 MIS 战略约束，然后提出整个 MIS 的结构。最后，选出一个方案送总经理。如图 6-4 所示。

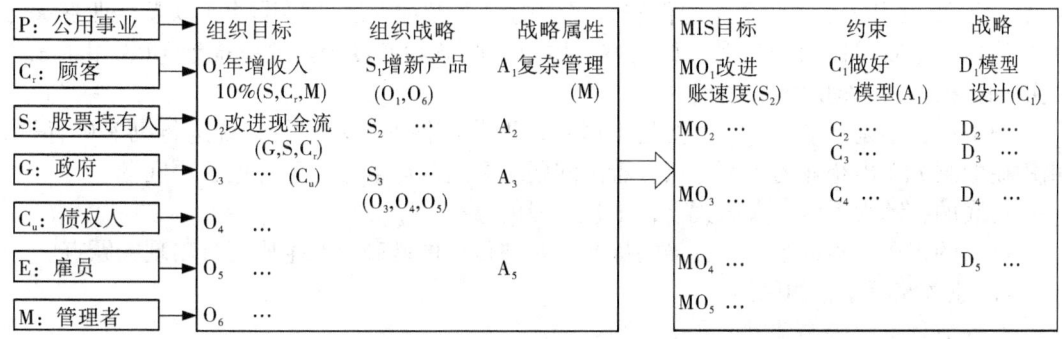

图 6-4 战略目标集转化

由图 6-4 可以看出，目标是由不同群体引出的。例如，组织目标 O_1 由股票持有者 S、

债权人 C_1 以及管理者 M 引出；组织战略 S_1 由目标 O_1 和 O_6 引出，依次类推。这样就可以列出 MIS 的目标、约束以及设计战略。

战略目标集转化法从另一个角度去识别企业组织的管理目标，清楚地反映了各类人员的要求，最后将企业的战略目标转化为信息系统的战略目标。描述全面，疏漏较少，这是 SST 法强于 CSF 方法之处；但在突出重点方面不如 CSF。

6.4.4 管理信息系统战略规划方法的组合运用

在实践中，各种管理信息系统战略规划方法都存在这样或那样的不足，于是相继有学者提出了将不同的管理信息系统战略规划方法进行组合应用的思路。由于管理信息系统的单一战略规划方法有不同的出发点和不同的适应性，为了扬长避短，中外研究者对管理信息系统的战略规划方法的组合进行了相关研究。如我国学者薛华成提出将关键成功因素法、战略集转移法和企业系统规划法三种方法结合起来使用，称为 CSB 方法（即 CSF、SST、BSP 相结合）。这种方法先使用关键成功因素法（CSF）确定企业目标，然后用战略集转化法（SST）补充完善企业目标，并将这些目标转化为管理信息系统目标，最后用企业系统规划法（BSP）校核两个目标，并确定信息系统结构，这样就弥补了单个方法的不足。

6.5 业务流程重组

6.5.1 业务流程重组简介

1. 业务流程重组及其实质

业务流程重组（business process reengineering，BPR）是一种管理思想。它强调以业务流程为改造对象和中心，以关心客户的需求和满意度为目标，对现有的业务流程进行根本的再思考和彻底的再设计；利用先进的制造技术、信息技术以及现代化的管理手段，最大限度地实现技术上的功能集成和管理上的职能集成，以打破传统的职能型组织结构（function-organization），建立全新的过程型组织结构（process-oriented organization），从而实现企业经营在成本、质量、服务和速度等方面的巨大改善。

BPR 的实质最早于 1993 年由美国学者哈默（Hammer）和钱皮（Champy）给出。他们给 BPR 下的定义是：对企业过程进行根本的再思考和彻底的再设计，以求企业在关键的性能指标上获得巨大的提升，如成本、质量、服务和速度等。这里描绘 BPR 用了三个关键词：根本的、彻底的和巨大的。

根本的：不是枝节、表面，而是本质的，即革命性的，对现行系统进行彻底的怀疑，用敏锐的眼光看出企业的问题，只有看出问题、看透问题，才能更好地解决问题。

彻底的：动大手术、大破大立，不是一般的修补。

巨大的提升：指成十倍、百倍的提升，是在量变的基础上产生质变，出现突跃点。

2. 业务流程重组的原则

业务流程重组应遵循以下几个原则：

（1）以过程管理代替职能管理，取消不增值的管理环节。

（2）以事前管理代替事后监督，减少不必要的审核、检查和控制活动。

（3）取消不必要的信息处理环节，消除冗余信息集。

（4）以计算机协同处理为基础的并行过程取代串行和反馈控制管理过程。

（5）用信息技术实现过程自动化，尽可能抛弃手工管理过程。

3. 业务流程重组的实现手段

BPR 实现的手段是两个赋能者（enabler）：一是 IT（信息技术），一是组织。BPR 之所以能获得巨大的提高，在于充分地发挥 IT 的潜能，即利用 IT 改变企业的过程，简化企业过程。二是变革组织结构，达到组织精简，效率提高。

需要说明的是，BPR 是一种管理思想，它可以独立于 IT，IT 的应用使得 BPR 实现更加有效。

除了这两个赋能者，对于 BPR 来说，更重要的是企业领导的抱负、知识、意识和领导艺术。没有企业领导的决心和能力，BPR 是绝不能成功的。领导的责任在于克服中层的阻力，改变旧的传统。在当今飞速变化的世界中，经验不再是资产，而往往成了负债。在改变经验的培训上的投入越来越多，领导只有给 BPR 营造一个好的环境，BPR 才能得以成功。

4. 业务流程重组的实施

应从以下三个方面实施业务流程重组：

（1）观念重组。变革基本信念、转变经营机制、重建组织文化、重塑行为方式。

（2）流程重组。由面向职能转变为面向流程，对企业的现有流程进行调研分析、诊断、再设计，然后重新构建新的流程。

（3）组织重组。建立流程管理机构，明确其权责范围；制定各流程内部的运转规则与各流程之间的关系规则，逐步用流程管理图取代传统企业中的组织机构图。组织结构扁平化。

5. 业务流程重组的主要方法

实施业务流程重组的主要方法是简化和优化过程。总的来说，BPR 过程简化的主要思想是战略上精简分散的过程，职能上纠正错位的过程，执行上删除冗余的过程。BPR 在利用 IT 技术简化过程上有一些方法，主要包括：

（1）横向集成。跨部门的工作按流程压缩，例如交易员代替定价员和核对员的工作。

（2）纵向集成。权力下放，压缩层次。

（3）减少检查、校对和控制，变事后检查为事前管理。

（4）单点对待顾客，用入口信息代替中间信息。

（5）单库提供信息。建好统一共享信息库，把相互打交道变成对信息库打交道。

（6）一条路径到达输出。不用许多路径均能走通，多路径会让人不知该走哪条。

（7）并行工程。串行已不可能再压缩，可考虑把串行变为并行。

（8）灵活选择过程连接。对于不同的输入，可能不需要全过程，少几个过程联络起来也能达到输出。

6. 业务流程重组的适用情况

面临以下情况，应当进行业务流程重组：

（1）企业濒临破产，不改只能倒闭。

（2）企业竞争力下滑，企业调整战略和进行重构。

（3）企业领导认识到 BPR 能大大提高企业竞争力，而企业又由此需要扩张。

（4）BPR 的策略在自己相关的企业获得成功，影响本企业。

6.5.2 业务流程重组与信息系统规划

信息系统规划和 BPR 有着非常密切的关系，它们均有共同的思想使顾客满意，它们均是采用系统的方法，它们均应由系统规划队伍去完成。

从过程的观点来看待企业，BPR 和 BSP 是一样的，所不同的是 BPR 主张彻底的变革，而且在改造企业过程方面研究出了许多行之有效的方法，因而把 BSP 向前推进了一步。所以信息系统规划和 BPR 在实际工作中是相互衔接的，如果分离，两者均不可能做好。

【本章小结】

管理信息系统的战略规划是管理信息系统开发的第一个阶段，其主要任务是：制订管理信息系统的发展战略；确定组织的主要信息需求，形成管理信息系统的总体结构方案，安排项目开发计划；制订系统建设的资源分配计划。在对管理信息系统进行系统规划时应注意如下问题：与发展战略的一致性，解决问题的有效性，适应变化的应变性；人、管理与技术的协调性。

管理信息系统战略规划的步骤从开始到结束有：确定规划性质，收集相关信息，进行战略分析，定义约束条件，明确战略目标，提出未来框图，选择开发方案，提出实施进度，通过战略规划。管理信息系统战略规划的方法有许多种，常用的有企业系统规划法（business system planning，BSP）、关键成功因素法（critical success factors，CSF）和战略目标集转化法（strategy set transformation，SST）等。

管理信息系统并不是现行流程的简单实现，而是先进管理理念和技术手段的统一，是企业业务流程的优化和重组。企业业务流程重组（BPR）可分为流程逐步改进与流程重新设计。

【复习思考题】

1. 诺兰阶段模型把信息系统的成长过程划分为哪几个阶段？
2. 诺兰阶段模型的实用意义何在？
3. 制定 MIS 战略规划时，使用 BSP 法主要想解决什么问题？
4. 系统战略规划的作用和内容各是什么？
5. 管理信息系统规划的步骤一般有哪些？
6. 系统规划阶段的成果有哪些？
7. 在对管理信息系统进行系统规划时应注意哪些问题？
8. 企业流程有什么特点？如何识别企业流程？
9. 企业业务流程重组（BPR）成功的关键是什么？
10. 试述信息系统规划的目标与任务。联系我国信息化实际，论述系统规划在管理信息系统建设中的重要意义。

第 7 章 系统分析

7.1 系统分析概述

系统分析是在总体规划的指导下,对系统进行深入详细的调查研究与分析,确定新系统的逻辑模型的过程。其主要任务是定义或制定新系统应该"做什么(What to do)"的问题,即对目标系统提出完整、准确、清晰、具体的要求。系统分析的工作包括两大方面:一是了解用户需求,即详细了解每个业务过程和业务活动的工作流程及信息处理流程,理解用户对信息系统的需求,包括对系统功能、性能等方面的需求,并以需求说明书的形式将系统需求定义下来。这部分工作是系统分析的核心。二是确定系统逻辑模型,形成系统分析报告。在详细调查的基础上,确定系统应具有的逻辑功能,再用一系列图表工具和文字表示出来,形成系统的逻辑模型,为下一步系统设计提供依据。

系统分析是管理信息系统建设最重要的阶段,是管理信息系统设计和实现的基础,其工作成果的好坏直接决定系统的成败。同时,由于系统分析是旧系统向新系统过渡的阶段,是一个承上启下的阶段,也是系统开发者与用户协同最多、联系最紧密的阶段,而且此阶段涉及的方法和工具比较多,所以也是管理信息系统开发过程中难度最大、要求最高的阶段。

7.1.1 系统分析的目的

管理信息系统的用途是解决组织中的问题,进行系统分析就是为了了解这些问题,然后在了解问题的基础上设计解决方案。因此,系统分析的目的就是明确系统开发的目标和用户需求,从信息处理的功能需求上,提出系统方案,即提出新系统的逻辑模型,以此为下一阶段进行物理方案设计、解决"怎么做"的问题提供依据。

7.1.2 系统分析的任务

系统分析是系统规划的继续,系统规划是面向全局、从战略角度去分析管理信息系统,而系统分析则是面向局部、从具体细致的角度去分析管理信息系统。在系统分析阶段,要集中精力,进行深入详细的调查研究,认真分析用户需求,用科学的方法将新系统的逻辑模型表达出来。

1. 分析用户需求

分析用户需求主要是分析用户在系统功能、性能等方面的要求以及用户在硬件配置、开发周期、处理方式等方面的意向和打算,其核心是用户在系统功能方面的要求。首先是系统用户提出初步的需求,然后系统分析人员通过对系统的详细调查,进一步完成系统功能要求,最终以软件说明书的形式将用户需求确定下来。

2. 现行系统的详细调查

详细调查即通过多种方式对现行系统进行深入调查，了解现行系统的组织机构、人员分工、业务流程、各种计划、处理过程、单据和报表格式等，使系统开发人员对现行系统有一个比较深刻的认识，为新系统开发做好准备工作。重点应详细了解各级组织的职能、业务流程的各环节以及信息的来龙去脉。在业务流程分析的基础上，分析数据的流动、传递、处理和存储过程。用户根据流程图描述，建立数据字典。

3. 建立信息系统的逻辑模型

采用一组图表工具来标示和描述新系统的逻辑模型，使新系统的概貌清晰呈现在用户面前，方便分析人员和用户针对模型进行交流讨论，并在与用户充分交流的基础上使新系统的逻辑模型得到完善。

4. 编写系统分析报告

系统分析报告是系统分析阶段的成果和总结，是向开发单位有关领导提交的正式书面报告，也是下一工作阶段系统设计的依据。

7.1.3 系统分析的困难

随着管理信息系统复杂性的提高及规模的扩大，系统分析也愈加困难。它的难点主要体现在以下几个方面：

（1）分析问题的复杂性。这是由用户需求所涉及的因素繁多引起的，如运行环境和系统功能等。系统调查中存在大量反映各种业务情况的数据、报表、账页，业务人员的各种正规的、非正规的手册、技术资料等。资料数量大、业务之间联系繁杂的现状，给不熟悉业务情况的系统分析人员带来很大困难。另一方面，许多用户虽然精通业务，但往往不善于把业务过程明确地表达出来，也增加了获得充分有用信息的难度。

（2）交流障碍。系统分析涉及的人员较多，如系统用户、问题领域专家、系统分析人员和项目管理员等，这些人具有不同经历，具备不同的背景知识，处于不同的角度，扮演不同角色，造成了相互之间交流的困难，因而系统调查和分析容易出现遗漏和误解。这些误解和遗漏是研制系统的隐患，会使系统开发偏离正确方向。

（3）不完备性和不一致性。由于各种原因，用户对问题的陈述往往是不完备的，其各方面的需求还可能存在着矛盾，系统分析要消除矛盾，形成完备而一致的定义。系统说明书实际上是用户与研制人员之间的技术合同。作为设计基础和验收依据，系统说明书应当严谨准确，无二义性，尽可能详尽；作为技术人员与用户之间的交流工具，它应当简单明确，尽量不用技术上的专业术语。

（4）环境和需求的动态性。系统环境和用户需求的变动是一个极为普遍的问题，即使是部分变动，也往往会影响到系统分析的全部。应当充分认识到，管理信息系统生存在不断变化的环境和不断改变的需求中，变化的环境和新的需求对它不断提出新的要求。只有适应这些要求，系统才能生存下去。

7.1.4 系统分析的方法

系统分析需要借助一定的技术、工具与方法。实践证明，结构化系统分析是一种简单实用的方法。

结构化分析是自顶向下、逐步求精的系统分析方法。结构化分析的核心是"分解"和"抽象"。分解是指将一个复杂的问题按照内在的逻辑划分为若干个相对独立的子问题，从而简化复杂问题的处理。抽象则是将一些具有某些相似性质的事物的公共之处概括出来，暂时忽略其不同之处；或者说，抽象是抽象出事物的本质特性而暂时不考虑它们的细节。

分解和抽象实质上是一对有机联系的概念。结构化分析时，自顶向下的过程，即从顶层到第一层再到第二层的过程，就是"分解"；自底向上的过程，即从第二层到第一层再到顶层的过程，就是"抽象"。或者说，下层是上层的分解，上层是下层的抽象。这种层次分解使我们不必考虑过多细节，而是逐步了解更多的细节。对于顶层不考虑任何细节，只考虑系统对外部的输入和输出，然后，一层层地了解系统内部的情况。

对于任何复杂的系统，分析工作都可以按照上述方式有计划、有步骤地进行。大小规模不同的系统只是分解的层次不同，规模大的系统分解的层次多，规模小的系统分解的层次少。

结构化分析方法是进行系统分析的行之有效的方法。在结构化方法中，采用数据流程图来建立系统的逻辑模型，用数据字典对数据流程图进行说明，用决策树、决策表和结构式语言对处理过程进行描述。

7.2 系统总体需求分析及可行性分析

7.2.1 系统总体需求分析

管理信息系统是一个大系统，复杂程度高，投资大，开发周期长，因而在开发的初期，必须以整个系统为分析对象，对系统进行总体需求分析，确定这个系统的总目标、主要功能。也就是说，要从总体上来把握系统的目标和功能的框架，进而研究论证这个总体方案的可行性，这样就给今后的系统分析、设计和实施打好了基础。

系统总体需求分析是系统开发的重要环节，是明确系统"是什么"的问题，也就是对目标系统提出完整、准确、清晰、具体的要求的阶段。

具体说来，对管理信息系统进行总体需求分析，应进行以下工作。

1. 系统总体调查

系统总体调查是指对目前的状况、存在的问题、用户的系统开发要求、数据处理量等继续调查研究；目的是从总体上了解企业概况，基本功能和信息的需求，并确定由各类用户提出的对信息系统开发项目的各种要求是否合理有效，是否可行，然后提出建议。

总体调查的具体内容包括：

(1) 现行系统的目标和任务。这里讲的目标是指企业在一定时期内生产经营活动最终要达到的目的，而任务则是指必须完成的具体的生产、经营内容，是目标的具体化。

(2) 现行系统概况。如企业的规模、人力、物力和技术力量配备情况，组织机构，干部的分工。

(3) 现行系统的环境条件。如资金来源、材料供应情况、产品销售情况等。

(4) 现行系统的业务流程和子系统的划分。主要是业务与数据的流程，其目的是合理地划分子系统并确定各个子系统之间的关系。在调查业务流程的同时应初步估算各部门需存储的数据量,为新系统的设备选择与配置做准备。

(5) 新系统的开发条件。包括管理基础、原始数据的完整和准确、计算机方面的设备和人员情况,开发新系统的经费来源等。

2. 功能需求分析

用户对信息系统的功能需求包括数据输入与数据交换功能、数据存储功能、输出功能、查询功能、统计分析功能、预测决策功能、事务管理功能、数据恢复备份功能、系统维护功能等。

在了解功能需求的基础上,应根据信息系统的规模、开发目标、开发环境和企业组织的特点,从必要性和可能性两方面对功能需求逐一进行分析论证。

3. 响应速度的需求分析

系统响应时间要求主要考虑信息传送的实时性、信息处理的实时性、响应时间等因素。响应时间取决于应用程序设计和网络通信能力,在程序设计和网络规划时应充分考虑数据交换网的特点和限制,在现有通信能力紧张的情况下,区分信息处理的轻重缓急,实行优先级控制,保证重要数据、重要请求、重要处理的通信。远程访问的平均响应时间不宜过长。

在设计数据库时应充分考虑系统响应时间与数据存储效率、数据库物理位置设置等之间的平衡。例如,对于单项核算系统,每张料单的处理响应时间应在5s内;对于账务系统,每张凭证的处理时间应在 1~2s;对于报表处理系统,每张报表的数据生成、显示等的响应时间应在5s内。对于信息库分系统,常用重要信息综合查询响应时间应在5s内;其他非常用信息的综合查询以及统计分析的响应时间应在30s内。

4. 安全性能的需求分析

系统安全性要求体现在应用软件安全性、数据库安全性、信息安全性及系统平台的安全性等方面。

软件设计应做到应用软件与数据的分离,实现数据共享,防止数据丢失或破坏。数据库安全性除自身提供的以外,各应用系统还可通过分配权限、设置权限级别来区别对待不同操作者对数据库的操作,提高数据库的安全性。系统平台的安全性体现在操作系统的安全性、计算机系统的安全性和网络体系的安全性等方面。

7.2.2 系统可行性分析

在前期总体调查工作的基础上,分析当前开发新系统的条件是否具备,明确新系统目标实现的可能性和必要性,这就是系统的可行性分析。

所谓可行性,包括可能性和必要性两个方面。可能性就是指开发的条件是否具备,必要性是指客观上是否需要。可能性和必要性是相辅相成的,缺一不可。

1. 可行性分析的内容

系统可行性分析主要包括以下几方面的内容:

(1) 目标与方案的可行性。即目标是否明确,方案是否切实可行,是否满足组织进一步发展的要求,等等。

(2) 技术可行性。技术可行性是指在现有的技术条件下,能否达到系统所提出的要求。例如,对处理速度的要求、对存储能力的要求、对通信功能的要求等,都要根据现有的技术水平考虑。具体来说，一是人员和技术力量的可行性，即有多少科技人员，其技术力量和开发能力如何，有没有系统开发的可行性。二是计算机硬件的可行性，包括各种外围设备、通信设备、计算机设备的性能是否能满足系统开发的要求，以及这些设备的使用、维护及其充分发挥效益的可行性。三是计算机软件的可行性，包括各种软件的功能能否满足系统开发的要求，软件系统是否安全可靠，本单位对使用、掌握这些软件技术的可行性。

（3）经济可行性。经济可行性分析就是估计项目的成本和收益，分析项目在经济上是否合理。如果不能提供开发系统所需要的经费，或者一定时间内不能收回投资，或者不能提高效益，经济上就是不可行的。具体包括：

①成本分析。信息系统成本包括开发成本和维护成本。开发成本包括：设备（各种硬件/软件及辅助设备的购置、运输、安装、调试、培训费等），机房及附属设备（电源动力、通信、公共设施费），软件开发费用等。维护成本包括：系统维护费（软件、设备、网络通信维护费），系统运行费用（人员费用、办公费用等）。

②效益分析。效益可分为直接效益和间接效益。直接效益是系统投入运行后，对利润的直接影响，例如节省人员、压缩库存、加快资金周转、减少废品等。管理信息系统的经济效益是在系统投入使用后的若干年里逐渐体现出来的。管理信息系统的效益大部分是难以用货币表现出来的间接效益，如提高管理水平、提高企业信誉、提高客户忠诚度等。

（4）管理可行性。从组织管理上分析新系统开发的可行性，内容包括：①企业主管、部门主管对新系统开发是否支持，态度是否坚决；②管理人员对新系统开发的态度如何，配合情况如何；③管理基础工作如何，现行系统的业务处理是否具有标准运作程序等；④新系统的开发执行导致管理模式、数据处理方式及工作习惯的改变，这些工作的变动数量如何，管理人员能否接受。

（5）社会环境可行性。社会环境可行性分析具有比较广泛的内容，它需要从政策、法律、道德、制度、管理、人员等社会因素论证信息系统开发的可能性和现实性。

2. 可行性分析报告

可行性分析报告是开发人员对现有系统初步调查、分析和规划的结论，反映了开发人员对系统开发的看法，也是系统开发过程中的第一个正式文档。可行性分析报告目前尚无统一的格式，报告的内容通常由以下部分组成：

（1）项目概述。包括系统名称、任务由来、存在问题和重要程度。

（2）系统目标。经过初步调查，用户和系统研制人员共同确定的系统目标与范围。

（3）项目投资。包括人力、资金、设备及时间。

（4）可行性研究。主要从技术、经济、管理等几个方面，分析在现有资源及其他条件下，系统目标是否可以达到，是否有必要达到。

（5）结论。根据以上分析，对提出的信息系统开发工作做出是否可行的结论。明确指出是可以立即开发，还是推迟到某些条件具备以后再开发，或者不开发新系统只改进原系统。

7.3 管理业务流程分析

要进行管理信息系统的分析，首先要进行组织结构的调查与分析，还要对该组织的功能结构进行分析。而组织结构与功能结构的分析一般是从一个实际的业务流程分析入手的。

7.3.1 组织结构的调查与分析

组织结构是指组织内部的部门划分以及它们的相互关系。组织结构调查就是对组织结构与功能进行分析，弄清组织内部的部门划分，以及各部门之间的领导与被领导关系、信息资料的传递关系、物资流动关系与资金流动关系，并了解各部门的工作内容与职责。此外，还应详细了解各级组织存在的问题以及对新系统的要求等。

组织结构分析就是将了解和掌握的组织结构用组织结构图的方式描绘出来，供后续分析和设计参考。图7-1为一般组织结构图。

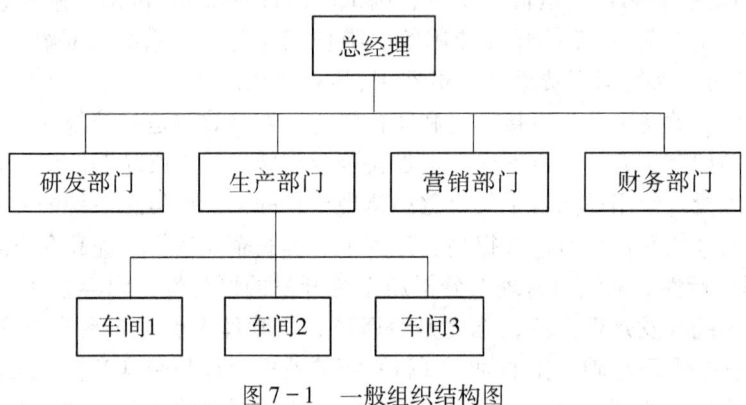

图7-1 一般组织结构图

作为管理业务流程调查和分析工作的一部分，在描述组织结构图时除了清晰表示各部门之间的隶属关系外，对组织结构图中的各个部门在系统中的职责，也要进行说明，有时还需要标明资料、物资、资金的流动关系。

7.3.2 功能结构分析

为了实现系统的目标，系统必须具有各种功能。所谓功能，指的是完成某项工作的能力。功能要以组织结构为背景来识别和调查，因为每个组织都是一个功能机构，都有各自不同的功能。调查时要按部门的层次关系进行，然后用归纳法找出它的功能，形成各层次的功能结构；再自上而下逐层归纳、整理，形成以系统目标为核心的整个系统的功能结构图，以描述从系统目标到各项功能的层次关系。

组织结构与功能结构不完全一致，各组织、各部门的功能，由于种种原因，有可能重叠，许多功能可能还需要多个部门协作完成。一个部门的功能也可能不是唯一的，可能需要完成多项功能。在分析归纳过程中，要把不合理的流程取消，把功能相似或工作顺序相近的处理功能尽量合并。经分析后的系统功能结构一般是多层次的树形结构，最后一级功能是不可再分割的。

图7-2是管理功能（业务结构）图实例，表示了某销售系统的管理功能（业务结构）。

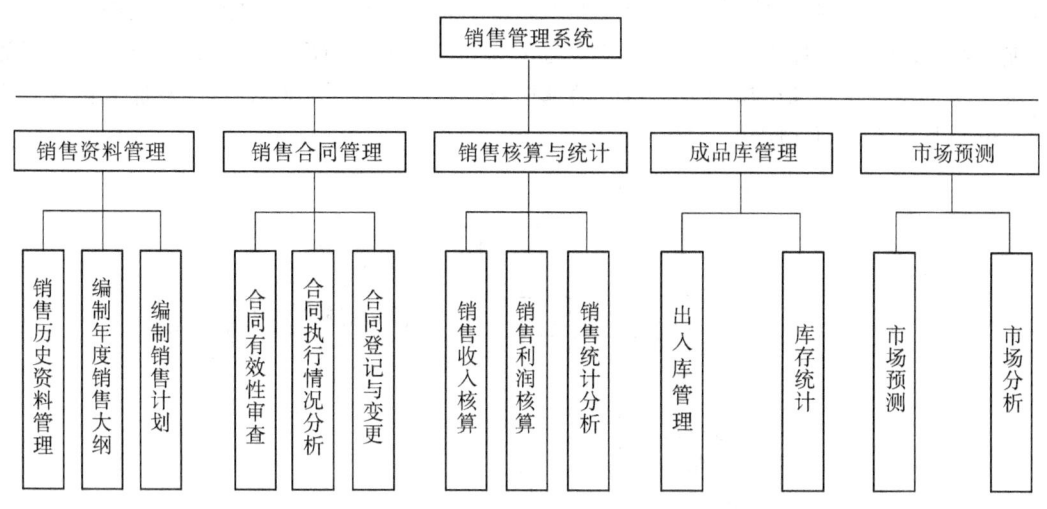

图 7-2 管理功能（业务结构）图实例

7.3.3 管理业务流程分析

1. 业务流程图

在对系统的组织结构和功能进行分析时，需从一个实际业务流程的角度将系统调查中有关该业务流程的资料都串起来做进一步的分析。业务流程分析可以帮助我们了解该业务的具体处理过程，发现和处理系统调查工作中的错误和疏漏，修改和删除原系统的不合理部分，在新系统基础上优化业务处理流程。

进行业务流程分析时，应先将业务功能逐一理出，而后在业务功能的基础上将其细化，利用系统调查所得的资料将业务处理过程中的每一个步骤用一个完整的图形将其串起来，这需要绘制业务流程图。业务流程图，就是用一些规定的符号及连线来表示某个具体业务处理过程，是一种描述系统内各单位、人员之间业务关系、作业顺序和管理信息流向的图表；或者说，业务流程图就是一"本"用图形方式来反映实际业务处理过程的"流水账"。绘制出这本"流水账"有利于开发者理顺和优化业务过程。

基本上是按照业务的实际处理步骤和过程来绘制业务流程图，按信息流动的过程，逐个调查分析现行系统中每个环节信息的加工（处理）任务、加工顺序和时间要求等，弄清每个环节的信息来源和去向，然后用图 7-3 所示的业务流程图基本符号来进行图形化表达。

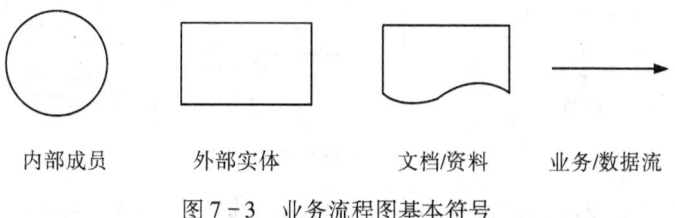

图 7-3 业务流程图基本符号

例如，某公司加班申报及核对流程的描述：班组长每天在加班前填写本组人员加班申报表，由部门主管签字批准后提交给行政助理修改加班记录；班组长填报前日加班异常表,由部门主管签字批准后提交给行政助理调整前日加班记录。行政助理在每周三上报上周加班情况,并填写加班汇总表提交给人力资源部,人力资源部根据汇总表核对员工考勤记录情况,导出异常加班情况表交行政助理核对,行政助理进行核对并修改加班记录。据此画出的业务流程图如图7-4所示。

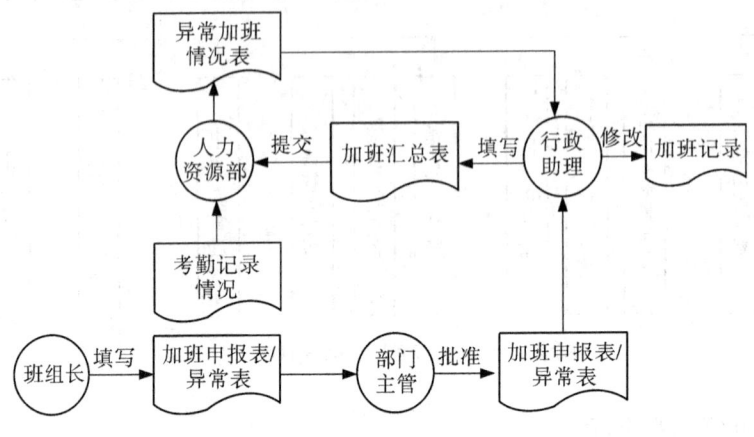

图7-4 "加班申报及核对"的业务流程图

2. 表格分配图

为了传递信息,管理部门经常将某种单据或报告复印多份分发到其他多个部门,在这种情况下,可以采用表格分配图来描述有关业务。表格分配图表达清楚,可以帮助系统分析人员描述系统中复制的报告或单据的数量,以及这些报告或单据都与哪些部门发生业务联系。

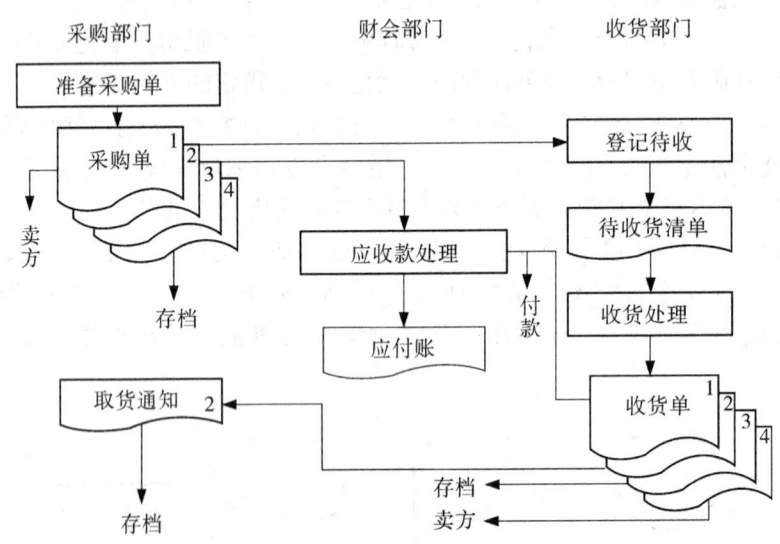

图7-5 表格分配图实例

图7-5是一张能反映采购过程的表格分配图,其中左、中、右每一列表示一个部门,箭头表示复制单据的流向,每张复制报告上都标有号码,以示区别。由图可见,采购单一式四份,第一张交给卖方;第二张交到收货部门,用来登记收货清单;第三张交给财会部

门，登记应付账；第四张存档。到货时，收货部门按待收货清单校对货物后填写收货单四张，其中第一张交财务部门，通知付款；第二张通知采购部门取货；第三张存档；第四张交给卖方。

7.4 数据流程调查与分析

7.4.1 数据流程图

1. 数据流程图概述

管理业务调查分析过程中绘制的管理业务流程图和表格分配图等虽然形象地表达了管理中信息的流动和存储过程，但仍没有完全脱离一些物质要素（如货物、产品等）。为了用计算机进行信息管理，还必须进一步舍去物质要素，收集有关资料，绘制出原系统的数据流程图，为下一步分析做好准备。

数据流程图（data flow diagram，DFD）是一种能全面地描述信息系统逻辑模型的工具，它可以用少数几种符号综合地反映出信息在系统中的流动、处理和存储情况。

数据流程图有两个基本特征：一是抽象性。在数据流程图中具体的组织机构、工作场所、人员、物质流等都已去掉，只剩下数据的存储、流动、加工、使用的情况。这种抽象性便于我们总结出信息处理的内部规律性。二是概括性。它把系统对各种业务的处理过程联系起来考虑，形成一个总体。而业务流程图只能孤立地分析各个业务，不能反映出各业务之间的数据关系。

2. 数据流程图的常用符号

图 7-6 是数据流程图的常用符号。其中，外部实体指本系统之外的人或单位，它们和本系统有信息传递关系。在绘制某一子系统的数据流程图时，凡属本子系统之外的人或单位，都被列为外部实体。加工（处理），又称功能。它用一个长方形来表示处理逻辑。数据存储，指通过数据文件、文件夹或账本等存储数据，用一个右边开口的长方形条表示，图形右部填写存储的数据和数据集的名字，左边填入该数据存储的标识。数据流表示流动着的数据。它可以是一项数据，也可以是一组数据（如扣款数据文件、订货单等），也可用来表示对数据文件的存储操作。

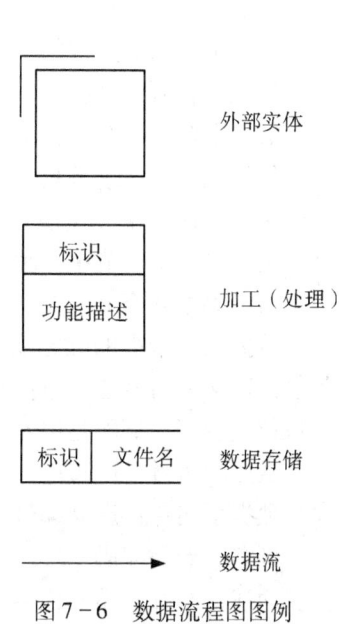

图 7-6 数据流程图图例

3. 数据流程图实例

图 7-7 是一个关于订货处理的数据流程图实例。由图可知，在订货处理时，有用户和采购部门两个外部实体，需要储存订货单存档、暂存订货单、库存账和应收账等四种数据，需要对订货单、发货单等多种数据流，分别进行验收订货单、确定发货单等五种处理。

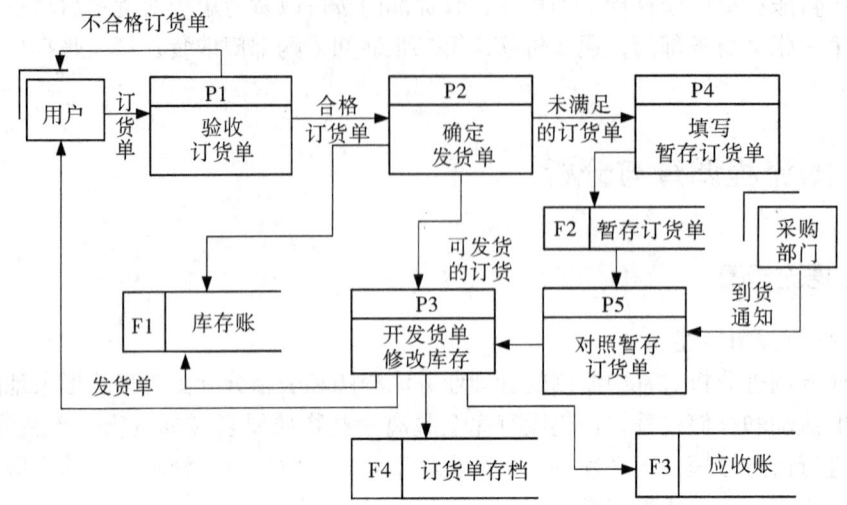

图7-7 订货处理数据流程图

7.4.2 数据字典

1. 数据字典的含义

所谓数据字典,是在数据流程图的基础上,对其中的每个成分如数据流、数据项等加以定义和描述。数据字典是这些定义和描述所组成的集合。

数据流程图描述了系统逻辑功能的一个总体框架,具有抽象性和概括性。而数据字典以及加工说明是对数据流程图中每个成分的精确描述。几种工具相互结合,就可以从图形和文字两个方面对系统的逻辑模型进行完整的描述。

2. 数据字典的内容

数据字典的内容主要是对数据流程图中的数据项、数据结构、数据流、数据存储、外部实体等几个方面进行具体的定义。这些均是数据分析和数据管理的重要内容,是系统设计阶段进行数据库(文件)设计的参考依据。至于处理逻辑,主要与系统实施时的程序设计有关,将在下一节中单独讨论。

(1) 数据项条目

数据项是最小的数据组成元素,是不可再分解的数据单位,如职工号、姓名、性别等。需定义的内容通常包括:数据项的名称、编号、别名和简述,数据项的长度,数据项的取值范围等。下面是关于数据项定义的一个例子:

数据项编号:ID201
数据项名称:产品编号
别名:产品编码
简述:某种产品的代码
类型及宽度:字符型,4位
取值范围:"0001" ~ "9999"

(2) 数据结构条目

数据结构描述的重点是某些数据项之间的组合关系,即说明一个数据结构包含哪些成分，如若干个数据项、若干个数据结构等。通常需要描述的内容包括其编号、名称、简述、结构组成等，如下例所示：

数据结构编号：DS03-01

数据结构名称：用户订货单

简述：用户所填的用户情况及订货要求等信息

数据结构组成：DS03-02 + DS03-03 + DS03-04

（3）数据流条目

数据流是数据处理的输入或输出，由一个或一组固定的数据项或数据结构组成。定义数据流时，不仅要说明数据流的名称、组成等，还应指明它的来源、去向和数据流量等。例如：

数据流编号：F03-08

数据流名称：领料单

简述：仓库开出的领料单

数据流来源：仓库

数据流去向：发料处理模块

数据流组成：产品编号 + 产品名称 + 领用数量 + 日期 + 领用单位

数据流量：10 份/时

高峰流量：20 份/时（上午 9：00 — 11：00）。

（4）数据存储条目

数据存储条目只描述数据的逻辑存储结构，而不涉及其物理组织，描述的内容包括编号、名称、简述、存储结构以及相关的处理等。例如：

数据存储编号：F03-08

数据存储名称：库存账

简述：存放产品的库存量和单价

数据存储组成：产品编号 + 产品名称 + 单价 + 库存量 + 备注

关键字：产品编号

相关联的处理：P02，P03。

（5）外部实体条目

外部实体条目描述系统数据的外部来源和去处。外部实体定义包括外部实体编号、名称、简述及有关数据流的输入和输出。例如：

外部实体编号：S03-01

外部实体名称：用户

简述：购置本商场产品的用户

输入的数据流：D03-06，D03-08

输出的数据流：D03-01

7.4.3 描述处理功能的工具

对数据流程图中的加工处理功能单元（即不能再作分解的加工）也要进行具体描述，用来描述的工具通常有结构化语言、决策表、决策树等。

这三种工具中，结构化语言最适用于涉及具有判断或循环动作组合顺序的问题；判定表较适用于含有 5～6 个条件的复杂组合，条件组合过于庞大则将造成不便；判定树适用于行动在 10～15 个之间的一般复杂程度的决策。

必要时可将判定表上的规则转换成判定树，以方便使用；判定表和判定树也可用于系统开发的其他阶段，并被广泛地应用于其他学科。

1. 结构化语言

结构化语言是介于自然语言和程序设计语言之间的一种语言，它是带有一定结构的自然语言。在我国，通常采用较易为用户和开发人员双方接受的结构化汉语，同时可视需要使用由"if""then""else"等词组成的规范化语言。如下面的两个例子：

【例 1】人事档案系统修改说明

加工名：修改人事数据

加工编号：RS2

输入：功能代号 2

加工逻辑：输入职工号，对相应职工的各数据项进行修改

输出：修改后的职工数据

注释：在人事数据有变化时，随机使用该功能

【例 2】处理订货单逻辑过程的结构化语言表示法

if

欠款时间 <30 天

if 需要量 <库存量

then 立即发货

else

先按库存量发货，进货后再补发

else

if 欠款时间 <100 天 then

if 需求量 <库存量

then 先付款再发货

else

不发货

else

要求先付欠款

2. 判定表

对于具有多个互相联系的条件和可能产生多种结果的问题，用结构化语言描述则显得不够直观和紧凑，这时可以用以清楚、简明为特征的判定表来描述。

判定表采用表格形式来表达逻辑判断问题。表格分成四个部分：左上角为条件说明，左下角为行动说明，右上角为各种条件的组合说明，右下角为各条件组合下相应的行动。下面我们用例子来说明如何使用判定表。

【例 3】某商业批发公司本着薄利多销的原则制定了折扣政策，规定在与客户成交时，可根据不同情况对客户应交货款打一定折扣。表 7-1 为使用判定表描述的该公司的折扣

政策。其中，C1～C3 为条件，A1～A4 为行动，1～8 为不同条件的组合；Y 为条件满足，N 为不满足，√为该条件组合下的行动。例如，条件 4 表示若交易额在 50 000 元以上、最近 6 个月中有欠款且与本公司交易在 3 年以下，则可享受 5% 的折扣率。

判定表是根据条件组合进行判断的，上面表格中每个条件只存在"Y（是）"和"N（非）"两种情况，所以 3 个条件共有 $2^3=8$ 种可能性。在实际使用中，有的条件组合可能是矛盾的，需要剔除，有的则可以合并。因此需在原始判定表的基础上进行整理和综合，才能得到简单明了且实用的判定表。同时，在整理过程中还可能对用户的原有业务过程进行改进和提高。表 7-2 是由表 7-1 合并得到的，其中"○"表示"Y"或"N"均可。

表 7-1　公司的折扣政策判定表

	决策规则号	1	2	3	4	5	6	7	8
条件	C1：交易额 50000 以上	Y	Y	Y	Y	N	N	N	N
	C2：最近 6 个月无欠款	Y	Y	N	N	Y	Y	N	N
	C3：交易 3 年以上	Y	N	Y	N	Y	N	Y	N
行动	A1：折扣率 15%	√	√						
	A2：折扣率 10%			√					
	A3：折扣率 5%				√				
	A4：无折扣率					√	√	√	√

表 7-2　合并整理后的折扣政策判定表

	决策规则号	1 (1, 2)	2 (3)	3 (4)	4 (5, 6, 7, 8)
条件	C1：交易额 50000 以上	Y	Y	Y	N
	C2：最近 6 个月无欠款	Y	N	N	○
	C3：交易 3 年以上	○	Y	N	○
行动	A1：折扣率 15%	√			
	A2：折扣率 10%		√		
	A3：折扣率 5%			√	
	A4：无折扣率				√

3. 判定树

判定树是用来表示逻辑判断问题的一种图形工具。

它用"树"来表达不同条件下的不同处理，比语言、表格的方式更为直观。

判定树的左侧（称为树根）为加工名，中间是各种条件，所有的行动都列于最右侧。

例 3 给出的某商业批发公司的折扣政策判定表 7-2，可以用图 7-8 所示的判定树来进行描述。

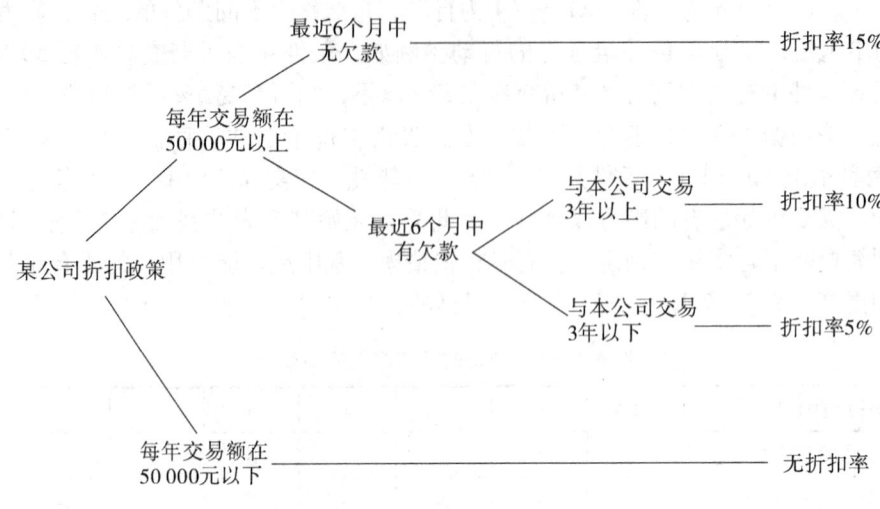

图 7-8 折扣政策判定树

7.5 新系统逻辑方案的建立

逻辑方案是新系统开发中要采用的管理模型和信息处理方法。系统分析阶段的详细调查、系统化分析都是为建立新系统的逻辑方案做准备。逻辑方案是系统分析阶段的最终成果，也是今后进行系统设计和实施的依据。新系统逻辑方案主要包含以下内容。

1. 新系统的业务流程

这是业务流程分析和业务流程优化重组后的结果，内容包括：

（1）原有流程的分析。分析原有的业务流程的各处理过程是否具有存在的价值，其中哪些过程可以删除或合并，原有业务流程中哪些过程不合理，可以进行改进或优化。

（2）业务流程的优化。原有业务流程中哪些过程存在冗余信息处理，可以按计算机信息处理的要求进行优化，流程的优化可以带来什么好处。

（3）确定新的业务流程，画出新系统的业务流程图。

（4）新系统的人机界面。新的业务流程中人与机器的分工，即哪些工作可由计算机自动完成，哪些必须有人的参与。

2. 新系统的数据流程

这是数据流程分析的结果，内容包括：

（1）原有数据流程的分析。分析原有的数据流程的各处理过程是否具有存在的价值，其中哪些过程可以删除或合并，原有数据处理流程中哪些过程不合理，可以进行改进或优化。

（2）数据流程的优化。原有数据流程中哪些过程存在冗余信息处理，可以按计算机信息处理的要求进行优化，流程的优化可以带来什么好处。

（3）确定新的数据流程，画出新的数据流程图。

（4）新系统的人机界面。新的数据流程图中人与机器的分工，即哪些工作可由计算机自动完成，哪些必须有人的参与。

3. 新系统的逻辑结构

新系统的逻辑结构,即新系统中的子系统划分。把系统划分为子系统可以大大简化设计工作,因为划分以后,只要子系统之间的接口关系明确,每一子系统的设计、调试,基本上可以互不干扰地各自相对独立地进行。将来,如要修改或扩充系统,可以在有关子系统范围内进行而不至于牵动全局。

划分子系统的下一步工作是确定各子系统的目标和下属功能。为此,有必要分析原系统的数据流程图,由此来确定应当增加、取消、合并或改进的功能。

4. 新系统中数据资源的分布

首先是分析用户要求,调查了解用户希望从管理信息系统中得到哪些有用信息;然后,根据管理业务特点和系统规模及技术要求,确定数据资源如何分布在服务器或主机中。

5. 新系统中的管理模型

所谓管理模型,是系统在每个具体管理环节上所采用的管理方法。在管理信息系统的系统分析中,就要根据业务和数据流程的分析结果,对每个处理过程进行认真分析,研究每个管理过程的信息处理特点,找出相适应的管理模型和处理方法。这是使管理信息系统充分发挥作用的前提。

常用管理模型有综合计划模型、生产计划管理模型、库存管理模型、财务成本管理模型、统计分析与预测模型等。

7.6 系统分析报告

经过以上过程,我们已经完成了建立目标系统逻辑模型的任务,即已经完成了整个系统分析阶段的工作,作为该阶段的一个工作成果,应提交一份完整的系统分析报告。下面将讨论系统分析报告的作用与内容组成。

7.6.1 系统分析报告的作用

系统分析阶段的成果就是系统分析报告。系统分析报告不仅能够展示系统调查的结果,而且还能反映系统分析的结果——新系统逻辑方案。系统分析报告一经由用户认可接受后,就成为具有约束力的指导性文件,成为下一阶段系统设计工作的依据和今后验收目标系统的检验标准。具体来说,系统分析报告具有以下三方面作用:

(1) 系统分析报告描述的逻辑模型是开发人员设计和实施的基础。

(2) 系统分析报告是用户和开发人员之间的协议或合同,为双方的交流和监督提供基础。

(3) 系统分析报告是目标系统验收和评价的依据。

7.6.2 系统分析报告的内容

系统分析报告的内容和格式没有严格统一的规定,一般来说,一份完整的系统分析报告应当包括下述内容。

1. 系统概述

（1）目标系统的名称、目标和主要功能；

（2）系统的用户、开发者以及本系统与其他系统或机构的关系和联系；

（3）参考资料和专门术语说明。

2. 系统需求说明

（1）系统功能及分析：提出明确的功能目标，并与现行系统进行比较分析，重点突出计算机处理的优越性及新功能；

（2）用户要求以及现行系统存在的主要问题等。

3. 新系统逻辑设计

（1）系统逻辑模型：各个层次的数据流图、数据字典和加工说明；

（2）出错处理要求；

（3）其他特性要求，例如系统的输入输出格式、启动和退出等；

（4）遗留问题：根据目前条件，暂时不能满足的一些用户要求或设想，并提出今后解决的措施和途径。

4. 系统设计与实施的初步计划

（1）工作任务的分解。根据资源及其他条件确定各子系统开发的先后次序，在此基础上分解工作任务，落实到具体组织或个人。

（2）时间进度安排。

（3）预算。对开发费用的进一步估计。

5. 用户领导审批意见

在系统分析报告中，数据流程图、数据字典和加工说明这三部分是主体，是系统分析报告中必不可少的组成部分；而其他各部分内容，则可根据所开发目标系统的规模、性质等具体情况酌情选用，不必完全照搬。

【本章小结】

系统分析是管理信息系统开发的关键阶段，是在系统规划的基础上，回答新系统"做什么"这个具体而详细的关键性问题。其主要任务是：了解用户需求，确定新系统的逻辑模型。

系统分析一般包括如下步骤：现行系统的详细调查，组织结构与业务流程分析，系统数据流程分析，系统处理功能分析，建立新系统的逻辑模型，提交系统分析报告。

需求分析是系统分析最关键的环节。需求分析的内容包括：总体需求分析、功能需求分析、响应速度需求分析和安全性能需求分析。系统可行性分析从技术可行性、经济可行性和运行可行性三个方面研究系统开发的可能性和必要性，其成果是可行性分析报告。

组织结构分析就是将了解和掌握的组织结构用图形方式描绘出来，供后续分析和设计参考。

业务流程分析的目的是通过剖析现行业务流程，经过调整、整合以后重构目标系统的业务流程。业务流程图是一种描述管理系统内各单位、人员之间的业务关系、作业顺序和管理信息流向的图表，是业务流程分析的基本工具。

数据流程图（DFD）以图形的方式描绘数据在系统中流动和处理的过程，反映系统必须完成的逻辑功能。数据流程图具有外部实体、数据流、数据处理过程和数据存储四种基本符号。绘制数据流程图的基本步骤为：①确定系统的基本元素，画系统的源点和终点；②画数据流程图的内部；③为每一个数据流命名；④为处理过程命名。

数据字典的作用是对数据流程图上的每个成分给以定义和说明，其描述的主要内容包括数据流、数据元素、数据存储、处理过程等。

处理功能分析是对业务流程分析和数据流程分析的补充，是系统设计处理模块的设计依据。用文字很难表达业务处理功能这种多元的逻辑关系，一般采用结构化语言、判断表、判断树等方法来表达。

系统分析阶段的成果是系统分析报告。

【复习思考题】

1. 系统分析的主要内容是什么？系统分析有哪几个主要步骤？
2. 为什么要进行详细调查？详细调查的内容有哪些？
3. 需求分析的基本任务是什么？
4. 管理信息系统分析为什么要对组织结构进行调查和分析？
5. 业务流程调查对系统分析的作用是什么？业务流程分析的任务和内容是什么？
6. 什么是数据流程图？它主要刻画了系统哪个方面的特征？
7. 数据流程图与业务流程图的联系和区别在何处？
8. 什么是数据字典？为什么要建立数据字典？数据字典中如何表示数据的层次关系？
9. 什么是结构化语言？它是由哪三种结构组成的？
10. 什么是判断树？什么是判断表？
11. 系统分析报告在系统建设中的作用是什么？其主要内容有哪些？
12. 试根据以下储蓄所取款过程画出数据流程图：储户将填好的取款单及存折交储蓄所，储蓄所工作人员经查对存款账户，将不合格的存折和取款单退回储户，合格的存折和取款单被送交取款处理，处理时要修改存款账户，处理的结果是将存折、利息单和现金交储户，同时将取款单存档。
13. 根据以下业务过程画出领料业务流程图：车间填写领料单给仓库要求领料；库长根据用料计划审批领料单，未经批准的领料单退回车间，已批准的领料单被送给仓库管理员；仓库管理员查阅库存账，若有货，通知车间领料，也就是把领料通知单发给车间，否则，将缺货通知单通知供应科。
14. 请根据下述库存量监控功能的处理逻辑画出判断树：若库存量小于等于0，按缺货处理；若库存量小于等于库存下限，按下限报警处理；若库存量大于库存下限，而又小于等于储备定额，则按订货处理；若库存量大于库存下限，小于库存上限，而又大于储备定额，则按正常处理；若库存量大于等于库存上限，而又大于储备定额，则按上限报警处理。

第 8 章 系统设计

系统设计是在系统分析阶段提出的逻辑模型的基础上,科学合理地进行物理模型的设计。系统分析阶段建立的逻辑模型主要确定系统"做什么",而系统设计阶段提出的物理模型则主要解决"怎样做"的问题。

8.1 系统设计概述

1. 系统设计的主要工作

(1) 总体设计。包括信息系统流程图设计、功能结构图设计和功能模块图设计等。

(2) 代码设计和设计规范的制定。

(3) 系统物理配置方案设计。包括设备配置、通信网络的选择和设计,以及数据库管理系统的选择等。

(4) 数据存储设计。包括数据库设计、数据库的安全保密设计等。

(5) 计算机处理过程设计。包括输出设计、输入设计、处理流程图设计及编写程序设计说明书等。

2. 系统设计原则

(1) 系统性。系统是作为统一整体而存在的,因此,在系统设计中要从整个系统的角度进行考虑。系统的代码要统一,设计规范要标准,传递语言要尽可能一致,对系统的数据采集要做到数出一处、全局共享,使一次输入得到多次利用。

(2) 灵活性。为保持系统的长久生命力,要求系统具有很强的环境适应性,为此,系统应具有较好的开放性和结构的可变性。在系统设计中,应尽量采用模块化结构,提高各模块的独立性,尽可能减少模块间的数据耦合,使各子系统间的数据依赖减至最低限度。这样,既便于模块的修改,又便于增加新的内容,提高系统适应环境变化的能力。

(3) 可靠性。可靠性是指系统抵御外界干扰的能力及受外界干扰时的恢复能力。一个成功的管理信息系统必须具有较高的可靠性,如安全保密性、检错及纠错能力、抗病毒能力等。

(4) 经济性。经济性指在满足系统需求的前提下,尽可能减小系统的开销。一方面,在硬件投资上不能盲目追求技术上的先进,而应以满足应用需要为前提;另一方面,系统设计中应尽量避免不必要的复杂化,各模块应尽量简洁,以便缩短处理流程,减少处理费用。

8.2 系统总体结构设计

系统总体结构设计是根据系统分析的要求和组织的实际情况来对新系统的总体结构形

式和可利用的资源进行大致设计，它是一种宏观、总体上的设计和规划。

系统总体结构设计的主要内容有：子系统划分、系统模块结构设计、网络设计、设备和网络的配置。

8.2.1 子系统划分

系统总体结构设计的一个主要内容是合理地对系统进行分解，将一个复杂的系统设计转化为若干个子系统和一系列基本模块的设计，并通过模块结构图把分解的子系统和一个个模块按层次结构联系起来。

如何将一个系统划分成多个合理的子系统呢？一个合理的子系统应该是：内部联系强，子系统间尽可能独立，接口明确、简单，尽量适应用户的组织体系，有适当的共用性。

1. 子系统划分的原则

要做好系统的划分工作，应遵循如下原则。

（1）子系统要具有相对独立性。子系统的划分必须使得子系统的内部功能、信息等各方面的凝聚性较好。在实际中我们都希望每个子系统或模块相对独立，尽量减少各种不必要的数据、调用和控制联系，并将联系比较密切、功能近似的模块相对集中，这样对于以后的搜索、查询、调试、调用都比较方便。

（2）要使子系统之间数据的依赖性尽量小。子系统之间的联系要尽量减少，接口要简单、明确。一个内部联系强的子系统对外部的联系必然是相对很少的，所以划分时应将联系较多的都划入子系统内部。这样划分的子系统，将来调试、维护、运行都是非常方便的。

（3）子系统划分的结果应使数据冗余最小。如果我们忽视这个问题，则可能引起相关的功能数据分布在各个不同的子系统中，大量的原始数据需要调用，大量的中间结果需要保存和传递，大量计算工作将要重复进行。这就使得程序结构紊乱，数据冗余，不但给程序编制工作带来很大的困难，而且系统的工作效率也大大降低了。

（4）子系统的设置应考虑今后管理发展的需要。子系统的设置光靠上述系统分析的结果是不够的，因为现存的系统由于这样或那样的原因，很可能没有考虑到一些高层次管理决策的要求。为了适应现代管理的发展，对于老系统的一些缺陷，在新系统的研制过程中应设法将它补上。只有这样才能使系统实现以后不但能够更准确、更合理地完成现存系统的业务，而且可以支持更高层次、更进一步的管理决策。

（5）子系统的划分应便于系统分阶段实现。信息系统的开发是一项较大的工程，它的实现一般都要分期分步进行，所以子系统的划分应该考虑到这种要求，适应这种分期分步的实施。另外，子系统的划分还必须兼顾组织机构的要求（但又不能完全依赖于组织，因为目前正在进行体制改革，组织结构相对来说是不稳定的），以便系统实现后能够符合现有的情况和人们的习惯，更好地运行。

（6）子系统的划分应考虑到各类资源的充分利用。各类资源的合理利用也是系统划分时应该注意的。一个恰当的系统划分方案应该既考虑有利于各种设备资源在开发过程中的搭配使用，又考虑到各类信息资源的合理分布和充分使用，以减少系统对网络资源的过分依赖，减少输入、输出、通信等设备压力。

2. 子系统划分的方法

有关子系统的划分,目前主要有以下几种方法:

(1) 按功能划分。这是目前最常用的一种划分方法。

(2) 按业务处理顺序划分。划分的依据是业务流程分析的结果,这种划分方式在一些时间和处理过程顺序特别强的系统中常常采用。

(3) 按数据聚合程度来划分。这是指按数据而不是按该子系统内部尽量集中来划分子系统。这种划分方式的子系统内部聚合力强,外部通信压力小。

(4) 按业务处理过程划分。严格地说这不是一种很好的方式,但在某些系统开发资源限制较大的场合,特别是要分段实现开发工作时,不得已而采用。

还有其他的划分方法,如按业务处理的时间关系或业务展开的环境条件来对系统进行划分,因为这些方法均在某些方面或多或少存在一些不合理之处,因此只在某些特定的场合使用。

8.2.2 系统模块结构设计

系统模块结构设计的任务是确定划分后的子系统的模块结构,并画出模块结构图。

这个过程中必须考虑以下几个问题:

(1) 每个子系统如何划分成多个模块?

(2) 如何确定子系统之间、模块之间传送的数据及其调用关系?

(3) 如何评价并改进模块结构的质量?

(4) 如何从数据流图导出模块结构图?

8.2.3 网络设计

网络设计要考虑的主要问题是如何将初步规划中的各个子系统从内部用局域网连接起来,以及今后系统如何与外部系统相连接。这里说的网络设计并非要去设计或开发出一个网络,而是根据实际业务的需要,考虑如何配置和选用一个网络产品。

管理信息系统设计中的网络设计主要包含以下工作:

(1) 根据用户的要求选择网络的结构;

(2) 根据系统结构划分的结果,安排网络和设备的分布,即什么地方要什么设备,哪些设备需要联网,网络的结构采用什么方式为好,选用什么网络产品。

(3) 根据企业(单位)内部的布局来考虑联网布线和配件;

(4) 根据实际业务的要求划定网络各节点的级别、管理方式、数据读写的权限,选择相应的软件系统,等等。

(5) 确定了以上的内容并设计完整个系统后,接下来的工作是通知提供网络产品的公司,按要求建立起网络。

8.2.4 设备和网络的配置

在进行了系统划分后,就可以考虑各子系统的设备(主要是计算机和网络设备)配置问题,以及这些设备的管理问题。

1. 网络和计算机设备配置的两个原则

（1）应根据系统调查和系统分析的结果来考虑硬件配置和系统结构；

（2）一定要考虑实现上的可能性和技术上的可靠性，这是设计方案是否可靠的基础，也就是说要根据实际管理业务和办公室地理位置来考虑配置设备。这是新系统考虑硬件结构的基本出发点。

2. 确定计算机网络和计算机设备配置应考虑的因素

（1）根据实际业务需要和业务性质考虑各管理岗位所需的计算机设备及其终端设备。

（2）根据管理业务分布的物理位置特点，确定网络拓扑结构以及各工作站或客户端的连接方式、网络传递介质等。

（3）根据调查估算的数据容量确定网络服务器或主机存储器的最低容量。一般是将实际调查估算数据总容量的 3～5 倍作为网络服务器或主机存储器下限配置容量。

（4）根据实际业务要求和用户对软件工具的掌握程度确定新系统拟采用的软件工具。

（5）根据实际业务要求确定计算机及外部设备的性能指标，如速度、性能、价格等。

3. 硬件设备的选择

选择硬件设备一般应考虑以下几个指标：

（1）技术可靠性；

（2）使用维修方便性；

（3）纵向（新老系统）及横向（本系统与外系统）兼容性；

（4）可扩展性，即今后扩充系统或升级是否方便；

（5）适用性，即对工作环境（如温度、湿度、防尘度等）的要求高不高。

此外，要尽量选性价比较高的设备，选用户对软件、硬件都比较熟悉的产品。非标准系列的设备一般不宜选用。

硬件设备选择完毕，应列出硬件设备清单，标明设备名称、型号、规格、性能指标、价格、数量、生产厂家等。

4. 软件系统的选择

软件系统的选择应遵循如下原则：

（1）软件的功能应能满足应用的需求；

（2）各种软件应配套齐全，并尽量选用现成软件，以加速系统开发进度；

（3）具有较强的适应性，与其他软件配套使用时，能满足应用要求；

（4）软件的可靠性强，具有容错能力；

（5）安全保密方面能满足用户需要；

（6）性能价格比高。

软件系统选择完毕，应列出所需软件清单，标明软件名称、来源、特点、适用范围、技术指标和价格等。

5. 计算机网络和计算机设备配置方案的组成

（1）计算机网络和计算机设备配置概述。本部分介绍网络和设备总体结构情况，以及选择计算机网络和计算机设备的背景、要求、原则、制约因素等。

（2）计算机网络和计算机设备选择的依据。本部分介绍选择网络和设备的依据，包括功能要求、容量要求、性能要求、硬件设备配置要求、通信与网络要求、应用环境要求等。

(3) 计算机网络和计算机设备配置。本部分介绍计算机网络和计算机设备硬件、软件的选择与配置的具体情况。

(4) 费用情况。介绍计算机硬件、软件、机房及其他附属设施、人员培训及计算机维护等所需费用，并给出预算结果。

(5) 具体配置方案的评价。从使用性能和价格等方面进行分析，提供多个网络和设备配置方案。通过对各个配置方案进行评价，在结论中，提出设计者倾向性的选择方案。

8.3 代码设计

代码是用来表征客观事物名称、属性、状态的一个或一组有序的符号，为了便于计算机处理，一般用数字、字母或它们的组合来表示。代码设计的优劣将直接影响管理信息系统的运行效率、易用性和可维护性。

8.3.1 代码的功能

1. 标识功能

标识是代码最基本的特性，它为事物提供一个概要而不含糊的认定，便于数据的存储和检索。代码的标识功能一般都具有唯一性，一个代码只能唯一地标识一个分类对象，而一个分类对象只能有唯一的代码。

2. 分类功能

当按分类对象的属性（如工艺、材料、用途等）分类，并分别赋予不同的类别代码时，代码又可以作为分类对象类别的标识，如人员的职务分类、超市的商品分类等。

3. 排序功能

代码通常都是采用数字、字母等有序符号进行编码的，因而可以迅速方便地对代码表示的事物按递增（或递减）次序进行排序，或按某种规定算法进行统计分析。

4. 其他功能

代码简化了事物的名称，无论是记录、记忆还是存储，都可以节省时间和空间。代码提高了数据的全局一致性；同一事物即使在不同场合有不同的叫法，都可以通过编码统一起来，提高了系统的整体性，减少了因数据不一致而造成的错误。使用代码还可以提高处理的效率和精度。

8.3.2 代码设计的原则

合理的编码结构是信息处理系统是否具有生命力的一个重要因素，在代码设计时，应遵循以下基本原则。

1. 唯一性

一个对象可能有多个名称，也可按不同的方式对它进行描述，但一个代码应唯一标识它所代表的事物或属性。

2. 合理性

代码在结构上应与相应的分类体系相对应，与处理的方法相一致；在逻辑上必须能满足用户的需要。

3. 可扩充性

设计代码时应留有充分的余地，追加新代码时无须变动原代码结构体系，以适应将来系统发展、增加新的实体和属性的要求。

4. 简单性

在满足数据检索和多样化处理要求的前提下，代码结构应尽可能简短，以提高存取和传递的效率，减少出错的概率。

5. 适用性

代码尽可能反映对象的特点并具有实际意义，以便于理解和记忆；采用合适的分组规则，使代码在整个系统中具有通用性；避免使用易于混淆的字符，尽量采用不易出错的代码结构，例如字母－字母－数字的结构（如WW2）比字母－数字－字母的结构（如W2W）发生错误的机会要少一些。

6. 规范性

尽可能采用现有的国家有关编码标准，力求代码结构、类型、编写格式统一。

8.3.3 代码的种类

1. 顺序码

顺序码是一种用连续数字代表编码对象的码，有时也可按字母顺序进行编码。例如，分别用0001，0002，0003等来表示企业职工号，这里用的就是顺序码。顺序码的优点是短而简单，记录的定位方法简单，易于管理；但这种码没有逻辑基础，表示的信息少，可识别性差，不容易记忆。此外，新加的代码只能列在最后，删除则造成空码。一般来说，顺序码仅作为少量的、无关联的代码的编码方案，或作为其他编码分类中细分类的一种补充手段。

2. 区间码

区间码把数据项分成若干组，每一区间代表一个组，码中数字的值和位置都代表一定意义，典型的例子是邮政编码。表8－1是某企业的用户分类和代码，码14代表该用户为采购总量大于59999元的批发单位。

区间码的优点是容易进行数据处理的操作，例如排序、分类、检索等；缺点是维护比较困难，且其长度与分类概念有关，有时造成很长的码或有很多富余的码。因此，在编码设计时，要对各种代码分类进行平衡。

表8－1 某企业的用户分类和代码

用户分类码（第一位）		采购总量（第二位）	
代码	分类	代码	分类
1	批发单位	1	<10000元
2	零售单位	2	10000～39999元
3	教育界	3	40000～59999元
4	国防部门	4	>59999元
5	其他部门	5	—

区间码又可分为以下各种类型：

（1）多面码。一个数据项可能具有多方面的特性。如果在码的结构中，为这些特性各规定一个位置，就形成多面码。例如，对于机制螺钉，可作如表8-2那样的规定。按该表规定，代码1241就表示材料为不锈钢的Φ1.0mm方形头的螺钉，表面不作处理。

表8-2 多面码示例

材料	螺钉直径	螺钉头形状	表面处理
1—不锈钢	1—Φ0.5mm	1—圆头	1—未处理
2—黄铜	2—Φ1.0mm	2—平头	2—镀铬
3—钢	3—Φ1.5mm	3—六角方头	3—镀锌
		4—方形头	4—上漆

（2）上下关联区间码。上下关联区间码由几个意义上相互有关的区间码组成，其结构一般由左向右排列。例如，会计核算方面，用最左位代表核算种类，下一位代表会计核算项目。

（3）十进位码。此法相当于图书分类中沿用已久的十进位分类码，它是由上下关联区间码发展而成的。它先把整体分成十份，进而把每一份再分成十份，这样继续不断地等分。该分类对于那些事先不清楚产生什么结果的情况是十分有效的。例如：

500. 自然科学； 510. 数学
520. 天文学； 530. 物理学
531. 机构； 531.1 机械
531.11 杠杆和平衡

如531.11，小数点左边的数字组合代表主要分类（自然科学中的机构科学），小数点右边的指出子分类（杠杆和平衡研究）。子分类划分虽然很方便，但所占位数长短不齐，不便于计算机处理；但若把代码的位数固定下来，仍可利用计算机处理。

3. 表意码

表意码也叫助记码，它将表示实体特征的文字、数字或记号直接作为编码。例如，用W-C-48代表48英寸彩色电视机，用SY201501班表示2015年入学的硕士研究生01班。表意码的优点是可以通过联想理解编码含义，易明白、易记忆；缺点是编码长度位数可变，给分类、处理带来不便。助忆码适用于数据项数目较少的情况（50个以下），否则可能引起联想出错。此外，太长的助忆码占用计算机容量太多，也不宜采用。

8.3.4 代码的校验

代码作为计算机的重要输入内容之一，其正确性直接影响整个处理工作的质量。特别是人们重复抄写代码和将它通过人手输入计算机时，发生错误的可能性更大。为了保证正确输入，有意识地在编码设计结构中，在原有代码的基础上另外加上一个校验位，使它事实上变成代码的一个组成部分。校验位通过事先规定的数学方法计算出来。代码一旦输入，计算机会用同样的数学运算方法按输入的代码数字计算出校验位，并将它与输入的校验位进行比较，以证实输入是否有错。

校验位可以发现以下错误：

抄写错误，例如 1 写成 7；

易位错误，例如 1234 写成 1324；

双易错误，例如 26913 写成 21963；

随机错误，包括以上两种或三种综合性错误或其他错误。

校验码通常可采用加权取余方法获得。下面介绍计算校验位值的三种方法和步骤：

1. 算术级数法

（1）原代码　　　　　3　2　3　4　5

（2）各乘以权　　　　6　5　4　3　2

（3）乘积累加　　　　18 + 10 + 12 + 12 + 10 = 62

（4）以 11 为模去除乘积之和（若余数是 10，则按 0 处理），把得出的余数作为校验码：62/11 = 5……7，因此校验位值为 7，添加校验位后的代码为 323457。

2. 几何级数法

原理和步骤同算术级数法，但把所乘权数改为几何级数，如 32　16　8　4　2 等。

3. 质数法

原理和步骤同算术级数法，但把所乘权数改为质数系列，如 17　13　7　5　3 等。

8.4　数据存储设计

在系统分析阶段进行新系统逻辑模型设计时，已从逻辑角度对数据存储进行了初步设计。到系统设计阶段，就要根据已选用的计算机硬件和软件及使用要求，进一步完成数据存储的详细设计。

文件是存放数据的基本方式，在数据存储设计中，要确定数据的组织方式。对于整个系统的全局数据管理需采用数据库。无论采用哪种方法，文件都是数据管理的最基本方式。

8.4.1　文件设计

文件设计就是根据文件的使用要求、处理方式、存储量、数据的活动性以及硬件设备条件等，合理地确定文件类别，选择文件介质，决定文件的组织方式和存取方法。

1. 文件的分类

（1）按文件的存储介质分类：卡片文件、磁盘文件、光盘文件和打印文件等。

（2）按文件的信息流向分类：输入文件（如卡片文件）、输出文件（如打印文件、屏幕显示输出文件）和输入输出文件（如磁盘文件）。

（3）按文件的组织方式分类：顺序文件、直接存取文件和索引文件。

①顺序文件。在顺序文件中数据记录的物理顺序与逻辑顺序一致，各记录是按照某些关键字的顺序排列的，前一个记录连接后一个记录。

顺序文件的优点是连续存取，速度快；适用于成批处理和定期处理业务。例如数据备份和定期的财务报表等，这些工作属常规业务，要对所有记录逐一处理。另外，一些数据量较小的文件也常采用顺序文件的形式，因为这种文件结构最为简单，对于数据处理的程序设计较为方便，对软件要求低。缺点是插入、删除数据不方便，不能进行随机存取，查找速度慢。

②直接存取文件。又称为散列文件、杂凑文件等。在直接存取文件中，记录的地址是由关键字的一个函数所决定的，该函数称为散列函数。直接存取文件的优点是文件随机存取，记录不需排序，存取速度快，修改方便。缺点是不能进行顺序存取，只能按关键词随机存取；经多次插入、删除后，可能会造成文件结构不合理，这时需对文件进行重组。另外，直接存取文件对文件大小有限制、对软件要求较高。

③索引文件。有时为了便于检索，除数据本身外，另外建一张指示逻辑记录和物理记录之间对应关系的索引表，这类包括文件数据区和索引表两大部分的文件称为索引文件。索引表的索引项应当按顺序排列，而数据文件本身可以按顺序排列，也可以不按顺序排列。前者称为索引顺序文件，后者称为索引非顺序文件。

索引表是由系统程序自动生成的，在输入记录建立数据的同时建立索引表，表中的索引项按记录输入的先后顺序排列，待全部记录输入完成后再对索引表排序。当记录数目很多时，索引表也很大，一个物理块可能容纳不下，查索引表时，可能要多次访问外存。为此，可以对索引表建立一个索引，称为查找表，检索记录时，先查找查找表，再查索引表，最后读取记录，只需三次访问外存。

索引文件中记录的逻辑顺序与记录的物理顺序无关，而只与索引表有关，其组织方式可以保证记录地址的唯一性，不产生重号，其存取机制也比较简单；但是索引表本身要占用一定的存储空间，而且这种索引只是一种静态索引，各级索引均为线性表结构，其结构虽简单，但修改不方便，每次修改都要重新索引。因此，当数据文件在使用中记录变动较多时，效率很低。对此，可采用二叉排序树、B-树等动态索引，以改善数据结构，提高数据插入、删除的效率。

表8-3列出了常用文件组织方式的性能比较，表中活动率指的是更新过程中作用到记录的百分数。例如，针对1000个记录，需要处理900个，则活动率为90%。

表8-3 常用文件组织方式的性能比较

组织方式	文件处理方式		使用效果					备注
	顺序	随机	文件大小	随机查找速度	顺序查找速度	使用何种活动率	对软件的要求	
顺序	很好	不好	无限制	慢	很快	高	低	
索引	好	好	中等	快	快	低	中	
直接	不好	很好	有限	很快	慢	低	高	

（4）按文件的用途分类，可把文件分为以下几种：

①主文件。它是最重要的共享文件，主要存放具有固定值属性的数据。为发挥主文件数据的作用，它必须准确、完整并及时更新。

②处理文件。又称事务文件，是存放事务数据的临时文件，包含了对主文件进行更新的全部数据。

③工作文件。它是处理过程中暂时存放数据的文件。如排序过程中建立的排序文件，

打印时建立的报表文件等。

④周转文件。存放具有固定个体变动属性的数据。

⑤其他文件。如后备文件、档案文件等。后备文件是主文件、处理文件、周转文件的副本，用以在事件遭到破坏时进行恢复。档案文件是长期数据进行离线保存的文件，以作为历史资料，防止非法访问。

2. 文件设计

设计文件之前，首先要确定数据处理的方式、文件的存储介质、计算机操作系统提供的文件组织方式、存取方式、对存取时间及处理时间的要求等。

文件设计通常从设计共享文件开始。因为共享文件与其他文件的关系密切，先设计共享文件，其他文件中与它相同的数据项目就可以用它作基准，尽量求得一致。

文件由记录组成，所以设计文件主要是设计文件记录的格式，如每一数据项的名称、变量名、类型、宽度和小数位数字。记录格式设计中还应注明记录由哪个程序形成，又输出到哪个程序。文件设计还应考虑文件的管理问题。

8.4.2 数据库设计

数据库设计是在选定的数据库管理系统（DBMS）基础上建立数据库的过程。数据库设计除要进行用户要求分析外，还包括概念结构设计、逻辑结构设计和物理结构设计三个阶段。

1. 概念结构设计

概念结构设计的任务是产生反映企业组织信息需求的数据库概念结构。概念结构是对现实世界的一种抽象，即对实际的人、物、事和概念进行人为处理，抽取人们关心的共同特性，忽略其本质的细节。概念结构不依赖于计算机系统和具体的数据库管理系统。

从用户需求的角度来看，数据库概念结构设计就是要根据用户需求设计数据库的概念结构模型（简称概念模型）。概念模型是从用户角度看到的数据库，它可用实体－联系模型即 E-R 模型来表示。

所谓实体－联系模型（也称 E-R 图），是描述概念世界、建立概念模型的实用工具，它通过 E-R 图来表示概念世界中实体、属性和关系。通过绘制 E-R 图可以描述组织模式，如一个企业的整体数据关联模式；E-R 模型可以进一步转换为任何一种数据库管理系统 DBMS 所支持的数据模型。

图 8-1 是一个简单的 E-R 图示例。其中，实体（如公司、总经理）用矩形框表示，框内标注实体名称。属性（如公司这个实体的属性公司名、地址）用椭圆形表示，并用连线与相应实体连接起来。如果属性较多，为使图形更加简明，有时也将实体与其相应的属性另外单独用列表表示。实体之间的联系（如任职）用菱形框表示，框内标注联系名称，并用连线将菱形框分别与有关实体相连。

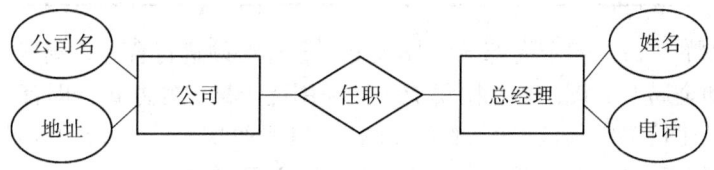

图 8-1　一个简单的 E-R 图示例

数据库概念结构设计的主要步骤是，首先根据系统分析的结果（数据流图、数据字典等）对现实世界的数据进行抽象，设计各个局部视图即局部 E-R 图，然后将局部 E-R 图进行合并成全局 E-R 图。

（1）设计局部 E-R 图。在系统分析阶段，对应用环境和要求进行了详尽的调查分析，并用多层数据流图和数据字典描述了整个系统。设计局部 E-R 图的第一步，就是要根据系统的具体情况，在多层的数据流图中选择一个适当层次的数据流图，让这组图中每一部分对应一个局部应用。由于高层的数据流图只能反映系统的概貌，而中层的数据流图能较好地反映系统中各局部应用的子系统组成，因此往往以中层的数据流图作为设计局部 E-R 图的依据。

每个局部应用都对应了一组数据流图，局部应用涉及的数据都已经收集在数据字典中，设计局部 E-R 图就是要将这些数据从数据字典中抽取出来，参照数据流图，标定局部应用中的实体、实体的属性，标识实体的码，确定实体之间的联系及其类型。

图 8-2 为一个简单的项目管理系统的局部 E-R 图示例。其实体类型有雇员、部门、项目、供应商等等；表 8-4 是相应实体及其属性。与管理这些实体有关的联系有：一个雇员只在一个部门工作，一个部门可以有多个雇员；一个雇员可以参加一个以上的项目，每个项目常需要多个人参加。每个项目必须确定一个负责人，一个人可以负责多个项目。一个供应商可以为若干个项目供应零件，每个项目可以从不同的供应商那里采购零件，每个项目需要多种零件；系统还保存各个供应商可以提供的各种零件与数量。

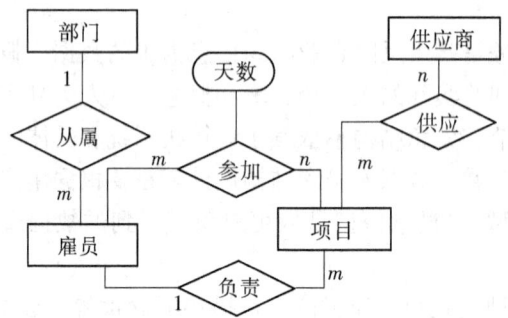

图 8-2 局部 E-R 图实体及其联系示例

表 8-4 实体及其属性表

实体	属　　性
雇员	雇员号，姓名，性别，职称，工资，住址
部门	部门号，名称，电话，部门地址
项目	项目号，项目名，预算，开始日期，完成日期
供应商	供应商编号，名称，联系人，电话，账号

（2）E-R 图的集成。各个局部 E-R 图建好后，还必须进行合并，集成为一个整体的数据概念结构，即全局 E-R 图。E-R 图集成一般采用逐步累积的方式，即首先集成两个局部 E-R 图（通常是比较关键的两个局部 E-R 图），以后每次将一个新的局部 E-R 图集成进来。如果局部视图简单，也可以一次集成多个局部 E-R 图。

一般集成局部 E-R 图需要合并、修改和重构等步骤。合并局部 E-R 图不是简单地将所有局部 E-R 图画到一起，而是要消除局部 E-R 图中的不一致，以形成一个能为全系统中所有用户共同理解和接受的统一的概念模型。合理消除各局部 E-R 图的冲突是合并局部 E-R 图的主要工作与关键所在。

局部 E-R 图经过合并生成的是初步 E-R 图，其中可能存在冗余的数据和冗余的实体之间的联系。冗余数据和冗余联系容易破坏数据库的完整性，给数据库维护增加困难。因此得到初步 E-R 图后，应当进一步检查 E-R 中是否存在冗余，如果存在则应设法予以消除。有时为了提高某些应用效率，不得不以冗余信息作为代价。在设计数据库概念结构时，需要根据用户的整体需求来确定哪些冗余的信息该消除。

视图集成后形成一个整体的数据库概念结构，对该整体的数据库概念结构还必须进一步验证，确保它能够满足：①整体概念结构内部具有一致性，即不能存在互相矛盾的表达；②整体概念结构能准确地反映原来的每个视图结构，包括属性、实体及实体之间的联系；③整体概念结构能满足需求分析阶段所确定的所有要求。

2. 逻辑结构设计

逻辑结构设计是将概念结构设计阶段完成的概念模型转换成能被选定的数据库管理系统（DBMS）支持的数据模型，这个数据模型应当是：

（1）满足用户要求，既能合理地组织用户需要的所有数据，又能支持用户对数据的所有处理功能；

（2）满足某个数据库管理系统的要求，能够在数据库管理系统中实现；

（3）具有较高的范式，能够保证数据完整性好、效益高，便于理解和维护，没有数据冲突等。

对于关系数据库，其逻辑设计过程如下：

（1）导出初始关系模式，将 E-R 图按规则转换成关系模式。

（2）规范化处理。消除异常，改善完整性、一致性和存储效率。规范化过程实际上就是单一化过程，即一个关系描述一个概念，若多于一个概念，则把它分离出来。

（3）模式评价。目的是检查数据库模式是否满足用户的要求。模式评价包括功能评价和性能评价。

（4）优化模式。如疏漏的要新增关系或属性，如性能不好的要采用合并、分解或选用另外结构等。对具有相同关键字的关系模式，如它们的处理主要是查询操作，且常在一起使用，可将这类关系模式合并；虽已达到规范化，但因某些属性过多时，可将它分解成两个或多个关系模式。按属性组分解的称为垂直分解。垂直分解要注意得到的每一关系都包含主码。

关系数据库的数据模型可以直接由实体联系模型转换而来。例如，根据图 8-2、表 8-4 设计的 E-R 模型，可转换得到由下列关系模式构成的数据模型：

部门（部门号，名称，电话，部门地址）

雇员（雇员号，姓名，性别，职称，工资，住址）

项目（项目号，项目名，预算，开始日期，完成日期）

供应商（供应商编号，名称，联系人，电话，账号）

从属（部门号，雇员号）

参加（项目号，雇员号，天数）
负责（项目号，雇员号）
供应（供应商编号，项目号）

3. 物理结构设计

物理结构设计是对已确定的逻辑数据库结构，研制出一个有效、可实现的物理数据库结构的过程。物理结构设计常常包括某些操作约束，如响应时间与存储要求等。

数据库物理结构设计的主要任务是对数据库中数据在物理设备上的存放结构和存取方法进行设计。数据库物理结构依赖于给定的计算机系统，而且与具体选用的DBMS密切相关。数据库的物理结构设计可分为以下步骤：

(1) 存储记录的格式设计。对数据项类型特征做分析，对存储记录进行格式化，决定如何进行数据压缩或代码化。可使用"垂直分割方法"，对含有较多属性的关系，根据其中属性的使用频率不同进行分割；或使用"水平分割方法"，对含有较多记录的关系，按某些条件进行分割。同时，把分割后的关系定义在相同或不同类型的物理设备上，或在相同设备的不同区域上，从而使访问数据库的代价最小，提高数据库的性能。

(2) 存储方式设计。物理结构设计中最重要的一个考虑，是把存储记录在全范围内进行物理安排，存放的方式有顺序存放、杂凑存放、索引存放及聚簇存放等。

(3) 访问方式设计。访问方式设计的任务是为存储在物理设备上的数据提供存储结构和咨询路径，这与数据库管理系统有很大关系。

(4) 完整性和安全性设计。根据逻辑设计提供的对数据库的约束条件、具体的DBMS的性能特征和硬件环境，设计数据库的完整性和安全性措施。

在物理结构设计中，应充分注意物理数据的独立性，即消除由于物理数据结构设计变动而引起对应用程序的修改。物理结构设计的性能，以用户获得及时、准确的数据和有效利用计算机资源的时间、空间及可能的费用来衡量。

8.5 输出设计

输出是系统产生的结果或提供的信息。对于大多数用户来说，输出是系统开发的目的，也是使用效果评价的标准。尽管有些用户可能直接使用系统或从系统输入数据，但都要应用系统输出的信息。

输出设计的目的是为了正确及时地反映和组成用于生产和服务部门的有用信息，因此，系统设计过程与实施过程相反，是从输出设计到输入设计，即先确定要得到哪些信息，再考虑为了得到这些信息，需要准备哪些原始资料作为输入。

8.5.1 输出设计的内容

(1) 输出信息使用内容。包括信息的使用者、使用目的、报告量、使用周期、有效期、保管方法和复写份数等。

(2) 输出信息的内容。包括输出项目、位数、数据形式（文字、数字）。

(3) 输出格式。包括报表、凭证、单据、公文、图形或文件等。

(4) 输出设备。包括打印机、显示器、卡片输出机、绘图仪等。

（5）输出介质：如输出到磁盘上、光盘上，还是打印纸上。

8.5.2 输出的方法

输出主要有以下几种：

（1）表格信息。表格信息以表格的形式提供，一般用来表示详细的信息。

（2）图形信息。管理信息系统用到的图形信息主要有直方图、饼图、曲线图、地图等。图形信息在表示事物的趋势、多方面的比较等方面有较大的优势，可以充分利用大量历史数据的综合信息；表示方式直观，常为决策用户所喜爱。

（3）图标。图标也用来表示数据间的比例关系和比较情况。由于图标易于辨认，无须过多解释，在信息系统中的应用也日益广泛。

8.5.3 输出设计的步骤

系统的输出设计，可归纳为下列四个步骤：

（1）确定系统的输出需求。除了要考虑用户的特别要求外，主要考虑屏幕数据与报表文件的输出需求。屏幕数据的输出需求主要在于能够按照用户的需求来提供相关数据内容的查询。报表文件的输出需求，需要了解的问题有：用户想要得到的输出报表；各输出报表的名称、目的与需要提供的信息；各输出报表的产生周期与输出的份数；各输出报表印制与发送的负责单位；各输出报表的使用单位与处理流程；各输出报表的保存期限、使用限制与机密等级。

（2）定义各输出数据的内容与输出的格式。在确定系统的输出需求之后，便要对各输出需求的内容与格式加以分析。屏幕的输出受传统使用的屏幕输出设备所限制，而输出报表的安排则较有弹性。在输出报表的内容与输出格式的定义上，要搜集的信息有：各输出报表的形式；各输出报表的格式安排；在报表中各数据项的放置；在报表中各字段的长度与数据类型；在报表中各字段间的关系与其相关的数据结构；报表中的各字段数据取得方法，需经过的程序与确认过程。

（3）选择合适的输出媒体。除了有特别指定外，按输出的特性与用户的需求来决定采用的输出设备。输出媒体主要有打印机、屏幕、磁盘、磁带、微缩胶片等。

（4）进行系统输出设计。当上述各项数据均已确定后，就可以进行输出设计部分的整体性规划。在此阶段应注意各项输出的作业流程以及相关数据保密性、用户等级的划分等。主要注意事项有：各相关输出数据的标准作业程序，各输出数据的控制程序及其相关性，各输出数据错误时的处理程序，进行数据输出时先前准备及应先完成的工作等。

8.5.4 输出报告

输出报告标出了各常量、变量的详细信息，也给出了各种统计量及其计算公式、控制方法。设计输出报告时要注意以下几点：

（1）方便使用者。

（2）要考虑系统的硬件性能。

（3）尽量利用原系统的输出格式，如确需修改，应与有关部门协商，征得用户同意。

（4）输出表格要考虑系统发展需要。例如是否在输出表中留出位置，满足将来新增项目需要。

(5) 输出的格式要根据硬件能力,并试制输出样品,经用户同意后才能正式使用。

8.6 输入设计

输入数据的正确性直接影响处理结果的正确性,如果输入数据有误,即使计算和处理过程正确,也无法获得可靠的输出信息。同时,输入设计决定着人机交互的效率。输入设计包括数据规范和数据准备过程。

8.6.1 输入设计概述

1. 输入设计的原则

提高效率和减少错误是输入设计的两个最根本的原则,而要做到这两点,需要:

(1) 控制人工输入量。只需输入基本数据,其他的数据可以通过计算由系统自动产生。

(2) 减少输入延迟。输入数据的速度往往成为提高信息系统运行效率的瓶颈,为减少延迟,可以采用周转文件、批量输入等方式。

(3) 减少输入错误。输入设计中应采用多种输入校验方法和有效性验证技术,减少输入错误。

(4) 避免额外步骤。应尽量避免不必要的输入步骤。

(5) 简化输入过程。输入设计在为用户提供纠错和输入校验的同时,保证输入过程简单易用。

2. 输入设计的步骤

系统的输入设计,大致可以分为下列六个步骤。

(1) 分析系统的各种输入需求。系统的输入需求可以从两个方面的分析结果中得到:一是输出报表的字段内容,二是系统环境所使用的输入单据。设计人员必须了解:在现场工作环境中使用的输入单据;各输入单据的作用,主要记录的事项;各输入单据的发生时机,负责填写的部门;各输入单据一次应产生的份数;各输入单据的处理流程等。

(2) 决定各输入单据的内容与格式。当各输入单据搜集完成后,设计人员应先分析这些输入单据的格式与字段内容,定义各表单的数据长度与类型,并与用户确认数据分析的结果。在本阶段中必须了解的问题有:各输入单据的格式,各输入单据的字段长度与字段数据类型,各输入数据的来源与限制条件,各字段间的关系及其数据结构等。

(3) 分析输入数据的内容。当清楚地定义了输入单据的字段内容之后,设计人员应该将结果与输出报表进行对照,分析各字段的异同,删除那些可以通过计算得到的字段,剩下的便是系统需要的输入数据。在本阶段中必须分析各数据字段的数据结构,各数据字段的计算方式或取得方式,删除可以通过计算或转换得到的字段,过滤出需要用户输入的数据字段等。

(4) 加上输入数据的控制条件。为了确保输入数据的正确性,设计人员要尽可能考虑到所有用户在输入时可能发生的错误,在用户输入数据时加上输入控制。

(5) 选择适当的输入方式。当设计人员要规划输入的方式时,可以考虑每种输入方式的优缺点，取系统整体评估最好的。当然，各种输入方式通常都是可以相互配合的，不要太局限于它部分的使用特性。

（6）进行系统输入设计。在系统输入设计的最后一个阶段，就是将上述规划的结果予以整合。该阶段需要注意的问题是：各数据输入的相关输入程序是否已经拟定，输入错误数据时的处理程序是否拟定；各数据间的相关性是否已经确定，数据验证方式是否已确定，是否做好了每一项数据输入前要先行准备的工作。

8.6.2 输入设备及方式

能够将数据输入到计算机中的设备类型很多，设计人员必须认真分析输入数据的类型，从方便用户使用的角度选择输入设备。常见的输入设备有键盘、扫描仪、触摸屏、多媒体输入设备（话筒、数字相机、摄像机等）、光电阅读器等等。

（1）键盘输入。主要适用于常规、少量的数据和控制信息的输入，以及原始数据的录入。

（2）利用光电设备采集数据。通过光电设备对实际数据进行采集并将其转换成数字信息，是一种既省事又可靠的数据输入方式。如商业企业、工商、海关等对商品信息的输入可采用光学阅读器；图形图像信息、文件、报纸、试卷等可用扫描仪扫描输入；物理信息可通过传感器收集，再通过 A/D/A 转换器转换为数字信息。

（3）多媒体输入。多媒体信息可通过多媒体设备输入。

（4）网络传送。这既是输出信息的方式，也是输入信息的方式；对下级子系统是输出，对上级系统是输入。此种情况可以直接通过网络传送数据。

（5）磁盘输入。利用磁盘、光盘等外部存储设备在主、子系统之间传送数据。

8.6.3 常见输入错误及其校验方法

1. 输入错误的种类

在输入设计中，要设想其可能发生的各种输入数据错误，对其进行校验。常见的输入错误有：

（1）数据本身错误。指由于原始数据填写错误或穿孔出错等原因引起的输入数据错误。

（2）数据多余或不足。这是在数据收集过程中产生的差错。如数据单据、卡片等的遗漏或重复等原因引起的数据错误。

（3）数据的延误。数据的处理时间超过了数据使用时间而导致数据失去应有的价值。因此，数据的收集与运行必须具有一定的缓冲时间，并事先确定对数据延迟的处理对策。

2. 校验错误数据的方法

可以单独或组合采用以下方法来校验数据的错误：

（1）重复校验。这种方法将同一数据先后输入两次，然后由计算机程序自动予以比对校验。

（2）视觉校验。在输入的同时，由计算机打印或显示输入数据，然后与原始单据进行比较。视觉校验的查错率为 75%～85%。

（3）检验位校验。

（4）控制总数校验。先用人工算出输入数据总数，然后由计算机程序累计输入总数，将两者对比校验。

（5）数据类型校验。校验是数字型还是字母型。

（6）格式校验。即校验数据记录中各数据项的位数和位置是否符合预先规定的格式。例如，姓名栏规定为18位，而姓名的最大位数是17位，则该栏的最后一位一定是空白。该位若不是空白，就认为该数据项错位。

（7）逻辑校验。即根据业务上各种数据的逻辑性，检查有无矛盾。例如，月份超过12，即为出错。

（8）界限校验。即检查某项输入数据的内容是否位于规定范围之内。例如，商品的单价，若规定在100元至1000元范围内，则检查是否有比100元小及比1000元大的数目，凡在此范围之外的数据均属出错。

（9）顺序校验。即检查记录的顺序。例如，要求输入数据无缺号时，通过顺序校验，可以发现被遗漏的记录。又如，要求记录的序号不得重复时，即可查出有无重复的记录。

（10）记录计数校验。这种方法通过计算记录个数来检查记录有否遗漏和重复。它不仅对输入数据，而且对处理数据、输出数据及出错数据的个数等均可进行计数校验。

（11）平衡校验。平衡校验的目的在于检查相反项目间是否平衡。例如，会计工作中检查借方会计科目合计与贷方会计科目合计是否一致。

（12）对照校验。对照校验就是将输入的数据与基本文件的数据相核对，检查两者是否一致。例如，为了检查销售数据中的用户代码是否正确，可以将输入的用户代码与用户代码总表相核对，当两者的代码不一致时，就说明出错。

3. 数据错误的处理方法

发现数据错误，一般可用以下两种方法进行处理。

（1）原始数据出错。将原始单据送交填写单据的原单位修改。

（2）机器自动检错。出错的恢复方法有以下几种：

①待输入数据全部校验并改正后，再进行下一步处理。

②舍弃出错数据，只处理正确的数据。它适用于不需要太精确的输出数据，例如求百分比。

③只处理正确的数据，出错数据待修正后再进行同法处理。

④剔除出错数据，继续进行处理，出错数据留待下一运行周期一并处理。适用于运行周期短而剔除的出错数据不致引起输出信息正确性显著下降的场合。

8.7 用户界面设计

8.7.1 用户界面设计的方式

用户界面是人机对话的窗口，设计时应注重交互友好、使用简便、易于操作，避免烦琐、花哨的界面。界面设计要面向预期用户，充分理解用户环境和标准设置的含义，满足不同类型用户的要求。

用户界面设计包括菜单方式、会话方式、提示方式以及操作权限管理方式等。

（1）菜单方式。菜单是信息系统功能选择操作的最常用方式，特别对于图形用户界面，菜单集中了系统的各项功能，直观，易操作。菜单的形式可以是下拉式、弹出式或快捷菜单，也可以是按钮选择方式等。

菜单设计时应和系统的划分结合起来，尽量将一组相关的菜单放在一起。同一层菜单中，功能应尽可能多。菜单设计的层次尽可能少。一般功能选择性操作最好让用户一次就进入系统，避免让用户选择后再确定的形式。对于一些重要操作，比如执行删除操作、终止系统运行、执行退出操作时，可以提示用户确定。菜单设计时在两个邻近的功能之间选择时，使用高亮度或强烈的对比色，使它们的变化醒目。

（2）会话方式。在系统运行过程中，当用户操作错误时，系统要向用户发出提示和警告性的信息；当系统执行用户操作指令遇到两种以上的可能时，系统提请用户进一步说明；系统定量分析的结果通过屏幕向用户发出控制性的信息；等等。这些提示通常是由系统开发人员根据实际系统操作过程将会话语句写在程序中。

在开发决策支持系统时，也常常会遇到大量的具有一定因果逻辑关系的会话。这类会话反映了一定的因果关系，具有一定的内涵，是双向式的。对于这类会话，我们可以将会话设计成数据文件中的一条条记录，系统运行时，根据用户的会话回答内容，执行相应的判断，从而调出下一句会话，并显示出来。这种会话不需更改程序，只需更改会话文件中的记录即可。但是它的分析判断过程复杂，一般只用于少数支持决策、专家系统或基于知识的分析推理系统中。

（3）提示方式。为了方便用户使用，系统应能提供相应的操作提示信息和帮助。在操作界面上，常常将提示以小标签的形式显示在屏幕上，或者以文字显示在屏幕的旁边；还可以将系统操作说明输入系统文件，建立联机帮助。

（4）操作权限管理方式。为了保证系统的安全，可以控制用户对系统的访问。可以设置用户登录界面，通过用户名和口令及使用权限来控制对数据的访问。

8.7.2 用户界面设计准则

一个容易使用的应用系统，良好的用户接口设计是必不可少的。Shneiderman 藉由经验与观察互动系统，将一些合适的经验法则加以精炼、延伸后，整理总结出了八个经典用户接口设计准则，这些准则可作为设计用户界面的重要参考。

1. 保持一致性

凡是相类似的情况应该让使用者有一致性的操作。在提示、选单与说明文件中，应该采用同样的名词，并且保持命令的一贯性。

2. 使用快捷方式

当使用频率增加时，使用者会希望减少互动的次数，让一次互动能够做更多的动作。缩写、功能键、隐藏功能与综观全局的功能，对熟练者来说非常有用。

3. 提供有效反馈

当使用者做出一些动作时，系统应该提供反馈。越频繁的动作，其反馈的强度可以低一些；越重要或不寻常的动作，其反馈强度应该要显著一些。

4. 设计完整的对话过程

一连串的动作应该被组织成开始、中间、结束三部分。当动作结束的时候，要提供反馈让使用者知道动作已经完成。在做下个一连串的动作之前,先告知使用者整个流程,能够减轻使用者的压力,提高满意度。

5. 提供简单的错误处理机制

最好不要让系统有严重错误的可能性。如果还是造成错误,系统应该能够侦测出来,并提供一个简单、使用者可以理解的错误处理方式。

6. 允许撤销动作

这个功能可以减低使用者的焦虑,因为使用者知道做错了可以重来。这个功能鼓励使用者探索不熟悉的选项。回到上一步的功能,可以包含一个,或是一连串的动作。

7. 满足使用者控制的需求

有经验的使用者强烈地感觉到他们在控制系统,做出动作之后,系统提供反馈。系统设计上要让使用者作为动作的发出者,而不是响应者。

8. 减少短期记忆负担

人类的短期记忆有限,因此显示上要保持简单,能同时显示多页数据以减少窗口切换频率,减少记忆指令和动作顺序的时间。

8.8 系统设计报告

系统设计的最后一项工作是整理和完成包括详细设计内容在内的系统设计报告。系统设计报告是目标系统的物理模型,也是系统实施的主要依据。

系统设计报告通常由下面所述内容组成,在编写系统设计报告时可根据系统的规模和复杂程度等具体情况,选用其中的一部分或全部内容。

1. 引言

引言部分主要包括:

(1) 摘要。如系统的目标名称和功能等的说明。

(2) 背景。如项目开发者、用户、本项目和其他系统或机构的关系和联系等。

(3) 系统环境与限制。如硬件、软件和运行环境方面的限制,保密和安全的限制,有关系统软件文本,有关网络协议标准文本。

(4) 参考资料和专门术语说明。

2. 系统设计方案

本部分内容主要包括:

(1) 模块设计。如系统的模块结构图,各模块的名称、功能、调用关系、局部数据项和详细的算法说明等。

(2) 代码设计。如各类代码的类型、名称、功能、使用范围和使用要求等的设计说明。

(3) 输入设计。包括:输入项目、输入人员(指出所要求的输入操作人员的水平与技术专长,说明与输入数据有关的接口软件及其来源)、主要功能要求(从满足正确、迅速、简单、经济、方便使用者等方面达到要求的说明)、输入校验(关于各类输入数据的校验方法的说明)。

(4) 输出设计。如输出项目、输出接受者、输出要求(所用设备介质、输出格式、数值范围和精度要求等)。

（5）文件（数据库）设计。包括：概述（目标、主要功能），需求规定（精度、有效性、时间要求及其他专门要求），运行环境要求（设备支撑软件，安全保密等要求），逻辑结构设计（有关文件及其记录、数据项的标识、定义、长度和它们之间的关系），物理结构设计（有关文件的存储要求、访问方法、存储单位、设计考虑和保密处理等）。

（6）模型库和方法库设计。本系统所选用的数学模型和方法以及简要说明。

（7）安全保密设计。

（8）计算机物理系统配置方案报告。包括：硬件配置设计，通信与网络配置设计，软件配置设计，机房配置设计。

（9）系统实施方案及说明。包括：实施方案，实施计划（工作任务的分解、进度安排和经费预算），实施方案的审批（说明经过审批的实施方案概况和审批人员的姓名）。

【本章小结】

系统设计是管理信息系统开发的第三个阶段。系统设计的原则是系统性、灵活性、可靠性、经济性等。

系统总体结构设计的一个主要内容是合理地对系统进行分解，将一个复杂的系统设计转为若干个子系统和一系列基本模块的设计，并通过模块结构图把分解的子系统和一个个模块按层次结构联系起来。一个合理的子系统应该是内部联系强，子系统间尽可能独立，接口明确、简单，尽量适应用户的组织体系，有适当的共用性。

代码是人为确定的代表客观事物（实体）名称、属性或状态的符号或者是这些符号的组合。合理的代码系统结构是管理信息系统是否具有生命力的一个重要因素。代号的表示形式很多，在实际应用中常用的有顺序码、区间码、表意码等。

数据库设计是系统设计的重要部分。数据库设计的目标是：满足用户应用需求、良好的数据库性能、对现实世界模拟的精确度高、能被某个现有数据库管理系统所接受。数据库设计包括概念数据库设计、逻辑数据库设计、物理数据库设计及数据库访问方式设计等。

输出设计的原则是用户第一、灵活性、需求多样性的统一。输入设计的原则是：力求简单、易懂、易学习，格式尽量简单，减少用户查询的时间，尽量用有意义的编码或选项替代冗长的输入，方便查看系统的运行情况。

用户界面是人机对话的窗口，设计时应注重交互友好、使用简便、易于操作，避免烦琐、花哨的界面。界面设计要面向预期用户，充分理解用户环境和标准设置的含义，满足不同类型用户的要求。用户界面设计包括菜单方式、会话方式、提示方式，以及操作权限管理方式等。设计用户界面时应遵循八个经典用户接口设计准则。

系统设计阶段的主要成果是系统设计报告。

【复习思考题】

1. 什么是代码？为什么要设计代码？
2. 代码的种类有哪些？试述我国身份证号中代码的意义。它属于哪种码？这种码有哪些优点？

3. 代码系统的设计原则是什么?
4. 在代码的结构中有时要设置校验位,其目的何在?
5. 数据库设计包括哪些过程?
6. 系统设计中,为什么要先做输出设计,后做输入设计?
7. 输入输出设计中如何考虑提高人的效率,方便使用者?
8. 什么是数据输入的格式校验?试举例说明。
9. 校验数据输入错误的方法有哪些?
10. 用户界面设计的准则有哪些?
11. 系统设计报告主要包括哪些内容?
12. 试用几何级数法确定原代码为1683的校验位和新代码。要求以11为模,以27、9、3、1为权。
13. 假设要建立一个企业数据库。该企业各部门有许多职员,但一个职员仅属于一个部门;每个职员可在多项工程中做工或负责管理,每项工程可有多个职员做工,但只有一个管理者;有若干供应商同时为各不同工程供应各种零件,一个零件又可由其他若干零件组装而成,或用来组成其他多种零件。

请完成如下设计或处理:
(1) 设计E-R图,自行适当给出各实体的属性;
(2) 将该E-R图转换为等价的关系模型方式。

14. 设某工厂的物资管理系统包含如下的实体:
(1) 仓库:仓库号、仓库面积、电话号码。
(2) 零件:零件号、名称、规格、单价、描述。
(3) 供应商:供应商号、名称、地址、电话号码、账号。
(4) 职工:职工号、姓名、年龄、职称。

实体之间的联系如下:
(1) 一个仓库可以存放多种零件,一种零件可以存放于多个仓库中。用库存量来描述某种零件在某个仓库中的数量。
(2) 一个仓库有多个职工当仓库保管员,一个职工只能在一个仓库中工作。
(3) 职工之间具有领导和被领导的关系,即仓库主任领导若干保管员。
(4) 一个供应商可以供应多种零件,一种零件也可以由不同的供应商供应。

根据以上描述,构造E-R模型,并将E-R图转换为关系模型。

第 9 章　系统实施

当系统分析与系统设计的工作完成以后，开发人员的工作重点就从分析、设计和创造性思考的阶段转入实践阶段。在此期间，将投入大量的人力、物力，以及占用较长的时间进行物理系统的实施、程序设计、程序和系统调试、人员培训、系统转换、系统管理等一系列工作。这个过程称为系统实施。系统实施将系统设计阶段的结果在计算机系统上实现，将原来纸面上的、类似于设计图式的新系统方案转换成可执行的应用软件系统。系统实施是新系统开发工作的第四个阶段。

9.1　概述

1．系统实施阶段的目标

在系统分析与系统设计的阶段中，开发人员为新系统设计了它的逻辑模型和物理模型。系统实施阶段的目标就是把系统设计的物理模型转换成可实际运行的新系统。

2．系统实施阶段的工作

系统实施是一项复杂的工程，管理信息系统的规模越大，实施阶段的任务越复杂。一般来说，系统实施阶段主要有以下几方面的工作：

（1）按总体设计方案购置和安装计算机网络系统；

（2）建立数据库系统；

（3）程序设计；

（4）输入基础数据，进行系统测试；

（5）人员培训；

（6）系统转换。

系统实施首先进行物理系统的实施，要根据计算机物理系统配置方案购买和安装计算机硬、软件系统和通信网络系统（如果购买的时间太早会带来经济上的损失），还包括计算机机房的准备和设备安装调试等一系列活动；熟悉计算机物理系统的性能和使用方法，同时进行的工作是程序设计；接着进行的工作是收集有关数据并进行录入工作；然后是系统调试；最后是人员培训和系统转换。

9.2　建立系统运行的环境

管理信息系统的运行环境包括硬件环境、软件环境和网络环境等。

按照系统物理配置方案的要求，选择购置该系统所必需的硬件设备（计算机系统）和软件系统。硬件设备包括主机、外围设备、稳压电源、空调装置、机房的配套设施以及通信设备等；软件系统包括操作系统、数据库管理系统、各种应用软件和工具软件等。

计算机硬件设备选择的基本原则是在功能、容量、性能等方面能够满足所开发的信息系统的设计要求。值得注意的是，选择计算机系统时要充分进行市场调查，了解设备运行情况及厂商所能提供的服务等。

在建立系统运行硬件环境的基础上，还需建立适合系统运行的软件环境，包括购置系统软件和应用软件包。按照设计要求配置的系统软件包括操作系统、数据库管理系统、程序设计语言处理系统等。在企业管理系统中，有些模块可能有商品化软件可供选择，也可以提前购置，其他则需自行编写。在购买或配置这些软件前应先了解其功能、适用范围、接口及运行环境等，以便做好选购工作。

计算机硬件和软件环境的配置，应当与计算机技术发展的趋势相一致。硬件选型要兼顾升级和维护的要求；软件选择特别是数据库管理系统，应选择 C/S（客户机/服务器）或 B/S（浏览器/服务器）模式下的主流软件产品，为提高系统的可扩展性奠定基础。

计算机网络是现代信息系统建设的基础，网络环境的建立应根据所开发的系统对计算机网络环境的要求，选择合适的网络操作系统产品，并按照目标系统拟采用的 C/S 或 B/S 工作模式，进行有关的网络通信设备和通信线路的架构与连接、网络操作系统软件的安装与调试、整个网络系统的运行性能与安全性测试，以及网络用户权限管理体系的实施等。

9.3 程序设计

1. 程序设计的任务

程序设计的任务是为新系统编写程序，即把详细设计的结果转换成某种计算机编程语言写成的程序。该阶段相当于机械工程中图纸设计完成的"制造"阶段。

程序设计的好坏，直接关系到能否有效地利用计算机来圆满地达到预期目的。

2. 程序设计的基本要求

程序应当容易维护、容易理解，并且运行高效、可靠。

（1）程序的功能必须按照规定的要求，正确地满足预期的需要；

（2）程序的内容清晰、明了，便于阅读理解；

（3）程序的结构严谨、简捷，算法和语句选用合理，执行速度快，节省机时；

（4）程序和数据的存储、调用安排得当，节省存储空间；

（5）程序的适应性强，程序交付使用后，若应用问题或外界环境有了变化，调整和修改程序比较简便易行。

3. 选择程序设计语言时考虑的因素

（1）语言的结构化机制与数据管理能力；

（2）语言可提供的交互功能；

（3）有较丰富的软件工具；

（4）软件可移植性要求；

（5）开发人员的熟练程度；

（6）系统用户的要求。

4. 程序设计风格与规范

（1）适当的程序注释；

（2）有规律的程序书写格式；

（3）恰当选择变量名：采用有实际意义的变量名，不用过于相似的变量名，同一变量名不要具有多种意义；在编程前对变量名的选取约定统一标准。

5. 管理信息系统的基本程序模块

一个管理信息系统的软件由很多程序模块组成，这些程序模块可归纳为如下几种基本类型：①控制模块；②输入及校验模块；③修改或更新模块；④分类合并模块；⑤计算模块；⑥查询、检索模块；⑦输出模块；⑧预测、优化模块等。

9.4 程序和系统测试

9.4.1 程序测试

程序只有经过测试，才能认为基本正确，而要证明程序完全正确，则要经过一段时间试用才能确定。程序测试包括：

1. 代码测试

代码测试的目的是测试程序在逻辑上是否正确。代码测试的工作内容包括：

（1）编制要测试数据。包括正常数据、异常数据和错误数据。

（2）用数据去测试。①用正常数据调试。②用异常数据调试。例如用空数据文件去测试程序能否正常运行。③用错误数据调试。例如输入错误数据或不合理数据时，能否及时发现并提示出错信息，并允许修改；又如操作错误时（包括操作步骤或方法错误），能否及时发出警告信息，并允许改正。

2. 程序功能测试

测试时，需要面向程序的应用环境，把程序看作是一个"黑盒子"，测试它能否满足功能和应用上的需求。

9.4.2 分调

分调亦即功能测试，目的是保证模块内各程序间具有正确的控制关系，并测试模块的运行效率。分调应在单个程序测试完成以后进行。分调时将一个功能内所有程序按次序串联起来进行测试。

9.4.3 总调

总调亦称能行性联调，其内容包括：

1. 主控程序和调度程序测试

这种测试的目的不是处理结果的正确性，而是验证控制接口和参数传递的正确性，以便发现并解决逻辑控制问题。

2. 程序的总调

总调是将主控程序和调度程序与各功能模块联结起来进行总体测试。这一阶段查出的往往是模块间相互关系方面的错误和缺陷。

总调应由系统分析员和程序员合作进行。

9.4.4 特殊测试

特殊测试是根据系统需要而选择进行的，包括：
（1）峰值负载测试、容量测试、响应时间测试、恢复能力测试等。
（2）严格核对计算机处理和人工处理的两种结果。
（3）实况测试。以过去手工处理方式下得出正确结果的数据作为输入，将系统处理结果与手工处理结果进行比较。除严格校对结果外，主要考察系统运转的合理性与效率，包括可靠性（作业处理的成功率是否高）。

系统测试完成后，应编写操作说明书，完成程序框图，打印源程序清单。

9.5 系统转换

系统转换指由旧的、手工处理系统向新的计算机信息系统过渡。为了保证原有系统有条不紊、顺利地转移到新系统，在系统转换前应仔细拟订方案和措施，确定具体的步骤。信息系统的转换通常有如下三种方法。

1. 直接转换法

在某一确定的时刻，老系统停止使用，新系统投入运行。用这种直接转换方式时，转换过程简单快捷，转换技术要求不高，人力和费用最省；但转换风险高。它用于新系统不太复杂或原有系统完全不能使用的场合。新系统在切换之前必须经过详细调试并经严格测试；同时，切换时应做好准备，万一新系统不能达到预期目的时，须采取相应补救措施。

2. 并行转换法

新系统投入运行时，老系统并不停止运行，而是与新系统同时运行一段时间，对照两者的输出，利用老系统对新系统进行检验。一般可分两步进行：第一步，以原系统作业为正式作业，新系统作校核用；第二步，经过一段时间运行，在验证新系统处理准确可靠后，原系统停止运行。

这种并行转换方式安全保险，但转换时间长，业务工作量倍增，人力和费用消耗较大。一般用于可靠性要求较高的银行、财务和某些企业的核心系统的转换。

3. 分段转换法

先选用新系统的某一部分代替老系统，作为试点，逐步地代替整个老系统。

采用分段转换方式时，各自系统的转换次序及转换的具体步骤，均应根据具体情况灵活考虑。通常可采用如下策略：

（1）按功能分阶段逐步转换。首先确定该系统中的一个主要的业务功能，如财务管理率先投入使用，在该功能运行正常后再逐步增加其他功能。

（2）按部门分阶段逐步转换。先选择系统中的一个合适的部门，在该部门设置终端，获得成功后再逐步扩大到其他部门。这个首先设置终端的部门可以是业务量较少的，这样比较安全可靠；也可以是业务最繁忙的，这样见效大，但风险也大。

（3）按机器设备分阶段逐步转换。先从简单的设备开始转换，再推广到整个系统。例如对于联机系统，可先用单机进行批处理，然后用终端实现联机系统。对于分布式系统，可以先用两台微机联网，以后再逐步扩大范围，最终实现分布式系统。

分段转换方式实际上是直接转换和并行转换两种方式的折中方案，既可以保证转换过程的平稳和安全，减少风险，又可以避免较高的费用；但这种转换方式存在部分新旧系统的衔接问题，需人工输入数据或专门编写输入接口程序。大量的管理信息系统的转换采用这种方式。

9.6 人员培训

系统转换不仅是机器的转换、程序的转换，更重要的是人工的转换。为了使新系统能够按预期目标正常运行，对用户人员进行必要的培训是在系统转换之前不可或缺的一项工作。

管理信息系统是一个人机系统，它的正常运行需要很多人协同工作，将有许多人承担系统所需信息的输入以及计算机操作。这些人通常来自现行系统，他们熟悉或精通原来的人工处理过程，但缺乏计算机处理的有关知识。为了保证新系统的顺利使用，必须提前培训有关人员。

需要进行培训的人员主要有以下三类：

1. 事务管理人员

新系统能否顺利运行并达到预期目标，在很大程度上与这些第一线的事务管理人员（或主管人员）有关系。因此，可以通过讲座、报告会的形式，向他们说明新系统的目标、功能，说明系统的结构及运行过程，以及对企业组织机构、工作方式等产生的影响。对事务管理人员进行培训时，必须做到通俗、具体，尽量不采用与实际业务领域无关的计算机专业术语。例如，可以就他们最关心的以下问题展开对话：

（1）计算机管理信息系统能为我们干些什么？
（2）采用新系统后，我们和我们的职工必须学会什么新技术？
（3）采用新系统后，我们的机构和人员将发生什么变动？
（4）今后如何衡量我们的任务完成情况？

大量事实说明，许多管理信息系统不能正常发挥预期作用，其原因之一就是没有注意对有关事务管理人员的培训，因而没有得到他们的理解和支持。所以，今后在新系统开发时必须注意这一点。

2. 系统操作员

系统操作员是管理信息系统的直接使用者。统计资料表明，管理信息系统在运行期间发生的故障，大多数是由于使用方法错误而造成的。所以，系统操作员的培训应该是人员培训工作的重点。

对系统操作员的培训应该提供比较充分的时间，除了学习必要的计算机硬、软件知识以及进行数据输入等训练以外，还必须向他们传授新系统的工作原理、使用方法、简单出错的处置等知识。一般来说，在系统开发阶段就可以让系统操作员一起参加。例如，录入程序和初始数据，在调试时进行试操作，等等，这对他们熟悉新系统的使用，无疑是有好处的。

3. 系统维护人员

对于系统维护人员来说，要求具有一定的计算机硬、软件知识，并对新系统的原理和维护知识有较深刻的理解。在较大的企业和部门中，系统维护人员一般由计算机中心和计算机室的计算机专业技术人员担任。

条件许可时，应当请系统维护人员和系统操作员，或其他将与新系统有直接接触的人员，参加一个或几个确定新系统开发方针的讨论会。因为他们今后的工作将与新系统有直接联系，参加这样的会议，有助于他们了解整个系统的全貌，并将为他们今后的工作打好基础。

对于大、中型企业或部门用户，人员培训工作应列入该企业或部门的教育计划中，在系统开发单位配合下共同实施。

9.7　系统说明文件的编写

在系统测试完成后，应该编写、整理出一份详细而全面的系统说明文件。该文件既可以提交用户作为今后使用、维护新系统的指导性文档，也是鉴定和验收新系统时不可缺少的技术资料。因此，应该充分重视系统说明文件的编写工作。

对于系统开发说明文件的组成，目前还没有一个统一的标准，不少部门和组织都有各自的一套规定，但一般来说要包括以下内容：

1．系统一般性说明

（1）用户手册。给用户介绍系统的全面情况，包括系统目标、功能和性能的简要说明等。

（2）特殊说明。随着外部环境的变化而使系统做出相应调整等，这些是不断进行补充和发表的。

2．系统开发报告

（1）系统分析报告（如第 7 章所述）。

（2）系统设计报告（如第 8 章所述）。

（3）系统实施说明。主要涉及系统分调、总调过程中某些重要问题的回顾和说明；人员培训、系统转化的计划及执行情况。

（4）系统利益分析报告。主要涉及系统的管理工作和对职工所产生的影响，系统的费用、效益分析等方面。

3．程序资料

（1）整个系统程序的说明；

（2）系统的计算机系统流程图和程序流程图；

（3）源程序清单；

（4）输入输出样本；

（5）程序所有检测点的说明；

（6）修改程序的手续规定。

4．操作说明

（1）系统规程。系统总的规程，包括系统技术标准、编程、操作规程、监理规程等。

（2）操作说明。系统的操作顺序，各种参数输入条件，数据的备份和恢复操作方法，以及系统维护的有关注意事项。

【本章小结】

系统实施是系统开发的最后一个阶段。系统实施的主要内容是：设备的购置与安装，程序的编制与测试，系统调试与试运行，人员培训，系统转换等。

程序设计是系统实施中的重要工作，是按系统设计中规定的系统各模块的功能、要求进行程序的编制。程序设计语言是编程者用以求解问题的工具，程序设计人员必须适应特定的程序设计语言的限制。

测试是为发现程序中的错误而执行程序的过程，好的测试方案是很可能发现迄今为止尚未发现错误的测试方案。系统测试一般包括：程序测试、分调、总调和特殊测试。

新系统通过系统测试后，必须通过系统转换，才能正式交付使用。系统转换的方式有：直接转换、并行转换、分段转换。

对用户人员进行必要的培训是在系统转换之前不可或缺的一项工作；需要进行培训的人员有事务管理人员、系统操作员和系统维护人员等三类。

系统测试完成后应该编写一份详细而全面的系统说明文件。文件内容一般包括：系统一般性说明、系统开发报告、程序资料、操作说明等。

【复习思考题】

1. 系统实施阶段包括哪些主要工作内容？
2. 系统实施阶段为什么需要各方面的人员参加？
3. 对程序设计的主要要求有哪些？
4. 系统测试过程有哪些步骤？
5. 什么是系统转换？系统转换有哪几种方式？大型复杂系统应选择何种转换方式？
6. 为什么在系统转换前要进行人员培训，要培训的人员有哪几类，各自培训的主要内容是什么？
7. 系统开发说明文件主要由哪几部分组成？

第 10 章　系统运行与维护

10.1　概述

系统运行与维护是信息系统生命周期的最后一个阶段,是信息系统实践环节中的重点。这一阶段的主要任务是做好系统的正常管理和维护工作,使系统处于良好状态;在系统运行中,根据环境变化和用户需求不断修改和扩充软件,使目标系统更加完善。

系统的运行需要确定专门的管理机构来负责系统的日常运行管理、系统文档规范管理、系统的安全与保密、系统的长远发展建设、信息资源的开发与利用,为管理与决策服务。

10.2　系统评价

管理信息系统,特别是一些复杂、大型的管理信息系统,其开发是一项系统工程,需要花费大量的资金、人力、物力和时间,因而无论对于开发者还是使用者,在系统建成后,都希望了解系统对组织的贡献有多大,系统运行的效果如何,系统的性能怎样,是否达到了系统设计的目标,还存在哪些不足,等等。要回答这样一些问题,必须进行系统评价工作。系统评价是对一个管理信息系统的性能进行全面的估计、检查、测试分析和评审,包括将实际指标与计划指标进行比较,以确定目标实现程度,同时对系统建成后产生的效果进行全面评估。严格来说,在信息系统开发的过程中,每完成一个工作阶段或步骤,都应该进行评价。对新系统的全面评价是在新系统运行了一段时间之后进行的。

10.2.1　系统评价的目的

系统评价试图确定系统的价值,是测量系统达到或完成系统目标的能力。系统评价必须要有目的,但评价本身不是目的,评价的最终目标是为了决策。系统评价的目的具体为:检查系统目标、功能及各项指标是否达到了设计要求,满足用户要求的程度如何;检查系统的质量,如正确性、可使用性、可扩展性、可维护性、通用性是否达到要求;检查系统中各种资源的利用程度,包括人、财、物,以及硬件、软件资源等的使用情况;检查系统的使用效果;检查评审和分析的结果,找出系统的薄弱环节,提出改进意见。

10.2.2　管理信息系统评价的内容

可以从经济、技术性能和管理三个方面来评价管理信息系统的优劣。

(1) 经济方面。包括系统费用,指系统开发费用与运行费用之总和;系统收益,如工资及劳动费用的减少,生产率的提高,成本的下降,库存资金的减少,对成功的决策影响的估计,管理费用的节约等;投资回收期;系统后备需求的规模与费用。

在进行经济评价时，常采用费用－效益分析的方法，即对费用（或成本）及效益进行估计，然后将两者进行比较。

（2）技术性能方面。系统技术性能是管理信息系统的各个组成部分有机地结合在一起，并作为一个总体对使用者所表现出来的技术特性。系统性能的评价指标包括：系统的可靠性，系统的效率，系统功能的有效性和实用性，系统的可维护性，系统的可扩充性，系统的可移植性，系统的适应性，系统的安全保密性。

（3）管理方面。管理方面主要反映用户对系统的意见，包括：用户对信息系统操作、管理和运行状况的满意程度；系统功能的应用程度；外部环境对系统的评价；领导、管理人员对系统的态度。

10.2.3 管理信息系统评价的指标体系

我国清华大学侯炳辉教授等人，从三个不同的视角来考察管理信息系统，提出了包含三大类共 26 个指标的管理信息系统评价指标体系。

1. 从管理信息系统开发、运行维护角度评价的指标

鉴于多数管理信息系统的建立和运行维护是由相关单位的信息中心承担的，因此把管理信息系统的建立、运行、维护与管理放在一起考虑。其评价指标有：

（1）人员情况。包括管理信息系统所配置的人员数量、质量及结构。足够的数量、一定的质量以及合理的结构可保证管理信息系统建设的质量以及运行维护水平。

（2）领导支持。管理信息系统主管领导对系统的建立、运行维护的支持是保证系统建设成功极为重要的因素，也是系统正常运行、产生效益的重要因素。因为即使在系统建成后的运行过程中仍然可能涉及管理体制的变化，也经常需要运行维护费用。因此，领导不支持，即使建成了一个系统也不会产生足够效益，甚至连正常运行都会遇到困难。

（3）先进性。先进性是指所建管理信息系统在总体上是先进的，是能产生较大效益的，而且具有较长的生命周期。所以，这里讲的总体先进性不只是硬件或软件的先进性，而是指整个系统的方案、结构、功能、通信、使用、安装等综合起来是先进的。

（4）管理科学性。信息中心的良好运行并产生效益不只取决于系统本身，管理也是极为重要的因素。向管理要效率、向管理要质量的观念越来越被人们所接受。所谓管理科学性，是指是否有完整的规章制度、值班制度和日志记录制度、安全防火系统和制度，以及资料和设备的管理制度、系统运行维护制度等。

（5）可维护性。系统的维护、扩充、修改是经常性的工作。如果系统可维护性差，则系统的生命力就较差。

（6）资源利用情况。管理信息系统集中了许多高附加值的设备（软硬件及其构成的系统）、信息和人力资源，这三大资源中最重要的是信息的利用。目前有些信息系统的数据库不能产生效益，不能为社会服务，成为"死库"，这就是信息利用率不高的表现。也有些信息系统硬、软件设备利用率很低，人力浪费，这些情况相当普遍和严重。因此，信息资源（设备、人力、信息）的利用程度应是一个极为重要的指标。

（7）开发效率。这是指管理信息系统的建设速度。一个信息系统从规划、可行性研究开始，到系统分析、设计、实现，直到正常运行，这个过程称"系统开发生命周期"。当然希望这个周期越小越好。但实际上许多系统开发周期比预计的长很多。有的系统开发出

来以后长期见不到效益，装上的设备还未运行就落后，甚至是市场上已淘汰了的产品，这不能不说是一个极大的浪费，因此在评价指标中不能忽视开发效率这一指标。

（8）投资情况。这是指要建立的系统应有合理的投资，有些系统功能不多，但投资却很大。尽管有的单位资金雄厚，"有钱不怕花"，但作为科学的评价，投资应作为一个指标。倾向于少花钱多办事，也就是说投资/效益的比值越小越好。

（9）效益性。这是从用户角度来考虑的一个指标。管理信息系统产生的社会和经济效益是评价管理信息系统建设的一个重要指标。目前有些管理信息系统建设者从系统本身的技术水平考虑的比较多，而忽视了"效益"是评价信息系统的关键指标。

（10）安全可靠。如今，作为计算机应用领域的一个重要分支的信息系统已经渗透到社会生活的各个领域。由于各种技术和非技术因素的存在和影响，信息系统的安全可靠已经成为严重而又深刻的问题。信息系统安全可靠一般指信息系统的系统资源和信息资源不受自然和人为有害因素的威胁和危害。

2. 从管理信息系统用户角度考虑的指标

这里所指的管理信息系统的用户是直接用户，包括领导者和中、基层管理者。从管理信息系统用户角度来评价也有10个指标。

（1）重要性。管理信息系统对用户来说处于什么地位，是不可缺少的呢，还是可有可无的；是迫切需要的呢，还是不那么紧迫的；这对用户来说是评价系统的重要指标。如果说，一个管理信息系统的用户认为该系统对他们无关紧要，或者至少说紧迫性不大，那么这个信息系统的建立时机还未成熟。

（2）经济性。用户使用管理信息系统需要支付费用。如果费用很高，用户承担不起，或者说用户感到经济上不太合算，宁愿用手工管理也不愿意使用管理信息系统时，这个管理信息系统的吸引力就不那么强了。

（3）及时性。对管理信息系统用户来说，信息的及时提供并能使用是最为关心的事情。由于信息有时效性，及时提供信息，决策者就可以及时做出决策；过时的信息就可能是"马后炮"。

（4）友好性。友好性是一个专用名词，即用户使用管理信息系统很方便，人机界面良好。用户，尤其是高层领导，通常不太了解信息技术。他们需要的是方便，越方便越好，比如能像使用电视机、"傻瓜照相机"那样方便就好了。对用户来说，如果设计的管理信息系统是一个"傻瓜信息系统"，那是很有吸引力的。

（5）准确性。管理信息系统提供的信息必须真实准确，真实性准确是信息的第一原则。不真实准确或不够真实准确的信息会贻误决策，尤其是伪信息，还不如没有信息。

（6）实用性。建立管理信息系统的根本目的是实际使用。水平再"高"的信息系统，缺乏实用性还不如不建。因此实用性是衡量一个信息系统十分重要的指标。对用户来说，没有必要关心其技术的先进性和复杂程度，他们最感兴趣的是实际使用能否产生效益，也就是在日常事务中对决策和管理的支持。

（7）安全可靠性。这也是管理信息系统建立者的一个指标，对用户来说同样重要。

（8）信息量。所谓信息量，是指管理信息系统能提供的信息数量。信息量太少，管理信息系统效率不高，实用性也随之下降。从用户角度考虑应有尽可能多的信息量。

（9）效益性。对用户来说，管理信息系统能产生的经济效益和社会效益越大越好。由于管理信息系统经济效益评价的困难性，也许这个指标很难定量描述，用定性描述也很困难，尤其是社会效益。

（10）服务程度。这里主要是指对各级管理人员和决策者的服务程度。对用户来说，管理信息系统应是他们最好的服务工具；信息系统应积极、主动地做好服务工作。犹如其他服务业一样，信息系统应全心全意地为用户服务。

以上10个指标主要是从用户角度考虑的，指标之间可能存在相关性或重复，但不影响评分。

3．从管理信息系统对外部影响的角度考虑的指标

任何一个管理信息系统的建立必然对外部产生影响，这种影响也是很难进行定量描述的，需要定性打分，是定性问题定量化。共有6个指标。

（1）共享性。共享性即本系统信息的共享程度。管理信息系统之间的共享性是一个重要的指标。目前，我国对这方面的重视不够，重复建造的现象不少。一个缺乏共享性的管理信息系统，其信息主要为本系统服务，自产自销，缺乏市场效果。信息如其他商品一样，必须走向市场，只有放到市场上才能增加其附加值。

（2）引导性。这里讲的引导性是示范引导的意思。某一管理信息系统的建立应对未建系统产生示范引导作用。这从一定意义上来说也具有市场性质。无论是建立经验、开发方法以及具体的技术方案，都应放到市场上去，供大家借鉴、使用。

（3）重要性。重要性是对外部环境而言的。有些信息系统，如气象信息系统对外部环境的影响很大，对农业、交通、航海、人民生活等领域都产生影响；又如人口信息系统，对国民经济、社会发展、治安、交通、供应等产生影响。

（4）效益性。系统对外部社会产生的社会效益和经济效益。

（5）信息量。系统对社会提供的信息量。

（6）服务程度。系统对社会服务的态度和程度。

上述三个角度考虑的指标共有26个，组成指标体系。

10.3 系统运行管理

系统运行管理的目标是使信息系统能够根据企业的需要，提供持续可靠的业务支持和管理决策服务。这个阶段的管理任务主要是：建立系统运行管理机构，制定系统运行管理制度及措施，开展系统日常运行服务及管理，进行系统评价及维护。

10.3.1 系统运行管理制度

系统运行管理制度主要是指一个信息系统研制工作基本完成后的管理工作。运行管理制度主要包括如下几个方面。

1．系统运行管理的组织机构

系统运行管理的组织机构包括各类人员的构成、各自的职责、主要任务以及其内部组织结构。

人员包括：信息主管、机房管理人员、硬件操作人员、软件操作人员、程序员、录入员等。

2. 基础数据的管理制度

基础数据的管理制度包括：对数据收集和统计渠道的管理，计量手段和计量方法的管理，原始数据的管理，系统内部各种运行文件、历史文件（包括数据库文件等）的归档管理等。

3. 信息系统的管理制度

（1）机房管理制度。机房管理制度一般涵盖的内容是：制定保证机房安全、清洁，使计算机能正常运行的各种措施，规定上机操作规程，以及意外事故发生的处理办法等。

（2）系统安全保密制度。企业所有重要信息资源都存储于计算机的外存设备中，因而保证信息资源的安全是信息系统的核心。安全性是指应保护信息系统不受来自系统外部的自然灾害和人为的破坏，防止非法使用者对系统资源，特别是信息的非法使用而采取的安全和保密手段。影响信息系统安全性的因素很多，主要有：自然灾害、偶然事件；软件的非法删改、复制和窃取，使系统的软件遭泄密和破坏；数据的非法篡改、盗用或破坏；硬件故障等。系统安全性保密制度主要有：

①系统的安全性保护措施。为保证系统安全，除加强行政管理外，还须采取下列措施：第一，物理安全控制。物理安全控制是指为保证系统各种设备和环境设施的安全而采取的措施。第二，人员管理控制。主要指用户合法身份的确认和检验。用户合法身份检验是防止有意或无意非法进入系统的最常用的措施。第三，存取控制。存取控制是在共享资源条件下保证信息系统安全性的重要措施。通过用户鉴别，获得计算机使用权的用户，应根据预先定义好的用户权限进行存取，称为存取控制。存取控制的基本方法是对用户授权，通常对网络操作系统、操作系统、数据库等都要设定用户的操作权限。第四，数据加密。

②系统的可靠性保护措施。在系统投入运行后，实用的可靠性措施主要有：第一，设备冗余技术。指在系统中有两套硬件设备，以双工或双机方式工作，用冗余的设备来防止万一发生的硬件故障而影响系统正常运行。双工方式是指一台设备联机运行，另一台同样的设备处于脱机后备状态或处理其他事务。双机方式则是由两台相同的设备并联完成相同的任务，处理相同的信息，然后比较两者的处理结果，只有当处理结果一致时，才可认定处理是正确的。第二，负荷分布技术。负荷分布技术是将信息系统的信息处理、数据存储以及其他信息管理功能分布在多个设备单元上，以防止单一设备的故障致使整个系统瘫痪。第三，系统重新组合技术。重新组合技术是当系统发生故障后，为了使系统部分恢复或完全恢复，自动将故障设备停用，或用备件替换故障设备；并可在恢复的系统上启用数据库的后备数据，根据数据处理过程记录，将数据恢复到故障发生前的状态。

（3）档案管理制度。档案管理制度一般涵盖的内容是：规定文档管理人员的职责，文档保存、借阅、修改的管理细则等。

4. 信息系统的运行及操作规范

信息系统的运行及操作规范是指与系统运行维护工作相关的管理规范和操作人员管理制度。操作人员可以划分为系统操作员和子系统操作员。系统操作员主要职责包括：负责中心机房的管理、系统数据的备份/恢复、共享数据的管理等；子系统操作员负责子系统的管理与操作。操作人员管理制度应规定各子系统终端室（或工作站）的工作环境要求、正常工作职责及处理细则，系统操作员、子系统操作员应每日填写格式规范的工作日志等。

10.3.2 系统日常运行管理

系统日常运行管理的内容主要包括以下几个方面：
（1）系统日常运行环境的管理；
（2）新数据的录入或存储数据的更新；
（3）信息处理和信息服务；
（4）运行与维护；
（5）安全问题；
（6）日常运行情况的记录；
（7）系统运行结果分析。

以上均为系统日常管理的重要内容，其中系统运行结果的分析比较容易被忽视。系统运行结果分析就是要得出某种能反映组织经营生产方面发展趋势的信息，以提高管理部门指导企业经营生产的能力。如系统已设计有市场预测功能，运行此功能即可得到未来市场变化的趋势，那么这个结果是否对实际经营管理具有指导意义呢？我们还必须查证其拟合系数值的情况，如果很大，则可以用；如果不很大，则还必须查证原始数据有无不能反映市场变化规律的值，或是有无输入错误，等等。如果综合分析了上述情况，写出分析报告，则可充分发挥人机结合进行管理的优势。

10.3.3 系统软件及维护文档的管理

1. 软件配置的管理

软件配置是一个系统软件在生存周期内，它的各种形式、各种版本的文档与程序的总称。对软件配置进行科学的管理，是保证软件质量的重要手段。

2. 维护文档的管理

除了开发时期的软件文档外，有几种文档是专供运行和维护时期使用的：维护申请单、软件修改报告、维护记录、维护报告摘要等。

10.4 系统维护

10.4.1 系统维护的含义

系统维护是指在管理信息系统交付使用后，为了改正错误或满足新的需要而修改系统的过程。

管理信息系统是一个复杂的人机系统，系统内外环境，以及各种人为的、机器的因素都不断发生变化。为了使系统能够适应这种变化，充分发挥软件的作用，产生良好的社会效益和经济效益，就要进行系统维护工作。另外，大中型软件产品的开发周期一般为 1～3 年，运行周期则可达 5～10 年，在这么长的时间内，除了要改正软件中残留的错误外，还可能多次更新软件的版本，以适应改善运行环境和加强产品性能等需要，这些活动也属于维护工作的范畴。能不能做好这些工作，将直接影响软件的使用效果和使用寿命。

10.4.2 系统维护的内容和类型

根据维护活动的目的不同，可把维护分成改正性维护、适应性维护、完善性维护和安全性维护四大类。根据维护活动的具体内容不同，可将维护分成程序维护、数据维护、代码维护、设备维护和文档维护五类。下面分别对维护的内容和类型做简要说明。

1. 按维护活动的目的分类

（1）改正性维护。

在上一章中曾经说过，系统测试不可能发现一个大型系统中所有潜藏的错误，所以，在大型软件系统运行期间，用户难免会发现程序中的错误，这就需要对错误进行诊断和改正。

（2）适应性维护。

由于计算机科学技术的迅速发展，新的硬、软件不断推出，使系统的外部环境发生变化。这里的外部环境不仅包括计算机硬件软件的配置，而且包括数据库、数据存储方式在内的"数据环境"。为了适应变化了的系统外部环境，就需要对系统进行相应的修改。

（3）完善性维护。

在系统的使用过程中，由于业务处理方式的改变和人们对管理信息系统功能需求的提高，用户往往会提出增加新功能或者修改已有功能的要求，例如修改输入格式，调整数据结构使操作更简单、界面更漂亮，等等。为了满足这类要求就需要进行完善性维护。

（4）安全性维护。

管理信息系统要收集、保存、加工和利用全局的或局部的社会经济信息，涉及企业、地区、部门乃至全国的财政、金融、市场、生产、技术等方面的数据、图表和资料。随着病毒和计算机罪犯的出现，管理信息系统对安全性和保密性提出了更为严格和复杂的要求。除了建立严格的防病毒和保密制度外，用户往往会提出增加防病毒的功能和保密的新措施，而且随着更多的病毒出现，有必要定期进行防病毒功能的维护和保密措施的维护。

2. 按维护活动的对象分类

（1）程序维护。

程序维护指改写一部分或全部程序。程序维护通常都充分利用原程序。修改后的原程序，必须在程序首部的序言性注释语句中进行说明，指出修改的日期、人员。同时，必须填写程序修改登记表，填写内容包括：所修改程序所属的子系统名、程序名、修改理由、修改内容、修改人、批准人和修改日期等。

程序维护不一定在发现错误或条件发生改变时才进行，效率不高的程序和规模太大的程序也应不断地设法予以改进。一般说来，管理信息系统的主要维护工作是对程序的维护。

（2）数据维护。

数据维护指的是不定期地对数据文件或数据库进行修改，这里不包括主文件或主数据库的定期更新。数据维护的内容主要是对文件或数据中的记录进行增加、修改和删除等操作，通常采用专用的程序模块。

（3）代码维护。

随着用户环境的变化，原有的代码已经不能继续适应新的要求，这时就必须对代码进行变更。代码的变更（即维护）包括订正、新设计、添加和删除等内容。当有必要变更代码时，应由现场业务经办人和计算机有关人员组成专门的小组进行讨论决定，用书面格式写清并事先组织有关使用者学习，然后输入计算机并开始实施性的代码体系。代码维护过程中的关键是如何使新的代码得到贯彻。

（4）设备维护。

管理信息系统正常运行的基本条件之一就是保持计算机及外部设备的良好运行状态。因此，计算机室应建立相应的规章制度，有关人员要定期地对设备进行检查、保养和杀病毒工作，并设立专门设备故障登记表和检修登记表，以便设备维护工作的进行。

（5）文档维护。根据应用系统、数据、代码及其他维护的变化，对相应文档进行修改，并对所进行的维护进行记载。

综上所述，系统维护应包括对系统的改正、改变和改进这三个方面，而不仅仅局限于改正错误。

10.4.3 系统维护方法

系统的可维护性对于延长系统的生存期具有决定的意义，因此必须考虑如何才能提高系统的可维护性，为此，需从下面五个方面入手。

（1）建立明确的软件质量目标和优先级。一个可维护的程序应是可理解的、可靠的、可测试的、可修改的、可移植的、高效率的、可使用的。要实现这所有的目标，需要付出很大的代价。对管理信息系统，我们更强调可使用性、可靠性和可修改性等目标，同时规定其优先级。这样有助于提高软件的质量，并对软件生存期的费用产生很大的影响。

（2）使用提高软件质量的技术和工具。模块化是系统开发过程中提高软件质量、降低成本的有效方法之一，也是提高可维护性的有效技术。它的优点是如果需要改变某个模块的功能，只要改变这个模块，而对其他模块影响很小；如果需要增加某些功能，仅增加完成这些功能的新的模块或模块层；同时程序错误也容易定位和纠正。结构化程序设计则把模块化又向前推进了一步，不仅使得模块结构标准化，而且将模块间的相互作用也标准化了，采用结构化程序设计可以获得良好的程序结构，提高现有系统的可维护性。

（3）进行明确的质量保证审查。质量保证审查对于获得和维持系统各阶段的质量，是一项很有用的技术。审查还可以检测系统在开发和维护阶段内发生的质量变化，可对发生的问题及时采取措施加以纠正，以控制不断增长的维护成本，延长系统的有效生命期。

（4）选择可维护的程序设计语言。程序是维护的对象，要做到程序代码本身正确无误，同时要充分重视代码和文档资料的易读性和易理解性。因此，要注意编码规则、编码风格，尽量采用结构化程序设计和通用性高的程序设计语言，把与机器和系统相关的部分减少到最低限度。

（5）改进系统的文档。系统文档是对程序总目标、程序各组成部分之间的关系、程序设计策略、程序实现过程的历史数据等的说明和补充。因此，在开发过程中各阶段产生的文档资料要尽可能采用形式描述语言和自动的文件编辑功能。文档是系统维护工作的依据，文档的质量对系统维护有着直接的影响。一个好的文档资料应能正确地描述程序的规格，并且描述的内容局部化，且易读、易理解。

完成各项系统维护工作后，应及时提交系统维护报告，就所做的系统维护的具体内容进行总结，加入到系统维护的有关文档中。

【本章小结】

系统评价是测量系统达到或完成系统目标的能力，评价的最终目标是为了决策。系统评价的内容包括经济、技术和管理三个方面。

系统运行管理的目标是使信息系统能够根据企业的需要，提供持续可靠的业务支持和管理决策服务。这个阶段的管理任务主要是：建立系统运行管理机构，制定系统运行管理制度及措施，开展系统日常运行服务及管理，进行系统评价及维护。

系统维护的目的是保证管理信息系统正常而可靠地运行，并能使系统在运行中不断得到改善和提高，以适应环境的变化，充分发挥作用。系统维护的对象是：应用系统、数据、代码、文档及硬件设备。系统维护可划分为改正性维护、适应性维护、完善性维护、安全性维护四种类型。

【复习思考题】

1. 系统维护主要包括哪些方面？
2. 系统维护的对象有哪些？
3. 系统评价的目的是什么？系统评价有什么指标？
4. 可从哪几个方面来评价系统的技术性能？
5. 系统日常运行管理主要包含哪几个方面的内容？

第 11 章　管理信息系统开发案例

——××金属制品公司库存管理信息系统的分析与设计

11.1　问题的提出

1．开发背景

××金属制品公司的产品主要为高档厨具类金属加工配件，主要面向国外客户订单。产品多数为不规则金属加工物件，对加工的技术实力要求高；同时订单呈现出"多品种、小批量"的特点。由于综合技术过硬、管理良好，企业呈现稳步发展的良好局面。随着企业的发展和生产规模的扩大，企业生产任务日益繁重，从而对库存管理的要求也更加严格。在传统的手工管理时期，一种物品由进货到发货，要经过若干环节，且由于物品的规格型号繁多，加之业务人员素质较低等，造成物品供应效率低下，严重影响了企业的正常生产。同时，由于库房与管理部门之间的信息交流困难，造成库存严重积压，极大地影响了企业的资金周转速度，另外也使得物资管理、数据汇总成为一大难题。

面临越来越大的竞争压力，企业要想生存，就必须在各个方面加强管理，并要求企业有更高的信息化集成，能够对企业的整体资源进行集成管理。现代企业都意识到，企业的竞争是综合实力的竞争，要求企业有更强的资金实力、更快的市场响应速度。这就需要企业各部门之间统一计划，协调生产的各环节，汇总信息，调配集团内部资源，实现既要独立又要统一的资源共享管理。随着信息技术的发展，该公司为了提高库存周转率，加快资金周转，决定开发"库存管理信息系统"。

2．系统开发目标

在充分利用现有设备和优化库存管理业务的基础上，开发一个高效、准确、操作方便，具有专业的查询、更新及统计功能的库存管理信息系统，以满足工作人员进行综合、模糊查询及更新的要求，从而更加方便地管理库存物品。该系统的开发与建立会极大地提高管理人员、工作人员的工作效率。

11.2　业务流程调查

需求调查是信息系统分析与设计的基础。要开发并实施一个完整的信息系统，必须首先了解用户的需求，并形成系统需求说明书，在此基础上才能进行系统分析、系统设计和程序编码等工作。该公司在需求调查过程中发放了 8 种不同种类的调查表，要求相关人员对其进行逐条逐项填写，对其现行系统的业务流程进行了详细的调查。

11.2.1　现行系统业务流程

通过大量的调查，得知该公司现行的业务流程如下：各车间向商品供应部门提出对某种商品的需求计划，仓库将相应的商品发放给各车间，一般要经过计划、库房管理等流程。具体如图 11-1 所示。

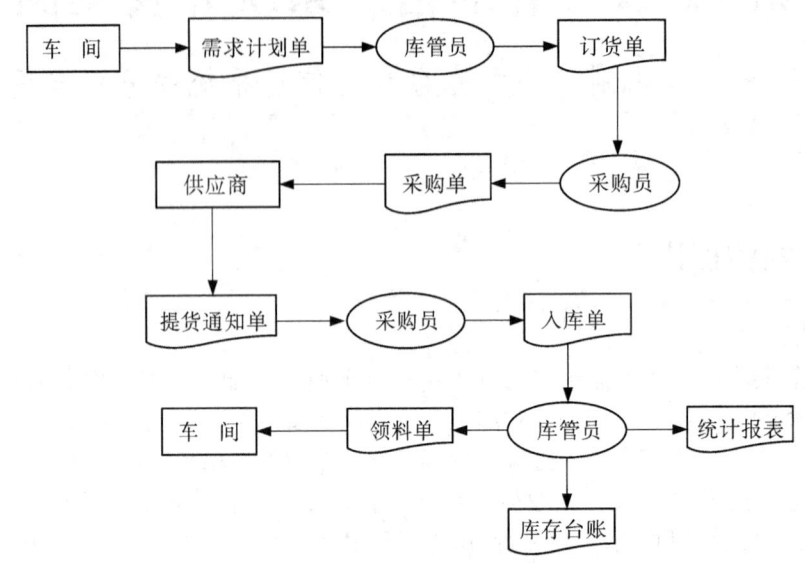

图 11-1　库存管理业务流程图

11.2.2　现行系统存在的问题

库存管理是企业管理的重要组成部分。在企业生产经营活动中，库存管理必须既保证满足生产车间对原材料、零部件的需求，又能指导采购、销售部门的购销活动。为盘活企业流动资金、加快资金周转，在保障供给的前提下，企业需要最大限度地降低商品的库存量、节省企业流动资金的占用，因此库存管理直接影响着企业的经营效益。根据对该公司的库存管理情况所做的调查和参考有关资料，发现目前该公司在库存管理方面存在着如下问题：

1. 不能及时获得库存信息

在企业运作过程中，管理人员必须获知各种商品当前的库存量，在库存数量小于商品的最低库存量的时候，向供应商进行订货；在库存数量大于商品的最高库存量的时候，即商品积压的时候，应该停止商品的进货活动。但在实际操作中，由于采用的是手工管理，账目繁多，加之各个仓库之间距离较远，库管员、计划员和有关领导相互之间的信息交流不畅，使得物资供应效率低下，影响生产。并且，由于商品的种类多、数量大，需要进行仔细核算，这不仅费时，而且易出错，从而影响企业快速有效地运转。

2. 库存信息不够准确

仓库管理员根据各种入库单、需求计划单和领料单进行商品的入库、出库操作后，要随时修改商品的库存信息和出库、入库信息，以便反映库存状况。工作中的主要问题是：由于商品种类多、数量大、出库入库操作频繁等原因，造成库存记录和实际库存量通常达不到严格一致，因而需要通过盘点来纠正差错，这既耽误时间，又增加了工作量。

3. 无法及时了解车间对库存商品的需求情况

在需求计划单下达后，由于库存商品与车间的关系复杂，根据送料员的个人经验给各车间分配车间所需商品时，常缺少入库、出库信息和相关信息，经常出现车间缺少该商品的时候才知道该商品需要情况，此时如果库存量不足，将会导致车间的停产。无法及时了解车间对库存商品的需求情况会使企业的生产和销售环节脱节，使企业无法正常运作。

同时，每月的月末报表编制会耗费大量的人力，且由于手工处理容易造成失误，从而影响数据的效率和准确率，造成不必要的损失。

市场需求日益多样化和个性化，产品更新换代的周期越来越短。因此，该公司必须建立相应的库存管理信息系统，使其能根据市场情况和生产需要，及时合理地采购所需商品，同时又能科学地对商品进行管理，统筹安排人力、物力、财力，有效地改善当前管理的混乱状况。

11.2.3 库存管理信息系统的特点

现行库存管理由于存在以上问题而难以适应现代库存管理的要求，新开发的企业库存管理信息系统应具有以下特点：

1．科学的库存管理流程

存货的种类不同，所涉及的业务环节及它们所组成的业务流程也各有差异。一般而言，库存业务包括入库处理、货物保管和出库处理三个主要部分。通畅的业务流程是保障高效库存管理的基础，因此库存管理流程应具备优化、无冗余、并行作业的基本属性。企业库存管理信息系统应对企业的业务流程进行流程再造，使其更加通畅，提高企业在同行业中的竞争力。

2．商品代码化管理

设计出一个好的商品代码方案对于系统的开发工作是一件极为有利的事情。代码设计得好，可以使计算机信息处理变得方便，还可以把一些现阶段计算机很难处理的工作变得简单。

由于库存商品种类繁多，在库存管理过程中极易发生混乱的问题。IT技术与层次编码技术的结合为商品的高效管理提供了可能。这种编码技术对所有库存商品按照层次和类别赋予唯一的编码。编码是区分不同商品的最主要的标准，具有易读和易记的特点，使得管理者只需知道商品的编码，就可以了解该商品的有关信息，以便在每日的繁杂管理中，保持规范、有序的状态。

3．库存异常报警

当库存数量小于商品的最低库存量的时候，系统发出警报，提醒管理人员应该向供应商订货；在库存数量大于商品的最高库存量，即商品积压的时候，系统也会发出警报，提醒管理人员应该停止商品的进货活动。也就是说，企业库存管理信息系统既能防止商品供应滞后于车间对它们的需求，也能防止商品过早地生产和进货，以免增加库存。这对企业的生产将起到保障作用，同时可以节省企业的流动资金。

11.3 系统分析

系统分析的任务是在全面调查的基础上，通过对现行管理业务的分析，提出系统的目标要求和功能分析的总体逻辑模型。目标要求和功能分析的总逻辑模型一般用数据流程图和数据字典来描述。

11.3.1 数据流程图

根据系统调查阶段的数据资料，并依据用户的要求，确定该公司库存管理信息系统的基本功能和工作过程如下：

首先车间科室提出需求计划，库房管理员根据库存情况，决定是否需购货，如不需购货则通知车间前来取货，否则库房管理员通知采购员购货，当货物到达后进行入库处理并通知车间科室前来取货。

根据相应的功能要求，可绘制库存管理信息系统的数据流程图，如图 11-2 所示。

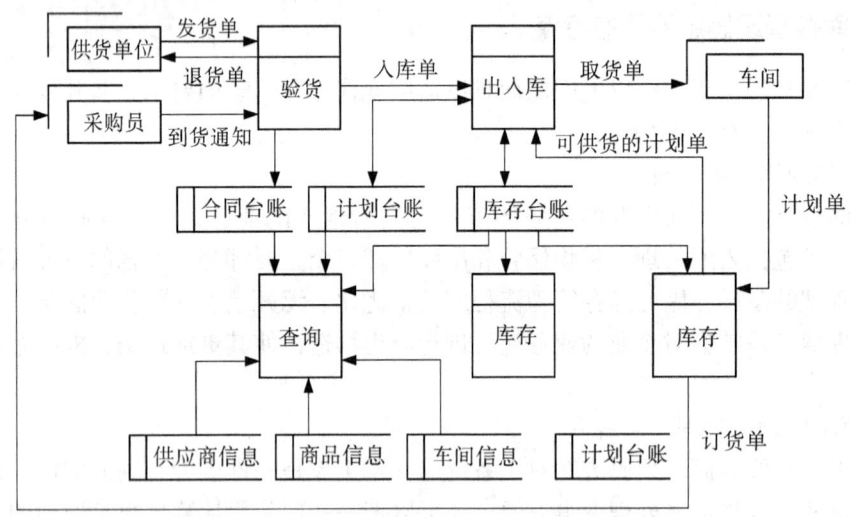

图 11-2 库存管理信息系统数据流程图

11.3.2 数据字典

数据字典是对描述数据流程图中的数据项、数据流、数据存储、加工处理逻辑等组成部分的具体详细定义，以下是本系统的部分数据字典（为节约篇幅，未列出全部数据字典）。

1. 数据项的定义

数据项编号：1-01
数据项名称：商品编号
别　　　名：无
简　　　述：某种商品的编号
类　　　型：字符型
长　　　度：8 字节
取 值 范 围：数字 + 英文字母

数据项编号：1-02
数据项名称：单价

别　　　　名：购入单价
简　　　　述：某种商品的购入单价
类　　　　型：数值型
长　　　　度：共 10 位，小数位 2 位
取 值 范 围：0.00 ~ 9999999.99

数据项编号：1-03
数据项名称：库存数量
别　　　　名：实际库存数量
简　　　　述：某种商品的库存数量
类　　　　型：数值型
长　　　　度：5 位整数
取 值 范 围：0 ~ 99999

2. 数据流的定义

数据流名称：入库单
编　　　　号：F1
简　　　　述：采购人员填写的商品入库单
数据流来源：采购人员
数据流去向：登记库存台账
数据流组成：日期 + 入库单编号 + 商品编号 + 购入数量
流　通　量：25 份/天
高峰流通量：50 份/天

数据流名称：发货单
编　　　　号：F2
简　　　　述：供应商填写的商品发货单
数据流来源：供应商
数据流去向：登记合同台账
数据流组成：日期 + 发货单编号 + 供应商编号 + 商品编号 + 发货数量
流　通　量：25 份/天
高峰流通量：50 份/天

数据流名称：取货单
编　　　　号：F3
简　　　　述：库管员填写的要求车间取货单
数据流来源：库管员
数据流去向：车间
数据流组成：日期 + 车间编号 + 商品编号 + 数量
流　通　量：25 份/天
高峰流通量：50 份/天

3. 数据存储的定义

数据存储的名称：库存台账
数据存储编号：D1
简　　　述：记录商品的编号、名称、单价与库存数量等信息
数据存储组成：商品编号 + 购入单价 + 库存数量
关　键　字：商品编号

数据存储的名称：合同台账
数据存储编号：D2
简　　　述：记录合同的编号、供应商编号、货物编号、单价与购入数量等信息
数据存储组成：合同编号 + 供应商编号 + 商品编号 + 单价 + 购入数量 + 日期 + 合同状态
关　键　字：合同编号

数据存储的名称：计划台账
数据存储编号：D3
简　　　述：记录计划的编号、车间编号、商品编号、数量等信息
数据存储组成：计划编号 + 供应商编号 + 商品编号 + 数量 + 日期 + 计划状态
关　键　字：计划编号

数据存储的名称：供应商信息
数据存储编号：D4
简　　　述：记录供应商的编号，名称，地址，电话，传真，银行账号
数据存储组成：供应商编号 + 名称 + 地址 + 电话 + 传真 + 银行账号
关　键　字：供应商编号

数据存储的名称：商品信息
数据存储编号：D5
简　　　述：记录库存商品的编号，类别，名称，规格，单价，单位，存放位置，用途
数据存储组成：商品编号 + 名称 + 类别 + 规格 + 单价 + 单位 + 存放位置 + 用途
关　键　字：商品编号

数据存储的名称：车间信息
数据存储编号：D6
简　　　述：记录车间的编号，名称，联系人，电话
数据存储组成：车间编号 + 名称 + 联系人 + 电话
关　键　字：车间编号

数据存储的名称：用户信息
数据存储编号：D7
简　　　述：记录用户名称、密码和权限
数据存储组成：用户名 + 密码 + 权限
关　键　字：用户名

4. 处理逻辑的定义

处理名：库存检查

编　号：P1

输　入：数据流 F5

输　出：数据流 F6

描　述：当车间将计划单发给库管员后，库管员要将计划单与库存台账进行比较，看是否需要订货。

处理名：验货处理

编　号：P2

输　入：数据流 F2，数据流 F5

输　出：数据流 F1，数据流 F4

描　述：采购员要检验货物的质量。

处理名：出入库检查

编　号：P3

输　入：数据流 F1

输　出：数据流 F3

描　述：当验货处理后，库管员将货物入库，并发取货单到订货单位。

11.4　系统设计

11.4.1　系统功能结构设计

库存管理信息系统的目标是保障企业生产所需的所有商品供给，并通过有效的管理，提高库存周转率，降低资金占用。我们根据系统分析结果，得出本系统的功能结构图如图 11-3 所示。

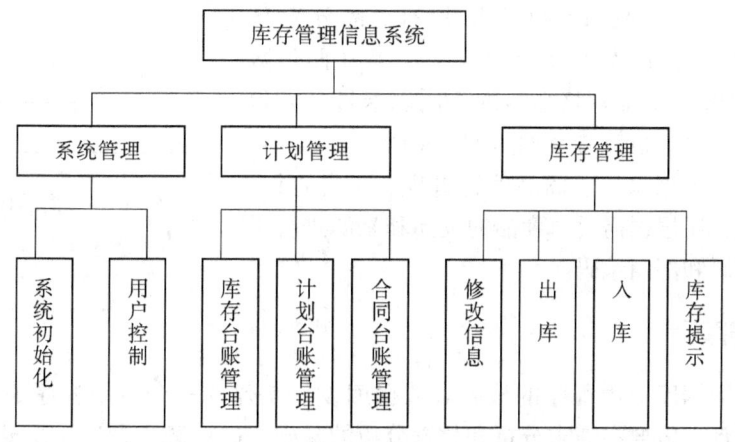

图 11-3　库存管理信息系统功能结构图

计划管理的主要功能是根据各生产部门上报的生产、维修及工程用料计划与已有的采购合同计划和库存情况等信息建立数据库，并及时根据生产计划的变更，修改商品供应计划，生成商品采购清单。

库存管理模块中的各子模块都由数据录入、修改、删除、查询等模块构成。其中数据录入模块包括对商品库存文件的数据录入、商品购入文件的数据录入、商品出库文件的录入；数据修改是对上述三种文件中的数据进行修改；数据删除与数据修改基本上是一样的，只不过这里是将记录从相应的数据库文件中删除掉。

11.4.2 系统配置方案

该公司的信息化战略规划中，最终目标是建立企业综合管理信息系统，该系统将包含6个子系统，分别是：①工艺及技术文件管理系统；②工艺装备管理系统；③人力资源管理系统；④库存管理信息系统；⑤固定资产管理系统；⑥客户管理系统。库存管理信息系统只是其中一个子系统。

为了兼顾企业综合管理信息系统的需要，根据计算机硬件、软件的性能价格比和本系统的实际情况，综合考虑成熟度、易用性以及企业技术基础等多方面的因素，选择了Microsoft公司的Visual Studio 2005开发平台，选用其支持的C#语言作为开发工具，并选择SQL Server 2005作为数据库管理系统（DBMS）。其中，C#支持快速开发，支持面向对象和面向组件的开发；而由Microsoft公司2006年推出的数据管理与分析软件SQL Server 2005，通过全面的功能集和现有系统的集成性，以及对日常任务的自动化管理能力，为不同规模的企业提供完整的数据解决方案，是一套稳定性强且数据管理直观、简单、方便的数据库管理软件。

本系统采用C/S模式即客户端/服务器（client/server）的局域网体系结构。该结构功能分布合理，负荷均衡；系统开放性好，容易扩充或改变以实现系统优化；系统资源可重用性好，维护工作量少，成本低。

11.4.3 代码设计

为了和工作人员以往的商品管理方式一致，商品信息编码以数字表示。根据行业标准，所有商品分为19大类（两位数字），每大类又分为若干小类（两位数字），在小类中根据商品规格型号的不同以卡号（四位数字）再进行区分。设计方案如图11-4所示。

此外为了使数据录入、商品信息管理、信息查询、统计方便快速，还根据需要对商品的去向和来源进行了统计用信息编码和部门编码。

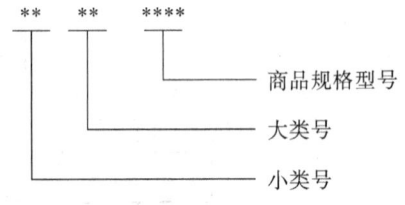

图11-4 商品代码设计方案

11.4.4 数据库设计

数据库是数据库应用程序的核心。数据库设计是建立一个应用程序最重要的步骤之一。数据库设计一般要在需求分析和数据分析的基础上进行概念设计、逻辑设计和物理设计。

1. 概念设计

经过对该公司的调查得知系统中的实体类型有：供应商、商品、领用单位等，这些实体之间的相互关系有：

供应商与商品之间存在"供应"联系，是多对多的。

商品与领用单位之间存在"出库"联系，是多对多的。

每个实体的属性分别是：

供应商：供应商编号，名称，地址，电话，传真，银行账号

商　品：商品编号，名称，类别，规格，单价，单位，库存量，存放位置，用途

车　间：车间编号，名称，联系人，电话

根据以上分析画出的库存管理信息系统 E-R 图，如图 11－5 所示。

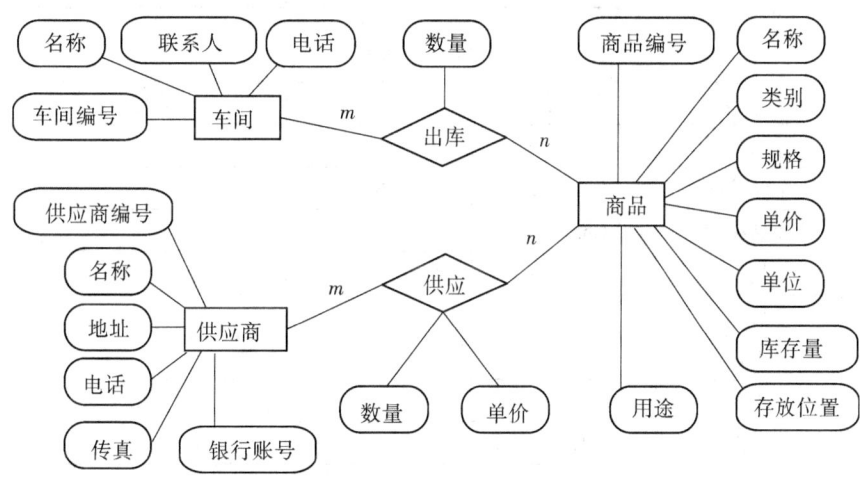

图 11－5　库存管理信息系统 E-R 图

2. 逻辑设计

逻辑设计的任务是根据 DBMS 的特征把概念结构转换为相应的逻辑结构。概念设计所得到的 E-R 模型，是独立于 DBMS 的，这里的转换就是把表示概念结构的 E-R 图转换成关系模型的逻辑结构。将图 11－5 转换为规范的关系模式为：

供应商（供应商编号，名称，地址，电话，传真，银行账号）

商品（商品编号，名称，类别，规格，单价，单位，库存量，存放位置，用途）

供应（供应商编号，商品编号，数量，单价）

车间（车间编号，名称，联系人，电话）

出库（商品编号，车间编号，数量）

3. 物理设计

物理设计的目的是根据具体 DBMS 的特征，确定数据库的物理结构（存储结构）。关系数据库的物理设计任务包括两个方面，一是确定所有数据库文件的名称及其所含字段的名称、类型和宽度；二是确定各数据库文件需要建立的索引，在什么字段上建立索引等。各表结构如表 11－1～表 11－7 所示。

表 11-1　合同台账

字段名	字段类型	字段宽度	说明
合同编号	Character	8	
供应商编号	Character	8	
商品编号	Character	8	
单价	Numeric	10.2	
数量	Numeric	5	
日期	Date	8	
合同状态	Logic	1	
备注	Demo		合同未执行的原因

表 11-2　计划台账

字段名	字段类型	字段宽度	说明
计划编号	Character	8	
车间编号	Character	8	
商品编号	Character	8	
数量	Numeric	5	
日期	Date	8	
是否定货	Logic	1	
是否到货	Logic	1	
是否取货	Logic	1	

表 11-3　商品信息

字段名	字段类型	字段宽度	说明
商品编号	Character	8	
名称	Character	20	
类别	Character	8	
规格	Character	8	
单价	Numeric	10.2	
单位	Character	8	
存放位置	Character	50	
用途	Demo		

表 11-4　库存台账

字段名	字段类型	字段宽度	说明
商品编号	Character	8	
购入单价	Numeric	10.2	
库存数量	Numeric	5	库存数量

表 11-5 供应商信息

字段名	字段类型	字段宽度	说明
供应商编号	Character	8	
名称	Character	40	
地址	Character	50	
电话	Character	20	
传真	Character	20	
银行账号	Character	20	

表 11-6 车间信息

字段名	字段类型	字段宽度	说明
车间编号	Character	8	
名称	Character	20	
联系人	Character	10	车间的联系人
电话	Character	20	联系人的电话

表 11-7 用户信息

字段名	字段类型	字段宽度	说明
用户名	Character	20	用户登录时的名称
密码	Character	20	用户登录时的密码
权限	Character	8	用户的权限

11.4.5 系统处理流程设计

该公司的库存管理信息系统包括计划管理、库房管理等子系统,系统运行流程图如图 11-6 所示。

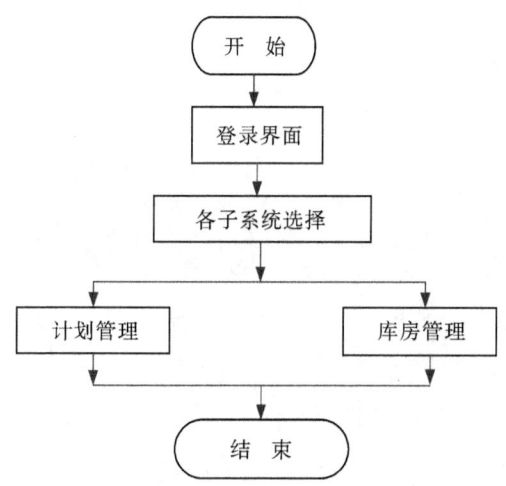

图 11-6 库存管理信息系统流程图

11.5 系统实施

以上完成的是××金属制品公司库存管理信息系统的系统分析和系统设计工作。接着还要进行系统实施,即根据系统设计的工作成果(各类图表和文档),进行系统运行环境的建立,建立数据库系统,编写计算机程序,进行程序调试、系统分调、总调,并进行人员培训和新旧系统的切换。最后需要进行系统评价,提交系统评价文档和系统操作手册等文档。详情从略。

【本章小结】

本章介绍了一个管理信息系统开发案例——某金属制品公司库存管理信息系统的分析与设计,具体介绍了其开发背景、开发目标、系统需求调查、系统分析、系统功能结构设计、系统配置方案、代码设计、数据库设计、系统处理流程设计,并简要说明了系统实施的内容。

【复习思考题】

以某企业或社会组织为对象,了解其管理业务流程和管理信息化需求,在此基础上:
(1) 为该企业或社会组织进行管理信息化战略规划;
(2) 对其信息系统进行系统分析和系统设计。

第四篇

管理信息系统的发展

第 12 章　管理信息系统的发展

12.1　管理信息系统发展动因

12.1.1　传统管理信息系统的不足

传统管理信息系统主要有以下不足：

1. 信息内容和形式过于单一

由于传统管理信息系统是按单项业务系统开发的，并且不同系统的开发方式以及对于开发规范的遵从程度都有所不同，使得系统间存在很强的封闭性，不易与其他系统交换信息，而且一个系统仅涉及本业务的信息，其作用始终没有突破事务处理的范围。系统大多以单纯的字符和数字形式表示信息，格式单调，一方面，使用者要通过多个界面、不同的管理信息系统才能获得相对完整的信息；另一方面，使用者不得不严格依照既定格式获取信息。这与互联网流行的界面单一、操作方便、形式多样而内容丰富的信息获取技术是格格不入的。

2. 信息的流向基本是由下向上单向流动

传统管理信息系统下层只为上层提供信息，而很少能够得到来自上层的信息以及综合信息，一方面限制了企业上层通过管理信息系统发布信息、履行管理或指挥职能的活动；另一方面挫伤了下层使用信息系统的积极性，这对信息系统的长期发展是极为不利的。

3. 传统管理信息系统多为模拟手工系统的数据处理流程

在信息系统建立过程中，无论怎样强调合理改造传统手工系统，实际上所有的管理信息系统都在不同程度上模拟手工系统的数据处理流程，从信息系统的梯级流动关系上就可以看出这一点。信息应用的目的就是要彻底改革传统信息的处理和传递方式，从而改组企业的管理组织结构，而传统管理信息系统很难做到这一点。

4. 信息系统应用缺乏弹性

传统管理信息系统只能按开发时确定的思路和流程处理信息，极端缺乏弹性，严重限制了信息资源开发的深度和利用的广度，也让使用者深感不便。随着信息化程度的加深，很多企业将一些有规律的日常办公流程电子化到信息系统中，这些流程一般采取"最佳实践"的形式。但用静态的计算机系统描述动态的商务环境的流程，往往使业务处理不太灵活。随着商务环境非连续、跳跃式变化，此时信息系统往往成为组织进化的障碍。因此，必须考虑设计能适应商务环境动态变化的信息系统。例如动态定价系统、比较购物代理就考虑了市场数据的动态发展和变化；但这样的系统仍需要按结构化方式具体表示市场数据。

不论是外购还是自行开发信息系统，都要有效协调现有技术和新技术，跟上商务环境的快速变化和发展。麦肯锡的观点是：企业信息系统必须从支持事务处理、集成商务逻辑和工作流，向支持员工通信和在线学习的系统转移。这种柔性技术和系统才能支持实践社区由组织雇员和外界专家组成的非结构化或半结构化的网络。

12.1.2 管理思想的发展

随着以消费者为导向的市场机制的形成，企业间的竞争日益激烈。质量、速度、成本和特色，已成为企业存亡的关键因素。这就诞生了许多新的管理思想，全面质量管理（TQM）、计算机集成制造（CIM）、精益生产（LP）、敏捷制造（AM）、大规模定制生产（MC）、供应链管理（SCM）、客户关系管理（CRM）、工业4.0（第四次工业革命）、知识管理（KM）、电子商务等应运而生。下面对部分概念做一简单的介绍。

1. 精益生产

精益生产（lean production，LP）又称精良生产，其中"精"表示精良、精确、精美；"益"表示利益、效益等。精益生产是通过系统结构、人员组织、运行方式和市场供求等方面的变革，使生产系统能很快适应用户需求的不断变化，并能使生产过程中一切无用、多余的东西被精简，最终达到包括市场供销在内的生产各方面的最优。精益生产就是及时制造，消灭故障，消除一切浪费，向零缺陷、零库存进军。核心内容就是在企业内部减少资源浪费，以最小的投入获得最大的产出；最终目标就是要以具有最优质量和最低成本的产品，对市场需求做出最迅速的响应。

2. 敏捷制造

敏捷制造（agile manufacturing，AM）是在具有创新精神的组织和管理结构、先进制造技术（以信息技术和柔性智能技术为主导）、有技术有知识的管理人员三大类资源支柱支撑下得以实施的，也就是将柔性生产技术、有技术有知识的劳动力与能够促进企业内部和企业之间合作的灵活管理集中在一起，通过所建立的共同基础结构，对迅速改变的市场需求和市场进度做出快速响应。敏捷制造有5个特点：①从产品开发到产品生产周期的全过程满足要求；②采用多变的动态组织结构——虚拟公司；③战略着眼点在于长期获取经济效益；④建立新型的标准基础结构，实现技术、管理和人的集成；⑤最大限度地调动、发挥人的作用。

3. 大规模定制生产

大规模定制生产（mass customization，MC）是一种集企业、客户、供应商、员工和环境于一体，在系统思想指导下，用整体优化的观点，充分利用企业已有的各种资源，在标准技术、现代设计方法、信息技术和先进制造技术的支持下，根据客户的个性化需求，以大批量生产的低成本、高质量和效率提供定制产品和服务的生产方式。大规模定制的基本思想在于通过产品结构和制造流程的重构，运用现代化的信息技术、新材料技术、柔性制造技术等一系列高新技术，把产品的定制生产问题全部或者部分转化为批量生产，以大规模生产的成本和速度，为单个客户或小批量多品种市场定制任意数量的产品。

4. 供应链管理

统计数据表明，企业供应链可以耗费企业高达25%的运营成本。供应链管理（supply chain management，SCM）就是对企业供应链的管理，是对供应、需求、原材料采购、市场、生产、库存、订单、分销发货等的管理，包括从生产到发货、从供应商到顾客的每一个环节。SCM 把公司的制造过程、库存系统和供应商产生的数据合并在一起，从整体的视角展示产品建造过程的各种影响因素。SCM 能增加预测的准确性；减少库存，提高发货供货能力；减少工作流程周期，提高生产率；降低供应链成本，减少总体采购成本；缩短生产周期，加快市场响应速度。

5. 工业 4.0

"工业 4.0" 概念包含了由集中式控制向分散式增强型控制的基本模式转变，目标是建立一个高度灵活的个性化和数字化的产品与服务的生产模式。在这种模式中，传统的行业界限将消失，并会产生各种新的活动领域和合作形式。创造新价值的过程正在发生改变，产业链分工将被重组。

德国学术界和产业界认为，"工业 4.0" 概念即是以智能制造为主导的第四次工业革命或革命性的生产方法。该战略旨在通过充分利用信息通信技术和网络空间虚拟系统——信息物理系统（cyber-physical system）相结合的手段，将制造业向智能化转型。"工业 4.0" 主要分为三大主题：一是"智能工厂"，重点研究智能化生产系统及过程，以及网络化分布式生产设施的实现。二是"智能生产"，主要涉及整个企业的生产物流管理、人机互动以及 3D 技术在工业生产过程中的应用等。该计划将特别注重吸引中小企业参与，力图使中小企业成为新一代智能化生产技术的使用者和受益者，同时也成为先进工业生产技术的创造者和供应者。三是"智能物流"，主要通过互联网、物联网，整合物流资源，充分发挥现有物流资源供应方的效率，而需求方，则能够快速获得服务匹配，得到物流支持。

6. 知识管理

由于经济发展的需要和管理实践的发展，知识管理（knowledge management，KM）开始从信息管理孵化出来，甚至正在逐步形成一个新的管理领域。知识管理有三项基本内容：其一是对知识客体的管理；其二是对知识主体即知识的生产者和持有者——人的管理；其三是对知识环境即知识的交流和使用场所——企业组织的管理。知识管理将信息与信息、信息与活动、信息与人、信息与组织联结起来，实现知识（包括显性的和隐性的知识）共享，运用集体的智慧和创新能力，以赢得竞争优势。从信息管理到知识管理的转化，是管理理论与实践中"以人为本"的管理主线的进一步体现。知识管理把存在于企业中的人力资源的不同方面和信息技术、市场分析乃至企业的经营战略等协调统一起来，共同为企业的发展服务。

这些管理思想的实现需要有网络和计算机作为其运行的支撑体系，需要以公共数据库为基础的集成环境，即需要支持它们运作的信息体系。另外，任何一个管理信息系统都蕴含着管理体制和管理模式。由于管理信息系统中信息收集、传递、加工和信息输出方式都与管理方法、管理体制密切相关，因此，任何一种管理信息系统都是其具体管理思想的缩影。

12.1.3 信息技术的发展

随着数据仓库技术、多媒体数据库技术，以及各种计算机软、硬件技术的发展，管理信息系统的结构体系发生着变化。

（1）主机/终端模式，这是实现信息共享的最初模式。

(2) 客户机/服务器（C/S）模式，这是 20 世纪 90 年代兴起的一种全新的计算模式。它一方面利用了服务器的共享资源，另一方面也可以充分利用客户机的本地资源，可以支持大规模应用。

(3) Web/三层体系（B/S）模式，这种模式的特点是所有应用服务都有专门的应用服务器处理，它一方面减轻了数据服务器的处理负担，另一方面可以利用服务器群集技术，支持大规模用户的应用。

另外，通信技术、人工智能等技术的发展也对管理信息系统带来了巨大的影响。

在这里有必要重点介绍一下最近几年发展迅速、将对管理信息系统产生重大影响的云计算技术。云计算（cloud computing）是基于互联网的相关服务的增加、使用和交付模式。这种模式提供可用的、便捷的、按需的网络访问，进入可配置的计算资源共享池（资源包括网络、服务器、存储、应用软件、服务），这些资源能够被快速提供，只需投入很少的管理工作，或与服务供应商进行很少的交互。云计算有以下特点：

(1) 超大规模。云计算甚至可以让用户体验每秒 10 万亿次的运算能力。

(2) 虚拟化。云计算支持用户在任意位置、使用各种终端获取应用服务。

(3) 高可靠性。"云"使用了数据多副本容错、计算节点同构可互换等措施来保障服务的高可靠性，使用云计算比使用本地计算机可靠。

(4) 通用性。云计算不针对特定的应用，在"云"的支撑下可以构造出千变万化的应用，同一个"云"可以同时支撑不同的应用程序运行。

(5) 高可扩展性。"云"的规模可以动态伸缩，满足应用和用户规模增长的需要。

(6) 按需服务。"云"是一个庞大的资源池，可按需购买；云可以像自来水、电、煤气那样计费。

云计算技术有可能对管理信息系统产生以下影响：

(1) 云计算环境下，信息系统技术和架构将发生显著变化。首先，所开发的信息系统必须与云相适应，能够与以虚拟化为核心的云平台有机结合，适应运算能力、存储能力的动态变化；二是信息系统要能够满足大量用户的使用，包括数据存储结构、处理能力；三是信息系统要互联网化，基于互联网提供信息系统的各种功能和服务；四是信息系统安全性要求更高，可以抗攻击，并能保护私有信息；五是信息系统可工作于移动终端、手机、网络计算机等各种环境。

(2) 云计算环境下，信息系统开发的环境、工作模式也将发生变化。基于云平台的开发工具、开发环境、开发平台将为敏捷开发、项目组内协同、异地开发等带来便利。系统开发项目组内可以利用云平台，实现在线开发，并通过云实现知识积累、软件复用。

(3) 云计算环境下，信息系统的最终表现形式更为丰富多样。在云平台上，信息系统可以是一种服务，类似于 SaaS（Software-as-a-service，软件即服务）；也可以是一个 Web Services；甚至可能是可以在线下载的应用 APP。

12.1.4 企业经营理念和经营环境的变化

1. 企业盈利模式的变化

企业的盈利模式经历了追求规模经济、范围经济，到追求集聚经济三个阶段。

规模经济（scale economy）在产业经济学中又叫规模利益。规模利益是指伴随着企业生产能力的扩大而出现的生产批量的扩大,以及由此带来的单位制成品生产成本的下降和企业盈利上升的收益递增现象。

范围经济(scope economy)是建立在多元化经营基础之上的、与多元化经营相联系的概念。范围经济通俗的解释是指由企业的生产经营范围而非经营规模带来的经济,只要把两种或更多的产品合并在一起生产比分开来生产成本要低,就会存在范围经济。在相同的投入下,由一个企业生产多种关联产品,比多个企业分别生产其中一种产品,总产出水平要高,或者说单位产品的长期平均成本要低。

集聚经济(cluster economy)是由于把企业按某种规模聚集到同一地点,给生产和销售方面带来利益或节约。集聚经济是规模经济的深化。企业集群一般具有空间上集聚、产业上专业化的特征;与孤独企业比较会发现,集群内企业在横向规模上扩张了,而在纵向规模上收缩了。纵向一体化程度低是集群企业的一般特征。单个企业纵向规模的不断收缩过程实际上是一个内部分工的外部化过程,意味着各个企业专业化程度的不断提高。

管理信息系统中信息也从追求规模效益时的只限于企业内部流动,发展到追求范围经济和集聚经济时,相关的信息流是在企业内外同时流动。而且集聚经济的信息流动已从范围经济的单纯"链式"流动扩大到整个复杂的信息流动网络。因此,相应的管理信息系统中信息流的流动,经历了以企业内部为中心,到以供应链系统为中心,直至以整个合作网络为中心的三个阶段。

2. 企业经营理念的变化

任何一个经过长期发展的经济都不可避免要经历从以产品为中心到以客户为中心的经营模式的转变。传统经营模式是以产品为竞争基础,企业关心的是企业内部运作效率和产品质量的提高,以此提高企业的竞争力。

随着全球经济一体化的发展和竞争的加剧,产品同质化的趋势越来越明显,产品的价格和质量的差别不再是企业获利的主要手段。企业认识到满足客户的个性化需求的重要性,甚至能超越客户的需要和期望。以客户为中心、倾听客户呼声和需求、对不断变化的客户期望迅速做出反应的能力成为企业成功的关键。因此,企业的生产运作开始转到完全围绕"以客户为中心"进行,从而满足客户的个性化需求。这就产生了以合理高效利用企业资源的 ERP 系统和以满足客户需求为理念的 CRM,以及追求供应链优化的 SCM 的整合。

3. 企业发展与竞争环境的变化

企业的发展与竞争环境已经并继续在以下六个方面发生很大的变化:

(1) 技术发展的速度不断加快。

(2) 客户需求的多样化和个性化。

(3) 产品的生命周期缩短。

(4) 从卖方市场到买方市场。

(5) 竞争方式的变化。市场竞争是组织对组织、系统对系统的大竞争,"双赢"或者"多赢"的合作性竞争越来越普遍,"你死我活"的对抗性竞争收益越来越低。

(6) 注重可持续发展。企业的发展与竞争环境的变化,必然引起企业经营理念、管理机制、运行模式的一系列变化和调整,也必然会对企业组织获取信息、处理信息、利用信息的方式产生影响,促使管理信息系统的发展和进步。

12.2 信息管理发展趋势

12.2.1 网络化趋势

网络技术尤其是 Internet 的发展，不仅仅为信息管理带来外在的技术形式的变化，更触发管理模式、思想上的根本变革。信息管理的网络化具有极为丰富的内涵，涉及管理过程、管理方法、管理范围、组织结构等方方面面，具体说来包括：

（1）组织结构由等级式的金字塔结构走向扁平化的网络结构；

（2）信息管理的对象范围由封闭走向开放；

（3）企业活动（包括管理过程）由完全的序列活动走向合理的并行活动。

12.2.2 智能化趋势

自信息管理得到普遍认可以来，智能化一直是其发展的目标。智能化由最初涉及物质流控制的传统体力劳动自动化，到对信息流控制的简单脑力劳动的代替，再到对信息、知识流控制的复杂脑力劳动的支持。随着信息管理的深入发展，智能化的内涵逐渐深化，重心也不断改变，这种进化不断深入地将经验决策、管理，转化为由智能化信息管理支持的科学决策、管理，无限提高了信息利用的深度。21 世纪，智能信息管理的发展将以主动性、自适应性、自组织性、柔性为特征，建立更强有力、更多样化的企业信息管理的模型，以及智能决策支持系统的理论基础和框架。从某种意义上来说，出现端倪的敏捷制造、虚拟组织也是这一思想的体现，可以断言，信息管理智能化的实现必将在更高的水平上支持它们的运作。

12.2.3 价值化趋势

价值化是信息管理的又一大趋势。它是人们对物流、信息流与价值流关系的深刻认识，是进一步认可和关注价值流的必然结果。通过在最高层次上对价值流进行管理，保证了信息流和物流的运作更加符合企业的战略规划。这一发展趋势带来了企业价值观的变化：从谋求获利的增长——利润的最大化，到谋求投资价值的增长——财富最大化，即在近期利益和长期利益之间取得最佳平衡。价值化的信息管理避免了以往企业信息管理可能走入的误区，它使得企业的价值观结构日趋合理——既包含宏观水平的信息观，还包含微观水平的信息观。这种信息观突出了业务需要获取影响企业发展的关键信息流。这就提供了一个基础，在这一基础上信息和企业需求能够更详细地评估和定义。在价值的指导下，企业最终可获得整体的、协同的、可持续的发展动力。这正是企业一直以来苦苦追求的目标。

12.2.4 人本化趋势

随着信息管理的深入发展，人们在信息技术不等于信息管理本身这一点上逐渐取得共识，因此信息管理的人本化趋势愈来愈明显。信息管理的人本化将其从极易陷入的狭隘误区——"给昨日的信息技术披上了今日更加时髦的令人炫耀的外衣"中引导回来。这种必

然的回归反过来为企业信息管理带来很多变革,主要体现在:

(1) 对信息的关注从显性知识转为隐性知识;

(2) 管理重点从评估及管理现有信息到强调信息增值、知识创造(考虑需求方),但不否认以往信息编码化和分享的重要性(考虑供应方),是新的均衡的观点;

(3) 组织学习开始纳入信息管理范围,并获得前所未有的重视。

这样企业不再是简单、机械的科学管理和信息处理工具和平台(这种观点深深地植入西方的从泰勒到西蒙斯时代的管理世界),而是作为有活力的有机体,从而能以自我组织、自我适应的形式进行持续知识创新。

12.2.5 集成化趋势

集成是未来信息管理的最显著特征。集成包括总体优化和总体优化前提下的局部优化。集成不同于简单的集合。集合只是各子部分的简单线性叠加,而集成必须解决集成过程中引起的各种冲突,各子部分非线性地构成了一个新的整合系统,而且最关键的一个衡量准则就是 1+1>2。因此未来信息管理的集成化趋势还有一个极为显著的特点:集成的内容无比丰富,并极为错综复杂、难分彼此地交融在一起。我们可将其大致划分为几个层次:各应用子系统过程和功能上的集成,人、技术与管理的集成,甚至包括企业间的有关集成。

12.3 管理信息系统发展模式

12.3.1 融合模式

管理信息系统,其实质就是各种管理思想的信息化实现,因此,有不同的管理思想,相应地就有与之对应的管理信息系统。这就使各种类型的管理信息系统层出不穷。管理信息系统蕴含的管理思想可以归纳为三种:面向企业功能(如办公自动化,operation automation, OA)、面向企业过程(如MRP)、面向产品生命周期(如SCM)。随着电子商务思想的成熟,管理信息系统会逐步发展成为一种融合各种管理思想的面向产品生命周期的集成系统,如图12-1所示。它在ERP的基础上,充分利用互联网技术,将供应链管理(SCM)、客户关系管理(CRM)、商业智能(business intelligence, BI)、电子商务(electronic commercial, EC)、决策支持系统(decision support system, DSS)、计算机集成制造(CIMS)等功能

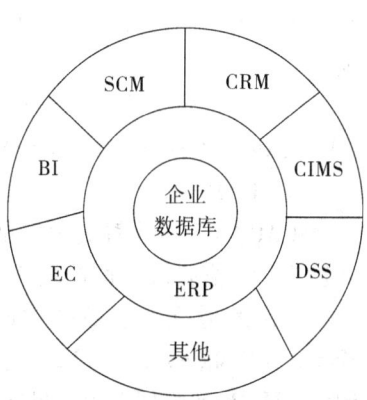

图12-1 各种管理思想集成的管理信息系统

全面集成,以实现资源共享、数据共享、适应网络经济的充分柔性的企业管理信息系统。

12.3.2 构件模式

现代管理信息系统软件的规模越来越大,且管理思想越来越复杂,以至于超出了软件

开发者在合理的时间和价值内设计、描述、开发和验证它们的能力。因此，在开发管理信息系统的时候，需要利用可靠的构件，或者是以前开发的很小但经过验证的较小的程序模块，在可接受的时间范围内组建出可靠而复杂的软件系统。

一般情况下，管理信息系统的体系结构采用自上而下的纵向分层、横向分块来设计。分层为管理软件的复杂度及重用提供了一个很好的解决方法，在分层系统的等级组织形式中，每一层都给下一层提供服务，而其下层则要求得到服务。分块指按信息系统软件实现的功能将软件分为若干块，每一块既是一独立的子系统，又是大系统的一个组成部分。块与块之间通过数据表进行耦合。在确定的分层分块的体系结构中，再采取自下而上的方法：首先，对最底层的功能模块包含的管理思想标准化、模型化，使其具有通用性，再进行构件化设计，并按照软构件应该具有的可移植性、互操作性、扩展性、可配置性和可维护性等特点，进行参数化设置；其次，对该功能的上一层进行构件化改造，减少模块间的重叠。这样层层改造之后，对于类似企业的管理信息系统的开发，只需要针对该企业的个性，对某些局部的构件进行改动就可以完成了。

12.3.3　平台模式

随着企业建模思想的成熟，在面向企业功能、面向企业过程以及面向产品生命周期等方面已积累了大量的企业模型。对这些模型行业进行行业分类，然后再逐步按照行业大类、行业小类进行细化，最后就可以建立面向行业、面向行业大类、面向行业小类的企业参考模型。再对每种模型所蕴含的管理思想进行自上而下的分解，按照软件复用的思想对每部分程序化、构件化，并根据通用的目的进行参数化。这样，随着各类模型库的丰富和面对特定对象（企业功能、过程、产品生命周期）的构件的完善，以及管理思想的日益成熟，就可以构建平台式的管理信息系统。针对具体的企业，在参考模型的基础上，根据企业实际情况稍做修改，就能在大量的构件库中快速组装出具有个性化的企业管理信息系统。

现代管理信息系统平台模式的最新发展是云平台，如用友的 iUAP PaaS 和 SAP 的 SAP HANA Cloud Platform。下面分别加以简介，如需详细了解，可访问其相关网站。

1. iUAP PaaS

iUAP PaaS 主要解决大型企业与组织对动态软件平台的需求，即软件平台要能够"按需生成、按需扩展、按需缩减，自动部署，即时交付"。iUAP PaaS 管理平台可实现多种 IaaS 平台的适配和多数据中心的应用拓扑管理，并能够实现 Tomcat、WAS、Weblogic、Mysql 和 PostgreSQL 等 J2EE 应用服务器和数据库的自动部署以及各种类型语言开发的应用。UAP PaaS 管理平台还可实现数据库、应用服务器和 ESB 等池化，并能根据预先定义的 SLA 进行自动弹性和供应。

iUAP PaaS 管理平台在功能上需要广泛适配各种 IaaS，比如 iUAP Cloud、鹏博士、阿里云、VMware vCloud、OpenStack 和 CloudStack 等，基于 IaaS 层的计算资源池、存储资源池和网络资源池，实现数据库、应用服务器和 ESB 等池化。支持三种实现方式，第一种实现方式是基于 IaaS 平台的虚拟资源池，使用虚拟机模板，虚拟机模板中预制好了数据库、应用服务器和 ESB 等软件，PaaS 管理平台维护数据库池、应用服务器池和 ESB 池的大小和扩展。第二种实现方式也是基于 IaaS 平台的虚拟资源池，使用虚拟机模板，但虚拟机模板中仅预制了与操作系统相关的软件，PaaS 管理平台通过动态机制自动安装数据库、应用服务器和 ESB 等软件，同时维护数据库池、应用服务器池和 ESB 池的大小和扩展。第三种实现方式是基于物理的资源，也就是采用 BYON 方式，PaaS 管理平台形成物理资源池，通过动态机制自动安装数据库、应用服务器和 ESB 等软件，同时维护数据库池、应用服务器池和 ESB 池的大小和扩展；最终数据库、应用服务器和 ESB 等以多租用和按需自动的方式提供给最终用户。PaaS 工具为数据库、应用服务器和 ESB 等虚拟机模板的制作和虚拟机格式的转换提供便捷方式。另外，PaaS 管理平台通过 REST API 与云 API 管理进行服务集成、监控集成和安全集成。

2. SAP HANA Cloud Platform

可以基于 SAP HANA Cloud Platform（SAP HANA 云平台）构建、运行和扩展超现代的业务应用。这款内置"计算平台即服务"产品能提供全面的功能，旨在帮助业务用户和开发人员在更短的时间内构建更出色、更灵活的应用。这些功能和服务包括：移动服务、高级分析工具、先进的身份验证机制以及社交功能等。具体功能介绍如下：

（1）移动服务。凭借企业级功能，SAP HANA 云平台可为用户的本地移动应用和混合移动应用提供支持。移动服务具备诸多功能，比如：提供多种身份验证方法、支持用户安全访问企业预置型系统和云端系统、离线同步、远程登录控制和检索、自动更新以及消息推送等。

（2）门户服务。借助面向 SAP HANA 云平台的门户服务，能够快速创建安全、可扩展且具有吸引力的业务网站，并迅速完成网站上线。该服务支持用户创建可移动访问的品牌商业网站，并将现有业务流程轻松扩展至对外场景，如面向供应商、分销商和客户的场景。

（3）高级分析工具。借助基于 SAP HANA 云平台的高级分析工具，业务用户能够分析和可视化数据。而利用实时预测分析工具，用户能够挖掘空间信息，分析文本信息，并发掘新的业务机会。

（4）集成服务。借助 SAP HANA 云平台，用户能够无缝链接云端企业系统和企业预置型企业系统，从而整合来自业务流程、应用和其他数据源的数据，打造单一的真实数据源。无论用户是在开发或是扩展应用，集成服务都能帮助用户快速连接系统，进而让用户专注于创新。

（5）社交功能。借助 SAP HANA 云平台，能够将社交功能和业务数据整合到日常流程及应用中；打造新的工作模式，即将情境数据融入可重复的协作式业务流程中，从而满足独特的业务需求；以及定制社交应用，以提供支持网络会议和集体讨论的工具。

（6）身份识别服务。用户可以随时随地在任意设备上登录 SAP HANA 云平台。SAP HANA 云平台的身份服务提供先进的身份验证机制、安全的单点登录功能，以及集成企业预置型软件的功能；并且员工、客户和合作伙伴还可以自助进行注册和重置密码。

（7）SAP Web IDE 和 SAP Fiori 开发。借助 SAP HANA 云平台，用户能够利用最新的用户界面（UI）技术，快速开发支持桌面和移动设备的应用。此外，还能够将基于 HTML5、Java 或 CSS 的轻量级用户界面集成到 SAP HANA 云平台中，从而快速构建和部署 Web 应用，以及扩展现有的 SAP Fiori 应用。

12.4 新型企业管理信息系统

随着信息技术、数据库技术、人工智能技术、网络通信技术等相关技术的迅速发展，管理信息系统取得了长足的进步，同时也不断地在其应用广度和深度上加以完善和更新，成为许多企业经营管理中不可缺少的现代化支持工具。本节主要介绍管理信息系统发展出现的新的应用分支，如经理信息系统、专家系统、决策支持系统、企业资源计划管理系统等。

12.4.1 经理信息系统

经理信息系统（executive information system，EIS），通常也称其为主管信息系统，是服务于组织的高层经理的一类特殊的信息系统。EIS 能够使经理们方便快捷地得到更新更广泛的信息。EIS 首先是一个"组织状况报导系统"，能够迅速、方便、直观（用图形）地提供综合信息，并可以预警与控制"成功关键因素"遇到的问题。EIS 还是一个"人际沟通系统"，经理们可以通过网络下达命令，提出行动要求，与其他管理者讨论、协商、确定工作分配，进行工作控制和验收等。

1. EIS 的特征

（1）经理主要在计划和控制工作中使用计算机信息。因为经理要了解所管理的企业目前的运作状况，知道运作的整体状况，比如现在的销售额怎么样？现在的单件成本是多少？现在的销售量有多少？各种不同产品销售的状况怎么样？这些方面都是企业在运作过程中很重要的一些信息。

（2）经理关心多方面的信息，如过去、现在、将来行业的信息，顾客的信息，竞争者的信息，了解经营单位的信息。

（3）经理利用信息了解现状，预测趋势，个人对数据进行分析，所以为经理设计信息系统的时候，要考虑到每一位经理的一些个人要求。

（4）经理信息系统的内容应该直观、简明，一目了然。不要把一大堆没有经过处理的数据交给经理。

2. EIS 概念模型

经理数据库的信息包括由公司数据库得到的一些信息，通过电子邮件、网络下载和从最新的新闻评论得到的信息。把这些信息进行处理，根据不同经理负责的工作范围把处理以后的信息送到经理的数据库里，经理的个人计算机直接连通他个人的数据库。经理按照自己的需要提出信息需求，然后马上能够在屏幕上显示他所需要的信息，这就是一个经理数据库的模型。这里的关键就是要针对经理的需要来收集信息，要有本部门的信息，有兄弟单位的信息，有关于外部、供应商、竞争对手各方面的情况的一些竞争信息，这就是经理信息系统的模型。

3. EIS 的主要信息

（1）对成功的关键因素的监控信息。一个企业成功的关键因素的监控信息是经理特别需要的。

（2）计划绩效与实际绩效。企业都要做经营计划、财务计划，实际经营绩效与计划绩效的差别是经理非常关心的，经理希望对引起计划绩效与实际绩效差异的原因能够做出分析。

（3）个人思维模式所要求的信息。不同行业有不同的思维方式，要掌握经理所需要的信息就需要与他们交流，根据经理的思维模式所需要的信息来建立经理信息系统。

特别要注意的需求，就是企业成功的关键因素和企业绩效的决策问题，还有经理的个人特点。这三方面都是在管理信息系统基础之上发展起来的，而这三方面的发展也有共同点，就是要支持高层的决策，为高层管理人员服务，所以这三方面都可以看作是将来战略信息系统发展中需要不断丰富的内容。

4．EIS 发展展望

在当今日益加剧的竞争压力下，高速发展的技术和不断更新的管理观念给 EIS 带来了许多新的问题。为了解决那些富有挑战性的组织问题，作为支持高层经理工作的最为有效的信息系统，EIS 必须满足以下要求，而这些要求的满足都依赖于 EIS 的不断发展和进步。

（1）数据的外部化与智能化。

成功实现的 EIS 在取得内部数据和监测内部状态上已颇有成效，但对外部数据的取得仍十分有限，这与 EIS 倡导者的初衷存在着一定的差距。由于外部环境的复杂多变和外部数据的高度非结构化，在目前阶段的技术水平支持下，对外部的状态监测和数据访问比对内部的状态监测和数据访问要难得多。事实上，在以往经验的基础上经理可能不把 EIS 作为正式的外部信息源，也对此的期待不高。高层经理宁愿自己去做大部分的外部信息监测，并且认为只有他们才能看出其中的微妙之处。此外，在自动地从外界大量的繁杂数据中智能化识别和析取经理需要的信息方面，EIS 系统的能力还很弱。然而，EIS 既然是对范围广、结构化差、多变的经理活动提供支持，数据的外部化和智能化是必不可少的。在市场全球化趋势下，组织管理的重心也逐渐外移，经理处理外部信息的比重将不断上升。随着信息技术的发展，新的数据获取与处理技术如数据仓库（data warehouse）、数据挖掘（data mining）和数据集市（data market）的出现，EIS 中的数据的外部化和智能化方面将有所加强。

（2）结构的柔性化和灵活化。

变化是当今的信息系统所面临的最基本的挑战之一。业务流程重组、竞争者变动、组织联盟、新技术的采用、老系统的移植等一系列变化正改变着组织的信息技术环境。缺乏柔性的信息系统已成为组织成功的严重障碍，逐步提高组织信息系统的柔性及适应能力已经成为变化率日益增长的组织提升应变能力的必由之路。柔性是组织在剧变的环境中发展及立于不败之地的不可缺少的能力。柔性的企业需要柔性化的信息系统。EIS 集中于满足高层经理战略决策的信息需求。它侧重于对外部信息与内部信息的提炼以及对高层经理办公业务的辅助，其特点在于根据高层经理的需要和习惯裁剪信息产品形成自己的视图，其处理的信息对象是高度非结构化的。由此可见，EIS 的本质决定了对该系统的柔性化和灵活化的要求。

（3）系统的协作化和分布化。

新时期动态的组织环境和信息技术使得组织向扁平化和集成化发展，出现了许多新的组织结构。这意味着在组织的各项工作中涉及更多的信息与更大程度的沟通，需要不同于传统的信息系统的支持。这都表明对组织协作和权力分布提供支持的信息系统时代的到来。传统意义上的 EIS 被定义为仅仅供少数高层管理者使用的系统，其应用仅限于组织中的关键人物，由此导致的应用上的非经济性是显而易见的。由此看来，使这种面向少数组织成员的信息系统扩展到其他的信息需求者是十分必要的。许多情况下，只要能使组织成员的工作表现有显著的进步，EIS 完全可以扩展到组织的较低层次。EIS 开发技术的成熟化将降低成本，从而可以扩大用户层面。在未来扁平化网络化的组织结构中，EIS 的协作化和分布化将是必然的趋势。

12.4.2 专家系统

专家系统（expert system，ES）是一种在特定领域内具有专家水平解决问题能力的程序系统。它能够有效地运用专家多年积累的有效经验和专门知识，通过模拟专家的思维过程，解决需要专家才能解决的问题。专家系统属于人工智能的一个发展分支，自 1968 年费根鲍姆等人研制成功第一个专家系统 DENDEL 以来，专家系统获得了飞速的发展，并且广泛运用于医疗、军事、地质勘探、教学、化工等领域，产生了巨大的经济效益和社会效益。现在，专家系统已成为人工智能领域中最活跃、最受重视的领域。

1. 专家系统的结构

专家系统的基本结构如图 12-2 所示，其中箭头方向为数据流动的方向。专家系统通常由知识库、推理机、人机交互界面、综合数据库、解释器、知识获取等 6 个部分构成。

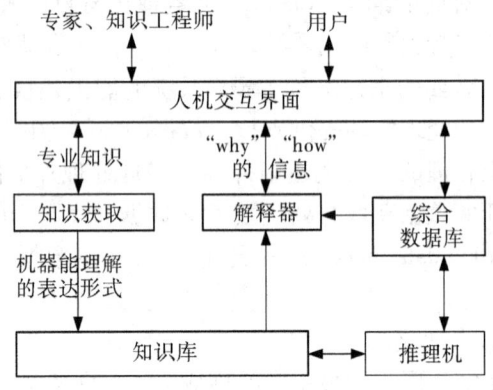

图 12-2 专家系统结构

（1）知识库用来存放专家提供的知识。专家系统的问题求解过程是通过知识库中的知识来模拟专家的思维方式的，因此，知识库决定了专家系统质量是否优越，即知识库中知识的质量和数量决定着专家系统的质量水平。一般来说，专家系统中的知识库与专家系统程序是相互独立的，用户可以通过改变、完善知识库中的知识内容来提高专家系统的性能。

人工智能中的知识表示形式有产生式、框架、语义网络等，而在专家系统中运用得较为普遍的知识是产生式规则。产生式规则以 if…then… 的形式出现，if 后面跟的是条件（前件），then 后面跟的是结论（后件），条件与结论均可以通过逻辑运算 and、or、not 进行复合。在这里，产生式规则的理解非常简单：如果前提条件得到满足，就产生相应的动作或结论。

（2）推理机针对当前问题的条件或已知信息，反复匹配知识库中的规则，获得新的结论，以得到问题求解结果。在这里，推理方式可以有正向和反向两种。正向推理是从前件匹配到结论，反向推理则先假设一个结论成立，看它的条件有没有得到满足。由此可见，推理机就如同专家解决问题的思维方式，知识库就是通过推理机来实现其价值的。

（3）人机界面是系统与用户进行交流时的界面。通过该界面，用户输入基本信息、回答系统提出的相关问题，并输出推理结果及相关的解释等。

（4）综合数据库专门用于存储推理过程中所需的原始数据、中间结果和最终结论，往往是作为暂时的存储区。

（5）解释器能够根据用户的提问，对结论、求解过程做出说明，因而使专家系统更具有人情味。

（6）知识获取是专家系统知识库是否优越的关键，也是专家系统设计的"瓶颈"问题，通过知识获取，可以扩充和修改知识库中的内容，也可以实现自动学习功能。

2．专家系统的特点

（1）为解决特定领域的具体问题，除需要一些公共的常识，还需要大量与所研究领域问题密切相关的知识；

（2）一般采用启发式的解题方法；

（3）在解题过程中除了用演绎方法外，有时还要求助于归纳方法和抽象方法；

（4）需处理问题的模糊性、不确定性和不完全性；

（5）能对自身的工作过程进行推理（自推理或解释）；

（6）采用基于知识的问题求解方法；

（7）知识库与推理机分离。

3．专家系统的分类

用于某一特定领域的专家系统，可以划分为以下几类。

（1）诊断型专家系统：根据对症状的观察分析，推导出产生症状的原因以及排除故障方法的一类系统，如医疗、机械、经济等。

（2）解释型专家系统：根据表层信息解释深层结构或内部情况的一类系统，如地质结构分析、物质化学结构分析等。

（3）预测型专家系统：根据现状预测未来情况的一类系统，如气象预报、人口预测、水文预报、经济形势预测等。

（4）设计型专家系统：根据给定的产品要求设计产品的一类系统，如建筑设计、机械产品设计等。

（5）决策型专家系统：对可行方案进行综合评判并优选的一类专家系统。

（6）规划型专家系统：用于制定行动规划的一类专家系统，如自动程序设计、军事计划的制定等。

（7）教学型专家系统：能够辅助教学的一类专家系统。

（8）数学专家系统：用于自动求解某些数学问题的一类专家系统。

（9）监视型专家系统：对某类行为进行监测并在必要时候进行干预的一类专家系统，如机场监视、森林监视等。

4．专家系统的发展

目前的专家系统发展还存在着一些限制，在未来的年代中，专家系统的缺失状况将会被改善。专家系统应该继续研究的项目有：具有处理常识的能力，发展深层的推论系统，不同层次解释的能力，使专家系统具有学习的能力，分布式专家系统，轻易获取与更新知识的能力。

未来发展的专家系统，能经由感应器直接从外界接收资料，也可由系统外的知识库获得资料；在推理机中除推理外，还能拟定规划、仿真问题状况等。知识库所存的不只是静态的推论规则与事实，更有规划、分类、结构模式及行为模式等动态知识。

12.4.3 决策支持系统

决策支持系统（decision support system，DSS）是以日常业务处理系统的数据为基础，利用数学的或智能的方法，对业务数据进行综合、分析，预测未来业务的变化趋势，在企业发展、市场经营战略等重大问题上为领导层提供决策帮助的计算机系统。

1. DSS 的发展

决策支持系统是以求解半结构化、非结构化问题为特征。企业中较高层的决策问题本质上属于宏观的定性问题，要求决策者快速做出决策。这种问题结构化较差，重复出现的可能性较少，往往具有不精确性和不确定性。传统的解决方法是将这种不精确、不确定的问题通过建立数学模型来模拟，然后使用统计、概率等数学方法实现。但这种模拟需要众多的假设和近似，使最终模型与实际差别很大。显然，对这种复杂的、结构化差的问题，使用传统的定量方法已不能满足需要。因此，促成了 DSS 的快速发展。

自 1970 年代提出决策支持系统以来，DSS 已经得到了很大发展。1980 年 R. H. Sprague 提出了决策支持系统三部件结构，即对话部件、数据部件（数据库 DB 和数据库管理系统 DBMS）、模型部件（模型库 MB 和模型库管理系统 MBMS）。1981 年 R. H. Bonzeck 等提出了 DSS 三系统结构，即语言系统（LS）、问题处理系统（PPS）、知识系统（KS）。1990 年代初，决策支持系统与专家系统结合起来，形成了智能决策支持系统（IDSS）。专家系统是以定性分析辅助决策，将专家系统和以定量分析辅助决策的决策支持系统结合，进一步提高了辅助决策能力。智能决策支持系统是决策支持系统发展的一个新阶段。

2. DSS 的基本特征

（1）针对上层管理人员经常面临的结构化程度不高、说明不够充分的问题而设计；
（2）把模型或分析技术与传统的数据存取技术及检索技术结合起来；
（3）易于为非计算机专业人员以交互会话的方式使用；
（4）强调对环境及用户决策方法改变的灵活性及适应性；
（5）支持但不是代替高层决策者制定决策。

3. DSS 的功能

（1）管理并随时提供与决策问题有关的组织内部信息，如订单要求、库存状况、生产能力与财务报表等。
（2）收集、管理并提供与决策问题有关的组织外部信息，如政策法规、经济统计、市场行情、同行动态与科技进展等。
（3）收集、管理并提供各项决策方案执行情况的反馈信息，如订单或合同执行进程、物料供应计划落实情况、生产计划完成情况等。

（4）能以一定的方式存储和管理与决策问题有关的各种数学模型，如定价模型、库存控制模型与生产调度模型等。

（5）能够存储并提供常用的数学方法及算法，如回归分析方法、线性规划、最短路径算法等。

（6）容易对上述数据、模型与方法进行修改和添加，如数据模式的变更、模型的连接或修改、各种方法的修改等。

（7）能灵活地运用模型与方法对数据进行加工、汇总、分析、预测，得出所需的综合信息与预测信息。

（8）具有方便的人机对话和图像输出功能，能满足随机的数据查询要求，回答"如果……则……"之类的问题。

（9）提供良好的数据通信功能，以保证及时收集所需数据并将加工结果传送给使用者。

（10）具有使用者能忍受的加工速度与响应时间，不影响使用者的情绪。

4．DSS 的结构

决策支持系统的一个可能实现的结构是能把系统分为以下三个组成部分：与用户进行对话、接收命令；提供决策结果的人机交互子系统；对决策用的数据进行管理的数据库子系统和决策模型库子系统。而每个子系统都有各自独立的管理系统。DSS 的两库结构模型如图 12－3 所示。

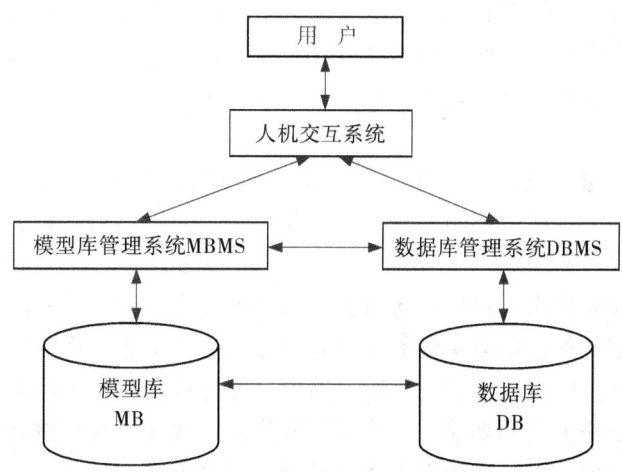

图 12－3　决策支持系统的两库结构模型

（1）人机对话部件。DSS 不能代替人的决策，它只能支持人的决策，因此人机对话部件是 DSS 的重要组成部分。人机对话部件的主要功能包括：提供多种多样的显示和对话形式，输入输出转换，问题处理。

（2）数据部件。数据部件包括数据库和数据库管理系统。数据库用来存储大量决策所需要的数据。数据库管理系统用来管理、修改和维护 DSS 所需要的各类数据，以及实现数据库与模型库管理系统、人机对话管理系统的联结。

数据库管理系统必须为决策支持的分析处理提供以下服务：

①根据主题需要，从数据库中抽取分析用的数据。为此，在抽取过程中要对原始数据

进行分类、求和、统计等处理。抽取的过程实际上是数据的再组织。

②在抽取过程中，完成数据净化，即去掉不合格的原始数据，必要时还必须对缺损的数据加以补充。

③在改变分析、决策的主题时，可以按主题进行数据查询与访问。

④采用脱机大容量存储、联机磁盘存储、内存存储的多级存储模式，解决数据量巨大及按照主题、粒度划分的数据组织问题。

（3）模型部件。模型部件由模型库和模型库管理系统组成。其中，模型库用来存放模型。模型总是以某种计算机程序形式表示的，如数据、语句、子程序，甚至对象等。这种形式的属性是无法或很难以类似于数据组织的形式来描述的。模型可以以某种方式运行，进行输入、输出、计算等处理。按经济内容划分，模型可以分为预测模型（如产量预测模型、消费预测模型等）、综合平衡模型（如生产计划模型、投入产出模型等）、结构优化类模型（如能源结构优化模型、工业结构优化模型等）、经济控制类模型（如财政、税收、信贷、物价、工资、汇率等对国家经济的综合控制模型等）。

模型库管理系统是用于管理模型库的。为了适应模型的静态与动态特征，模型库管理系统应具有两个方面的功能：一个是模型库的静态管理，包括对模型库的建立、增加、删除、修改以及模型字典的维护；有关模型的各种计算机程序的维护，如源程序、执行程序等的管理和维护。另一个是模型的动态管理即运行管理，它是把模型看作一个活动的实体进行动态的管理。模型库管理系统的功能：一是控制模型的运行。模型不但可以单独运行，还可以组合运行。运行控制机构必须能够提供顺序、选择、循环等三种基本的运行控制。二是负责模型与数据库部件之间的联系。在模型运行时，规定输入输出数据的来源及去向，并同数据库管理系统进行数据交换。

5. DSS 的研制

由于决策是如何进行的，现在尚无一套统一的理论；同时，由于决策问题具有随机性，即决策人所面临的情况是不断变化的，因此，DSS 的研制只能是一个反复迭代的试制过程。这种反复迭代过程也称"适应性设计"过程：根据用户或决策者提出的粗略的要求，大致分析系统应做什么，由用户与研制人员共同商定先解决其中的一个重要部分，着手设计出一个雏形来，然后配以必要的硬件与软件，把这个雏形系统实现出来，交用户或决策者试用；经过用户或决策者使用一段时间后，即可根据用户的意见，对这个雏形系统加以修改或扩充以及增加新的功能。如此反复迭代，一次又一次地进行分析、设计、实现与维护等过程。每迭代一次，系统就越能满足用户的决策要求，最后形成一个相对稳定的系统，用以支持一系列的决策问题。

6. DSS 与 MIS 的区别

对 DSS 与 MIS 的关系，目前存在以下几种观点：

（1）认为 MIS 是 DSS 的一部分。坚持这种看法的人认为：DSS 的辅助决策过程离不开基础数据，而 MIS 所收集和储存的基础数据正是 DSS 最基本的数据源，是 DSS 的工作基础。所以，MIS 是 DSS 的组成部分，是组成 DSS 的基础。

（2）认为 DSS 是 MIS 的一部分。持这种观点的人认为：MIS 是为管理工作提供所需要的信息处理系统，除了例行管理工作所需要的信息之外，也包括为决策服务的各种信息，因而，DSS 是 MIS 中的一部分。

（3）DSS 与 MIS 是统一信息系统中的两个相互联系而又相互配合的不同部分。事实上，在实际工作中确实存在许多应用系统，都是既有处理例行日常事务的功能，又有某种决策支持的功能（如库存管理、设备管理等），当然，这两部分的侧重点或构成比例各不相同，但它们之间是相互联系、相互配合的。

（4）DSS 和 MIS 是电子计算机应用于管理系统中的两个不同的发展阶段。从历史看，计算机在管理活动中的应用经历了电子数据处理阶段、管理信息系统阶段和决策支持系统阶段。由于 DSS 在管理活动的应用中有着许多独特的作用，也已经发展成为一门新兴的学科，所以，把 DSS 和 MIS 看作是计算机应用于管理系统中的两个不同的发展阶段是比较恰当的。

DSS 与 MIS 的主要区别表现在系统的对象和开发的方法上，这体现了人们对信息处理工作的认识是一个深入发展的过程，分别代表了两个不同的认识阶段。在发展的不同阶段上，DSS 与 MIS 有着各自的地位与作用，相互不能代替。综合起来看，DSS 与 MIS 的主要区别体现在如下几个方面。

（1）在系统目标方面：MIS 主要完成例行管理活动中相对稳定的信息处理，它提供的报表和数据一般只与管理决策间接相关，它追求的主要目标是高效性，即提高系统中的工作效率和效能。而 DSS 主要是支持决策活动，提供决策的备选方案并给出相关结果，便于决策者探讨问题、做出判断，它追求的主要目标是有效性，即提高效益。

（2）在系统分析与设计方面：MIS 分析侧重于总体的信息需要；它强调实现一个相对稳定协调的工作系统，要求系统的客观性，使系统设计符合实际情况。而 DSS 分析侧重于决策者个人的需要；它强调实现一个有发展潜力的适应性强的支持系统，要求发挥决策者的经验、判断力、创造力等作用，使决策更加正确。

（3）在数据处理方面：MIS 着重于解决结构化的管理决策问题，要求保证数据的计算精度和传递速度，一般是考虑符合现状，满足企业内部数据处理要求。而 DSS 着重于解决半结构化或非结构化问题，考虑的是数据的总的趋向性及综合性指标，充分注重系统未来的发展，进行的是历史和外部数据处理。

当然，DSS 与 MIS 之间也有一定的联系，企业在原有 MIS 的基础上，增加模型库及其管理系统，增加系统的辅助决策功能，也可以将 MIS 改造成为一个支持决策的 DSS。

12.4.4 客户关系管理系统

客户关系管理系统（customer relationship management system，CRMS）是通过采用信息技术，使企业市场营销、销售管理、客户服务和支持等经营流程信息化，实现客户资源有效利用的管理信息系统。其核心思想是以"客户为中心"，提高客户满意度，改善与客户的关系，从而提高企业竞争力。

1. 客户关系管理的内涵

客户关系管理的概念，不同的研究机构有不同的表述。客户关系管理作为一种新的经营管理哲学，对其内涵可以从不同角度、不同层次来理解。

（1）客户关系管理是一种管理理念，其核心思想是将企业的客户（包括最终客户、分销商和合作伙伴）作为最重要的企业资源，通过完善的客户服务和深入的客户分析来满足客户的需求，保证实现客户的价值。

(2) 客户关系管理是一种旨在改善企业与客户之间关系的新型管理机制。它在企业的市场营销、销售、服务与技术支持等与客户相关的领域得以实施。一方面，它通过向企业的销售、市场和客户服务的专业人员提供全面、个性化的客户资料，并强化跟踪服务、信息分析的能力，使他们能够协同建立和维护一系列卓有成效的与客户"一对一关系"，从而使企业能够提供更快捷和周到的优质服务，提高客户满意度，吸引和保持更多的客户，进而增加营业额。另一方面则通过信息共享和优化商业流程来有效地降低企业经营成本。

(3) 客户关系管理是一种管理技术。它将最佳的商业实践与数据挖掘、数据仓库、一对一营销、销售自动化以及其他信息技术紧密结合在一起，为企业的销售、客户服务和决策支持等领域提供了一个业务自动化的解决方案，使企业有了一个基于管理信息系统的面对客户的前沿，从而顺利实现由传统企业模式向以信息管理为基础的现代企业模式的转化。

(4) 客户关系管理并非等同于单纯的信息技术或管理技术，它更是一种企业商务战略。其目的是使企业根据客户分段进行重组，强化使客户满意的行为，并连接客户与供应商，从而优化企业的可赢利性，提高利润并改善客户的满意程度。具体操作时，它将看待"客户"的视角从独立分散的各个部门提升到企业，各个部门负责与客户的具体交互，但向客户负责的却是整个企业。以同一个面孔面对客户是成功实施客户关系管理的根本。为了实现客户关系管理，企业与客户连接的每一环节都应实现自动化管理。

2. 客户关系管理系统的功能

客户关系管理系统（CRMS）的作用体现在外部和内部两个方面。从外部来看，能够及时有效地解决来自外部客户的意见，为客户提供超出期望值的产品或服务，达到客户满意的目标；从企业内部来看，可以改善企业内部人员的工作环境，减少重复性工作，增加具有增值性和创造性的工作，提高劳动生产率。

CRMS 的基本功能及其作用简要介绍如下：

(1) 客户管理。包括：客户基本信息，与此客户相关的基本活动和活动历史，联系人的选择；订单的输入和跟踪；建议书和销售合同的生成。

(2) 联系人管理。包括：联系人概况的记录、存储和检索；跟踪同客户的联系，如时间、类型、简单的描述、任务等；客户的内部机构的设置概况。

(3) 时间管理。包括：日历；设计约会、活动计划；事件安排，如约会、会议、电话、电子邮件、传真；备忘录；团队事件安排；查看团队中其他人的安排，以免发生冲突；把事件的安排通知相关的人；任务表；预告/提示；记事本；电子邮件；传真。

(4) 潜在客户管理。包括：业务线索的记录、升级和分配；销售机会的升级和分配；潜在客户的跟踪。

(5) 销售管理。包括：组织和浏览销售信息，如客户、业务描述、联系人、时间、销售阶段、业务额、可能结束时间等；产生各销售业务的阶段报告，并给出业务所处阶段、还需的时间、成功的可能性、历史销售状况评价等信息；对销售业务给出战术、策略上的支持；对地域（省市、邮编、地区、行业、相关客户、联系人等）进行维护；把销售员归入某一地域并授权；地域的重新设置；根据利润、领域、优先级、时间、状态等标准，用户可定制关于将要进行的活动、业务、客户、联系人、约会等方面的报告；提供类似BBS的功能，用户可把销售秘诀贴在系统上，还可以进行某一方面销售技能的查询；销售费用管理；销售佣金管理。

（6）营销管理。包括：产品和价格配置器；在进行营销活动（如广告、邮件、研讨会、网站宣传、展览会等）时，能获得预先定制的信息支持；把营销活动与业务、客户、联系人建立关联；显示任务完成进度；提供类似公告板的功能，可张贴、查找、更新营销资料，从而实现营销文件、分析报告等的共享；跟踪特定事件；安排新事件，如研讨会、会议等，并加入合同、客户和销售代表等信息；信函书写、批量邮件处理，并与合同、客户、联系人、业务等建立关联；邮件合并；生成标签和信封。

（7）客户服务。包括：服务项目的快速录入；服务项目的安排、调度和重新分配；事件的升级；搜索和跟踪与某一业务相关的事件；生成事件报告；服务协议和合同生成；订单管理和跟踪；问题及其解决方法的数据库。

（8）呼叫中心。包括：电话处理；互联网回呼；呼叫中心运行管理；电话转移；路由选择；报表统计分析；管理分析工具；通过传真、电话、电子邮件、打印机等自动进行资料发送；呼入呼出调度管理。

（9）合作伙伴关系管理。包括：对公司数据库信息设置存取权限，合作伙伴通过标准的 Web 浏览器以密码登录的方式对客户信息、公司数据库、与渠道活动相关的文档进行存取和更新；合作伙伴可以方便地存取与销售渠道有关的销售机会信息；合作伙伴通过浏览器使用销售管理工具和销售机会管理工具，如销售方法、销售流程等，并使用预定义的和自定义的报告；产品和价格配置器。

（10）知识管理。包括：在站点上显示个性化信息；把一些文件作为附件贴到联系人、客户、事件概况等上；文档管理；对竞争对手的 Web 站点进行监测，如果发现变化的话，会向用户报告；根据用户定义的关键词对 Web 站点的变化进行监视。

（11）商业智能。包括：预定义查询和报告；用户定制查询和报告；可看到查询和报告的 SQL 代码；以报告或图表形式查看潜在客户和业务带来的收入；通过预定义的图表工具进行潜在客户和业务的传递途径分析；将数据转移到第三方的预测和计划工具；柱状图和饼图工具；系统运行状态显示器；能力预警。

（12）电子商务。包括：个性化界面、服务，网站内容管理，店面，主要问题和业务处理，销售空间拓展，客户自助服务，网站运行情况的分析和报告。

3．客户关系管理系统的实施

CRMS 的实施应该从两个层面进行考虑。其一，从管理层面来看，企业需要运用 CRMS 中所体现的思想来推进管理机制、管理模式和业务流程的变革；其二，从技术层面来看，企业部署 CRMS 来实现新的管理模式和管理方法。管理的变革是 CRMS 发挥作用的基础，而 CRMS 则是支撑管理模式和管理方法变革的工具。CRMS 的实施一般要经过实施前的评估，然后才能进入 CRMS 的实施流程。

（1）CRMS 实施前的评估。

CRMS 实施前需要评估公司现有的基础，检查 CRMS 的实施是否准备充分。可以从以下方面来考虑，这些方面不仅包括与项目经理相关的问题，也包括与企业准备充分与否的相关问题。

①CRMS 开发资金是否已经到位。如果企业仅是把 CRMS 停留在一种构想上，那么即使做出一个近乎完美的 CRMS 项目的整体规划，也毫无意义。CRMS 开发首先要确保不同

实施阶段资金都能到位。

②是否确定了企业的 CRMS 战略，以及相应的 CRMS 战略目标和战略实施计划。主要用来检验企业对 CRMS 是否具有一个总体的长远规划，作为 CRMS 实施的方向。具体的 CRMS 项目要与企业的 CRMS 战略相一致。而只有确立了 CRMS 战略实施计划，才能确保不同阶段的 CRMS 项目的衔接性。

③项目经理是否已经对实施步骤"胸有成竹"。项目经理的工作角色体现在定义并确认 CRMS 的需求、管理项目的执行，并协助定义成功的标准，而这些工作都应当为企业领导所知。

④项目团队是否已经定义好企业的 CRMS 需求。CRMS 需求分析对于 CRMS 的实施工作以及所实现的功能至关重要。需求分析需要项目团队和企业领导层、最终 CRMS 用户来共同完成。

⑤是否已经建立了实施成功的标准。企业如何知道 CRMS 项目是否获得成功，建立实施 CRMS 项目的成功标准很重要，它是对系统的评价依据。

⑥企业所有部门是否对"客户"有一个共同的定义。在 CRMS 项目实施之前，应该对"客户"和其他一些关键术语有一个统一的定义，不能出现不同部门对"客户"有不同的定义和理解。

⑦当前的工作站开发环境是否支持 CRMS 产品的客户化。对 CRMS 进行客户化需要一定类型的工作站配置环境。在进行二次开发时，需要考虑所使用的开发工具的类型。

⑧企业是否已经确定了必须与 CRMS 产品进行集成的应用软件或系统。在 CRMS 选型时，应预测企业其他信息系统对 CRMS 应用系统的影响，以及数据如何在公司各个系统间有效地传递。企业所选择的 CRMS 软件系统应当确保与企业其他信息系统间的集成性。

（2）CRMS 的实施流程

CRMS 的实施流程包括规划、构建、部署三个主要的开发阶段，分为如下六个步骤：

①业务规划。CRMS 的业务规划包括许多活动，最关键的活动是定义 CRMS 的整体目标，并描绘出每一种目标需求。对于企业层次的 CRMS，业务规划包括对企业客户关系管理的战略和相应项目的定义。对于部门层次的 CRMS，业务规划只是简单地建立一个新的 CRMS 应用软件的界面。

但是无论项目的大小，业务规划阶段都应当形成以一个战略文件或业务规划的形式所确定的高层次 CRMS 企业目标的文档材料。这种文档材料将会影响 CRMS 是否能在开发初期获取企业高层的一致同意。这对于需求导向的开发有重要意义，并且在 CRMS 项目部署一个应用软件时，可以作为一种检验其结果的标准。

②结构分析和设计。分析 CRMS 的结构和设计是一个满足 CRMS 项目需求的过程。在这一阶段的实施过程中，往往容易让企业主管和项目经理感到难度很大，因为打破了他们期望直接通过技术选择就获得一个奇迹的梦想。这一过程确认了 CRMS 产品将支持的企业流程。它列举了特定的"需要执行"和"怎样执行"的功能，最终提供一个有关 CRMS 在组织和不同技术上发挥作用的新思路。

③技术选择。CRMS 技术选择的工作，有时像选择一个不用定制的产品一样容易，而有时要对不同 CRMS 系统集成商进行综合评估，很复杂。如果在构建和实施设计期间已经做出艰难的决策，理解了 CRMS 对现有系统和对新功能需求的影响，就应当在良好的状态

下，根据现有的 IT 环境来对各种备选 CRMS 进行优先级排序。

④开发。开发包括根据特定的产品特征，构建和定制 CRMS 产品。除程序员负责中心任务及编写代码外，还需要将选择好的客户关系管理技术集成到业务流程中，进行数据库设计、数据清理与集成，以及与公司其他系统的集成。实现流程集成，要确保认可的业务流程得到用户的测试。不仅要让业务流程运作，还要通过技术特征来进一步"精练"业务流程。换句话说，应当充分利用技术能力来改善"以客户为中心"的企业业务流程。

在开发期间"精练"业务流程，通常使用反复原型法。程序员不断地向企业用户说明过渡功能，企业用户能够监管产品开发，并在 CRMS 实施期间测试 CRMS 的功能。最终用户对 CRMS 功能的反馈和期望的变化能够明确地提出，并贯彻到最终的 CRMS 交付中，以确保最终的功能与需求保持一致，最大限度地满足用户的期望。

⑤交付。交付是将所开发的 CRMS 软件系统交付给企业最终用户的过程。CRMS 交付必须首先对用户进行深入的培训；还要进行在线或基于 Web 帮助，或者使用用户向导、工作助手和其他文档，来激励用户最大限度地利用新的 CRMS 的功能。

⑥评价。主要是对 CRMS 解决现有企业问题的程度进行评估。如果在创建 CRMS 业务规划时设立了成功标准，通过将这些标准与实际的结果相对比，来确定项目成功度，并逐步补充和完善标准。

每一个 CRMS 实施都应当备好一个优化的流程，这样可以提前计划好项目各阶段的具体任务、资源占用情况以及完成时间，消除项目部署中的盲目性、无序性和无标准性。

12.4.5 电子商务系统

1. 电子商务系统概述

电子商务（electronic commerce，EC）是指通过网络以电子数据流的方式在全世界范围内进行的各种商务活动、交易活动、金融活动和相关的综合服务活动。实际上，电子商务主要是一种借助于计算机网络技术，通过电子交易手段来完成金融、物资、服务和信息等价值交换，快速而有效地从事各种商务活动的最新方法。电子商务的应用有利于满足企业、供应商和消费者提高产品质量和服务质量、加快服务速度、降低费用等方面的需求，帮助企业和个人通过网络查询和检索信息来支持决策。

电子商务系统是在 Internet 和其他网络的基础上，以实现企业电子商务活动为目标，满足企业生产、销售、服务等生产和管理的需要，支持企业的对外业务协作，从运作、管理和决策等层次全面提高企业信息化水平，为企业提供商业智能的管理信息系统。

2. 电子商务系统的构建

一个完整的电子商务系统的构建过程包括商务系统规划、系统分析与设计、系统开发与集成、系统实施、系统运行与维护等阶段。

（1）电子商务系统规划

电子商务系统规划对于企业开展电子商务具有决定性的作用。这一阶段的主要内容是为企业未来的商务发展规划蓝图，为企业的电子商务系统奠定基础。

在这一阶段首先需要确定企业未来电子商务的运作模式，这是整个系统建造的起点，也是电子商务系统设计、集成的基本依据。此外，还需要确定企业电子商务系统的体系结构，使系统的开发人员拥有一个可以相互理解的共同基础，同时使得后续的系统设计、开发工作有一个非常明确的框架。

电子商务系统的规划是影响系统成败的关键。电子商务系统规划与传统信息系统规划有所差异，它并不是简单探讨如何利用电子商务手段改善企业的价值增值过程，也不是单纯策划使用什么样的新技术手段改善企业的效率，而是将着眼点集中在如何为企业设计出一种新型的价值链，变革企业的商务流程，将企业与客户、合作伙伴紧密地连接在一起，使企业与合作伙伴能够共享知识，形成虚拟的共同市场。它的关键是如何转变与集成商务过程，以更好地为客户服务。

规划阶段的成果是给出企业未来的电子商务模型和清晰的电子商务系统体系结构。

(2) 电子商务系统分析与设计

电子商务系统分析与设计的目标是在商务系统规划的基础上确定整个商务系统体系结构中各个组成部分或者说不同层次的具体内容。其重点是确定电子商务业务系统的功能、平台的基本功能和系统平台的构成。

商务系统设计阶段要细化系统规划中给出的电子商务系统体系结构中的各个部分，这种细化的结果可以使开发人员清楚应用逻辑的结构、应用开发的基础平台、系统之间的接口关系。系统设计的结果为系统的开发集成奠定基础。

对于系统设计阶段的基本步骤，目前没有统一的定论。系统设计阶段的最终目标是确定电子商务系统的逻辑结构和应用功能。一般将系统的设计阶段划分为系统需求分析、系统技术方案比选和系统结构确认三个基本步骤。

①系统需求分析。首先需要对企业的需求进行调查，了解企业的需求，吸取相关领域电子商务实施的成功经验，明确电子商务系统需要满足的基本要求，为系统技术方案比选提供参考依据。

②系统技术方案比选。电子商务系统一般有多种技术平台可以采用，而且其体系结构中所定义的各个层次也可利用不同的工具实现。这样在系统设计过程中，需要对多种候选技术及产品进行有针对性的比较。此外，由于不同的技术产品都有一定的针对性，各有特色，所以，在方案比选的过程中，可能会提出一些新的问题，也可能会从技术产品当中吸收很多有价值的内容，以丰富企业的需求，使企业的需求更为清晰。经历这一阶段后，对企业需求的理解就不是简单停留在企业需要做什么这个层面上，而是进一步升华到企业怎样才能将商务运转得更好这种更高的层次上，这对于确定企业电子商务系统的最终技术方案是很有益的。

③系统结构确认。这一步是确定哪种技术方案最适合于企业的要求。要达到这一目标，就需要确定企业未来电子商务系统需要完成的完整的功能，清楚各种技术方案与企业所要求的功能的距离，是否与最终的需求相吻合。

(3) 系统开发与集成

这一阶段是根据需求分析、系统逻辑结构设计，确定需要哪些产品或者技术来构筑电子商务系统的平台，并完成应用软件系统的编码，最终将电子商务系统的应用软件和各种平台集成在一起。

系统开发与集成阶段的任务主要包括应用软件开发、系统支持平台搭建、软硬件系统集成、系统评估和优化四个方面。

①电子商务应用软件的开发。应用软件是电子商务系统的核心，它最终实现企业的商

务逻辑。电子商务系统应用软件和传统管理信息系统软件相比，在开发方式、手段和工具等方面存在一定的差异。主要表现在：

首先，电子商务系统是一种基于客户机/服务器结构的管理信息系统，其客户端大多采用标准的浏览器，所以大部分软件开发工作集中在服务器（Server）端，客户端的应用逻辑不仅非常少，而且用户界面也相对标准。这和传统的信息系统开发方式是不同的。

其次，传统管理信息系统尽管与外部的其他信息也发生信息交换，但是与电子商务系统相比，一方面交换的信息量不大和频率不高；另一方面，这种交流主要是在内部网络或者专用网络上传输。而电子商务系统由于主要实现联机交易，它是一个开放系统并需要与认证机构、银行发生数据交换，而且交换的数据格式和内容都必须得到非常严格的保障。

再次，传统管理信息系统的开发工具与操作系统和运行环境的关系非常密切；而对于电子商务系统来讲，尽管这些传统的语言仍然可以采用，但是主流的开发工具逐渐走向以Java为主，而且走向标准化，并向可重用的组件方向发展。

②系统平台的选择与搭建。电子商务系统应用软件需要运行在一定的软、硬件环境上，这些软件、硬件系统也叫作电子商务系统的平台。除了开发应用软件，还需要根据各类技术标准，选择满足需要的产品构筑应用软件运行的平台。

③系统集成。系统集成的目标是将电子商务系统应用软件和企业内部信息系统、外部信息系统等整合为一个整体，使之共享资源。系统集成不仅包括网络系统的连通、应用之间的互操作，更重要的是完成企业商务过程和电子商务系统整合过程。

④系统评估及优化。目的是测试系统是否满足企业电子商务运作的基本要求，测试并分析系统的主要性能指标，优化系统的性能，提高系统的效率。系统评估与优化的任务主要包括系统测试、系统优化两部分。测试的目的是为了发现系统存在的问题，而优化则立足于提高系统的性能。

系统测试是为了检查系统的功能是否满足设计的需要，判定应用软件是否存在各种程度（如致命性的、一般性的）错误或漏洞（Bug），测试的内容包括软件整体性能（如覆盖性测试、黑箱测试）、极限性能（如边界测试、压力测试）、可操作性等测试。对于电子商务系统的测试而言，测试有关系统整体性能的指标参数是非常重要的，例如系统可支持的最大用户数、系统的压力与性能比、系统的安全性指标等。

电子商务系统评估是根据系统测试的结果对系统性能进行的评价。评估过程对电子商务系统的整个生命周期是非常重要的，评估的结果可作为系统设计是否完整的依据、未来系统维护和升级的基础、系统进一步优化的依据。

系统评估的结果能够证实系统是否满足设计的要求，能否投入到企业的商务应用当中。同时，从评估的结果中能够发现影响系统性能的瓶颈，这些结论有助于进一步完成对系统性能的改善。

（4）系统实施

实施阶段的主要任务是设计合理的系统实施计划，确定系统实施的组织安排，系统应用的人员培训，完成电子商务系统的上线运行准备。

在实施阶段不仅需要规划信息系统如何取代企业已有的信息系统，而且要为实现这一目标做多方面的准备，尤其是人员及组织机构的调整、商务流程的切换、用户的培训等非常重要。

（5）系统运行与维护

运行可分为系统运行和商务运行两个部分。系统运行是指从原有信息系统切换到电子商务系统，使新系统支持企业的业务日常运转。商务运行则是指企业在电子商务系统的支持下按新的模式开展商务活动。所以运行不仅仅是指电子商务系统投入运行，更为重要的是企业商务活动在一种新的模式下运转。这样，系统的运行过程除了电子商务系统的正常运转外，还包括相应的维护、管理以及企业基于这样一个系统的市场、销售、客户服务等基本商务环节的运作与组织。

电子商务系统经过测试评估后，如果达到系统的性能指标，那么可以投入到生产中使用。电子商务系统的运行阶段需要注意以下问题：

①在系统运转之前应当首先完成新旧系统及新老业务的切换。这种切换包括两部分，一是信息系统的切换，二是商务流程的切换。对于前者，可以按照软件工程或者相关的系统集成方面的工程手册，通过设计切换方案进行；而对于后者，必须在企业内部、企业和商务合作伙伴等达成协议后，才能进行。可以说，没有商务切换仅仅实现计算机系统的上线运行是没有实际意义的。

②电子商务系统的运行必须有相关的运行队伍及维护队伍，而且需要制定相关的管理制度和条例。

③要防止只考虑信息系统实施、不考虑配套环境的倾向。同时，如果系统运行切换过程不是一步到位的，必须考虑切换过程中，企业商务流程可能会在新、旧系统中同时运行一段时间，在并行工作期间，业务如何处理。此外，对于连续工作的实时系统，在切换过程中一定要考虑好故障恢复等应急措施。

3. 电子商务网站建设

电子商务通过信息网络来实现产品和服务的交换活动，在 Internet 上建立商务网站是电子商务目前主要的实现形式。电子商务站点是企业在 Internet 上建立的一个具备一定电子商务功能的商业系统。

（1）电子商务网站概述

网站通常称为门户站点，是企业为用户提供产品与服务的信息平台，是企业开展电子商务活动的基础设施。企业建立网站的益处在于：有利于提升企业形象；使企业具有网络沟通能力；可以全面详细地介绍企业及企业产品；可以与客户保持密切联系；可以与潜在客户建立商业联系；可以降低通信费用；可以利用网站及时得到客户的反馈信息。

电子商务网站除了一般网站所共有的一些特点外，还有如下特点：

①商务性。商务性是电子商务网站最基本的特点。网上购物提供了一种客户所需要的方便途径。电子商务可以扩展市场，增加客户数量；通过将万维网信息连至数据库，企业能记录下每次访问、销售、购买形式和购货动态，以及客户对产品的偏爱，这样企业可通过统计这些数据来获知客户最想购买的产品。

②服务性。在电子商务环境中，客户不再像以往那样忠实地只做某家邻近商店的老主顾，他们也不再仅仅将目光集中在最低价格上，因而服务质量在某种意义上成为商务活动的关键。许多企业在 Interne 上都为客户提供完整的服务。电子商务提供的客户服务的方便性，使客户和企业同样受益。

③安全性。对于客户而言，无论网上的物品多么具有吸引力，如果他们对交易安全性

缺乏把握,根本就不敢在网上进行买卖。企业和企业间的交易更是如此。在电子商务中,安全性是必须考虑的核心问题。欺骗、窃听、病毒和非法入侵等都在威胁着电子商务,因此要求网络能提供一种端到端的安全解决方案,包括加密机制、签名机制、分布式安全管理、存取控制、防火墙、安全万维网服务器、防病毒保护等。为了帮助企业创建和实现这些方案,国际上多家公司联合开展了安全电子交易的技术标准和和平共处方案研究,并发表了SET(安全电子交易)和SSL(安全套接字)等协议标准,使企业能建立一种安全的电子商务环境。

④集成性。电子商务网站是电子商务的表现形式,应用了大量新技术,但并不是说新技术的出现就必然导致老设备的消亡。互联网的真实商务价值在于协调新老技术,使用户能更加行之有效地利用自己已有的资源和技术完成任务。

电子商务网站的集成性,还在于事务处理的整体性和统一性,它能规范事务处理的工作流程,将人工操作和电子信息集成为一个不可分割的整体。这样不仅提高了人力和物力的利用率,也提高了系统运行的严密性。

⑤可扩展性。要使电子商务正常运作,必须确保其可扩展性。互联网上有数以百万计的用户,而传输过程中却经常出现高峰状况。假设企业原来的系统设计为每天可受理40万人次访问,若是不具有可扩展的系统,超过这个数就会导致系统阻塞,客户访问速度将急剧下降,甚至还会拒绝数千次可能带来丰厚利润的客户来访。对于电子商务来说,可扩展的系统才是稳定的系统。如果出现高峰状况时能及时扩展,则系统阻塞的可能性将大为下降。

⑥协调性。商务活动是一种协调过程,它需要雇员和客户、生产方、供货方以及商务伙伴间的协调。为了提高效率,许多组织都提供了交互式的协议,电子商务活动可以在这些协议的基础上进行。

电子商务是迅捷简便的、具有友好界面的用户信息反馈工具,决策者们能够通过它获得高价值的商业情报,辨别隐藏的商业关系,把握未来的趋势,因而他们可以做出更有创造性、更有战略性的决策。

(2) 网站内容的基本构成

企业站点是由网页组成的网上企业。如同真实企业一样,网上企业也有一定的组织结构,同时网站的内容将企业的产品、资源、服务、特点等信息展示出来,以方便用户浏览并获取信息。

网页具有文字、图片、色彩、声音、动画、电影等所有广告媒体的功能,能容纳各种高科技随时开发出来的新成果和新花样,可使客户始终保持对企业的好奇心和注意力。将企业的商业信息、商品目录、广告内容、产品资料放在网页上,可随时更新,大大节省时间和物力。网页能把广告行销和订购结合成一体,如客户产生购买意愿或想深入了解更多的产品信息,可直接在网页上印出订单和咨询表格,填好后直接寄回。企业通过网页全天候向全世界提供广告及服务,而不需增加企业的额外开支。它使企业的销售咨询、售后服务变得更加方便及时,大大降低了各种费用。

网页通常包括主页(Home Page)和普通页面(Page)。普通页面是指非主页的其他页面。

①主页,也称企业的形象页面。主页内容包括:企业名称、标志,对网站内容进行简

单有效导航的菜单或图标，着重标明最重要的新闻或修改内容以及客户与公司联系的地址等。主页制作应遵循快速、简洁、吸引人、信息概括力强、易于导航的原则。主页上的导航菜单或图标应能链接到企业网站的其他页面。

②新闻稿档案。无论一个企业的规模是大还是小，其商业网站都应该有一个新闻稿档案。新闻稿可以发布有关新产品或新开发项目的情况，作为档案的一部分，同时又是活的企业年表。新闻稿档案包括服务及产品清单、要闻快讯、活动日程等。

③产品（或服务）页面。产品页面采用信息分层、逐层细化的方法展示企业产品或服务。产品页面的主要内容应包括产品、价格清单及单个的产品页面，建立产品名称到产品页面的链接。当然，也可以利用高级的表格方式给目录增加新的风格和生动的图像。

④参考页面。创建参考页面并链接到与企业相关的特定主题的网络论坛或其他网络资源，是使网站除了提供企业和产品信息之外，成为客户更有用的工具并增加页面访问率最简单的办法。通过寻找使客户感兴趣的信息点，可以很快使 Web 页面变成该主题的权威指南。

⑤客户支持页面。Internet 是一种理想的顾客服务工具，Web 的一个重要用途就是与顾客通信并为其提供支持。许多用户上网并不是要购买商品，而是来寻求帮助，网站一般都能为客户提供服务和技术支持。由于满意的顾客服务能更好地满足客户需求，这种投资必定会获得回报。在设计客户支持页面时，要尽可能让自己站在客户的角度，预料每种潜在的方法，向客户提供有用信息，使他们对企业的产品产生亲切感。

⑥市场调研页面。Web 及时互动的特性决定了它是一种有力的市场调研工具。网上企业可通过市场调研页面的制作，收集顾客对产品、服务的评价、建议等信息，由此可建立起市场信息的数据库，作为营销决策的量化基础。

⑦企业信息页面。网上企业的特点之一是资信不易确定，这是网上购买者不轻易下订单的主要原因之一，因此，企业应尽量提高企业资信的透明度，让访问者了解企业的运营状况。企业信息页面能达到这个目的，它的主要内容包括公司数据库、财务表格、与投资者关系等。

⑧广告及其他内容。在企业站点中添加一些广告内容可以增加站点的吸引力。因为有些客户购买时喜欢货比三家，因此要浏览一些站点的广告以获得更多的产品信息，提供广告页面正好满足了客户的要求，也能提高企业站点的访问频率。

除了以上的基本内容外，企业站点可以根据自身的特点和需要增加其他内容，如赞助商页面、货物追踪系统、电子货币、安全保密系统等。

企业网站的内容与功能既要符合企业的需求，又要参考当前技术的发展状况和应用水平。企业站点不但要充分运用多媒体技术实现信息发布功能，更重要的是要发挥 Web 的交互特性，实现网站信息检索、在线客户服务、用户反馈信息收集，甚至在线订单、在线购物、在线支付等功能。

（3）网站结构实现分析

通常在逻辑上将网站结构分为三层：表示层、应用逻辑层和数据层。这种结构使得网站具有较好的可扩充性，将表示层与业务功能的实现分离开来，能够更灵活地适应业务的发展。网站不需要对业务逻辑组件做任何变动，就能够适应新出现的表示形式和不同的客户端。例如，为了使网站的用户更方便地在网站上购物，网站调整了页面格局和页面风格。由于网站的结构层次分明，因此需要改变的只是网站表示层，对于业务逻辑和数据连接层不需要变动。

①表示层。表示层用于为最终用户提供一个友好的用户界面，接收用户提交的事件，并将处理结果返回给用户。这一层作为应用的前端和"窗口"，决定了用户对网站优劣的评价和总体印象。

网站从总体上来说是"客户端独立"的、中间层业务逻辑相同的和多样化的用户接口。这些客户端包括基于浏览器的 HTML 客户端、基于 Java 的客户端、传统的 C/C++ 应用、PowerBuilder 客户端以及 VB 客户端。

"客户端独立"，允许利用阶段式的、分布的方法来构建应用系统。采用 Client/Server 结构在扩充新的用户接口时，需要对整个应用系统进行全局的调整。而采用"客户端独立"结构能够快速地建立或局部地增加新的功能。因此，将表示层从业务逻辑中分离出来，对于阶段性的分布开发是必需的。

在表示层除了使用最基本的 HTML 语言外，通常还利用 JavaScript Internet 脚本语言，以及 Java Internet 程序开发语言。JavaScript 程序运行在客户端，能够实现用户事件获取、数据提交前的合法性校验、错误检查和实现动画效果等功能。利用 Java 语言开发的 JavaServlet 程序运行于服务器端，负责实现与业务逻辑层的交互，从业务逻辑层获得数据，并将用户提交的信息传给业务逻辑层。而基于 Java 语言的 JSP 程序，则实现数据的动态显示，它将 JavaServlet 程序获得的数据形成相应的 HTML 页面传给客户端。

②应用逻辑层。应用逻辑层是电子商务系统的核心，也是系统建设过程中的难点和重点。应用逻辑层包括商务应用（程序）、支持平台（包括商务服务层、商务支持层和基础支持层）。

支持平台向上层（商务应用）提供的服务主要包括：表达、商务支持、运行支持、开发和集成服务。构成支持平台的技术产品至少应当包括：Web 服务器、商务支持软件、集成与开发工具、计算机主机、网络及其他系统软件（如操作系统、管理工具软件等）。

通常，Web 服务器、商务支持软件、部分集成开发工具被集中在一个称之为"应用服务器"的软件包中，所以商务逻辑层在物理上可以简化为以下三个部分：应用软件（实现商务逻辑）、应用服务器（为应用软件提供软件支持平台）和其他支持软件、计算机主机及网络（为应用软件提供硬件支持平台）。

构造商务逻辑层的任务：选择合适的应用服务器及其他支持软件，开发实现商务逻辑的应用软件系统。

③数据层。构造数据层的关键是开发电子商务系统与外部系统、内部信息资源的接口，完成系统集成。

数据层的数据源主要包括：系统既有信息系统（如 ERP 系统等）的数据和企业的数据库，企业与协作伙伴（如供应商等）之间交换的数据，企业与银行之间交换的数据，企业与认证中心之间的认证数据，企业与其他商务中介交换的电子数据。

由于企业商务逻辑的处理过程是一个从市场、销售、采购到客户服务的整体，所以必须将商务逻辑处理过程所涉及的数据集成在一起，因此构造数据层的任务是：实现电子商务系统与企业内部和外部信息系统之间的网络互联，并确保安全的网络环境；基于应用服务器平台的商务应用系统与企业内部数据的共享。

(4) 网站设计风格与创意

网站风格（style）指站点的整体形象给浏览者的综合感受。这个"整体形象"包括站点的标志、色彩、字体、标语、版面布局、浏览方式、交互性、文字、语气、内容价值、存在意义、站点荣誉等诸多因素。例如，网易的平易近人，迪士尼的生动活泼，IBM 的专业严肃，都是网站给人们留下的不同感受。

风格的独特性是站点不同于其他网站的地方，或者色彩，或者技术，或者是交互方式，能让浏览者明确分辨出这是某网站独有的。例如新世纪网络的黑白色，网易壁纸站的特有框架，即使你只看到其中一页，也可以分辨出是哪个网站的。

任何主页都要根据主题的内容决定其风格与形式，因为只有形式与内容的完美统一，才能达到理想的宣传效果。风格是有人性的，通过网站的形式、内容、文字、交流可以概括出一个站点的个性。主页风格的形成主要依赖于主页的版式设计，依赖于页面的色调处理，还有图片与文字的组合形式等。风格的形成不是一次定位的，可以在实践中不断强化、调整、修饰，直到被网络访问者认可。

建立网站，应该注意如下风格特征：

①企业徽标或商标应当出现在页面最上方，尽可能做到色彩醒目，同时占用版面小。

②可以采用主题图形或产品广告来突出企业的形象与风格。主题图形或产品广告应精心设计，给登录者以良好的第一印象。

③主要栏目一般采用图文并茂的超级链接实现，要考虑到主要栏目图片、文字之间的色彩配合，同时要和主题图形相互衬托，主题图形若较大，则栏目图标必须缩小。

④不要把主要栏目和次要栏目都显示在同一个页面上。可以通过站点组织图传达网站的结构布局，或者采用 JavaScript 程序获得"目录树"。

⑤商业网站一般都有固定的超级链接，如技术支持（support）、服务（service）、网站说明（about us）等。这些超级链接不是网站的主要栏目，不需要采用很醒目的方式出现，它们应位于比较方便用户单击的位置。可以采用出现在网页顶端的细长的导航条的方式。

⑥注意网页的整体色彩。不一定要使用五颜六色，应突出一种主色调。

⑦必须建立搜索引擎，主要是建立网站内容的搜索引擎。

创意（Idea）是网站生存的关键，创意实质上就是要把网站建设得有自己独特的风格，引人入胜，出人意料，不是人云亦云。创意是传达信息的一种特别方式，是将现有的要素重新组合。比如，网络与电话结合，产生 IP 电话。从这一点出发，任何人都可以创造出不同的创意，而且，资料越丰富，越容易产生创意。如果用心观察可以发现，网络上最多的创意来自与现实生活的结合。

(5) 网站内容设计

主页设计是整个网站设计的难点和关键。设计一个主页需要考虑的是：版面的布局、色彩的搭配、字体的设置、图形和动画、表格的嵌套等，同时还要注重细节，考虑不同的浏览器和分辨率、设计广告条和位置等。主页包含的主要内容和功能有：网站名称（logo）、广告条（banner）、主菜单（menu）、新闻（what's new）、搜索（search）、友情链接（links）、邮件列表（mail list）、计数器（count）、版权（copyright）等。

①栏目设计。栏目是一个网站的大纲索引，是网页上需要展示信息的提示。栏目应该将网站的主体明确显示出来。大型网站由于信息量大，在一个页面上无法全部展示出来，

因此常根据不同的主题设立不同的栏目，如网易的站点分设新闻、体育、财经、教育等栏目。设置栏目时，要保持各栏目有相对独立性，栏目内容要围绕站点主题。

②版面设计。版面指浏览器看到的完整的一个页面（可以包含框架和层）。常用的版面布局大致可分为"国"字型、拐角型、标题正文型、左右框架型、上下框架型、综合框架型、封面型、Flash 型、变化型等，参见表 12-1。

表 12-1 常用的版面布局类型

类　型	描　述
国字型	最上面是网站的标题以及横幅广告条，接下来是网站的主要内容，左右分列两小条内容，中间是主要部分，与左右一起罗列到底，最下面是网站的辅助信息
拐角型	上面是标题及广告横幅，接下来的左侧是一窄列链接等，右列是很宽的正文，下面是网站的辅助信息
标题正文型	最上面是标题或类似的一些东西，下面是正文
左右框架型	左右分别为两页的框架结构，一般左面是导航链接，有时最上面会有一个小的标题或标志，右面是正文
上下框架型	上下分为两页的框架
综合框架型	类似于"拐角型"结构的框架结构
封面型	出现在网站的首页，大多为精美的平面设计结合一些小的动画，简单的链接或仅是"进入"的链接，甚至直接在图片上做链接
Flash 型	与封面型结构类似，用 Flash 强大的功能使页面所表达的信息更丰富
变化型	上面几种类型的结合与变化

③色彩设计。色彩在人们的生活中都是有丰富的感情和含义的。比如红色让人联想到玫瑰、喜庆、兴奋；白色让人联想到纯洁、干净、简洁；紫色象征着女性化、高雅、浪漫；蓝色象征高科技、稳重、理智；橙色代表了欢快、甜美、收获；绿色代表了充满青春的活力、舒适、希望等。当然不是说某种色彩一定代表了什么含义，在特定的场合下，同种色彩可以代表不同的含义。

一个网站不可能单一地运用一种颜色，这样会让人感觉单调、乏味，但是也不可能将所有的颜色都运用到网站中，而让人感觉轻浮、花哨。一个网站必须确定一种或两种主题色，选用其他配色时，要考虑其他配色与主题色的关系的整体效果。

除了文字、图片等内容的合理排版，色彩的均衡也是相当重要的一个部分。色彩的均衡包括色彩的位置，每种色彩所占的比例、面积等。比如鲜艳明亮的色彩面积应小一点，让人感觉舒适、不刺眼，这就是一种均衡的色彩搭配。

④字体设计。网页上的字体应当首先考虑人们的阅读习惯与效果，文字的大小要适中，尽量设置容易被阅读的字体和字号。如果使用背景图片，背景和文字的对比尽量要大，不要用花纹繁复的图案做背景，以便突出主要文字内容。在使用一些特殊字体时，一般应先将其做成图形，然后以图片的方式加入网页中，这样无论什么样的用户，都可以看到特殊字体的内容。定位于国际性质的网站，应该针对不同地区访问者，设计不同的字体。

⑤导航设计。网站导航要清晰，容易查找，所有的超链接应清晰无误地向读者标识出来，所有导航性质的设置（如图像按钮），都要有清晰的标识，让访问者能够明白进入一个页面的方式。清晰的导航应该做到使读者进入目的页的点击次数一般不超过 3 次。将篇幅过长的文档分隔成数篇较小的页面，能大大增加界面的亲和性。适当、有效地使用超链接是一个良好的导航系统不可或缺的，但是在一个短文中频繁地使用超链接，会损害文档内容的流畅性和可读性。

⑥图像设计。图像在网页中具有画龙点睛的作用，它能装饰网页，表达个人的风格；但图像是为主页内容服务的，不要让整个版面花花绿绿，喧宾夺主。图像的制作要兼顾大小和美观，每页图像总量不要超过 60KB。网页上的图像都必须"减肥"成小图像（100×40 像素），其大小一般可以控制在 6KB 以内，较大的图像可以分割成小图像。在网页上可以多次使用同样的图像，这样的图像被用户打开过后，以后重新载入就会很快。如同经常更换网页上的文本一样，要经常更换网站上的图像，不断给访问者新的感受，而且人们更愿意点击的是图像而不是文本。

⑦动画设计。动画比起静止的画面来，更能够吸引访问者的眼球。一个富有创意、制作精美的动画，能让人过目不忘。Flash 动画是一个目前非常流行的动画形式，许多网页上都能看到 Flash 动画。Flash 动画的文件非常小，因而下载速度较快。动画与内容应有机结合，确保动画和内容有关联。动画效果不宜在主页设计中滥用，特别是一些内容比较严肃的主页。主页毕竟主要依靠文字和图像来传播信息。

12.4.6　企业资源管理系统

企业资源管理系统（enterprise resource planning，ERP），是利用现代化管理思想和信息技术手段对企业的各种资源进行优化配置、综合管理的应用系统。随着国内企业改革的日益深化，越来越多的企业意识到原有管理方式已不能满足现代企业运作的需要，转而采用如 ERP 等国际先进的企业资源管理软件包，以实现企业运作的现代化。

1. ERP 的发展

在 1980 年代，企业组织是按功能划分的，整个企业按不同职能分成各个独立的部门。这种组织结构能使企业内部运作有条不紊，但企业的整体产出却没有提高。

到 1990 年代初，随着企业经营活动的全球化，人们认识到企业整体运作对提高企业效益的重要性，为此，美国著名咨询公司 Gartner 总结了 MRP Ⅱ 软件的发展趋势，提出了企业资源计划 ERP 的概念并很快得到业内人士的认同。许多企业开始实施 ERP 系统，通过 ERP，将原来分离的职能部门联系起来，加强部门之间的协作，从而大大提高了企业的整体产出，增强了企业的竞争力。

ERP 系统就是在这种时代背景下面世的。目前，随着 Internet 技术的发展，ERP 已不再是 MRP Ⅱ 的简单扩展，而是更深层地反映了企业在全球性市场竞争环境下，在不断完善企业生产管理的同时，更注重从强化管理入手，加强全面的经营管理；企业不但要优化内部的管理业务流程，更需要从供应商的物资供应、工厂加工生产、分销与发货以及客户的售后服务这一"供应链"出发，进行全面分析和优化。ERP 系统是新的市场竞争环境下的产物，是企业面对新挑战的工具，也是企业信息化的基本构架。

2. ERP 系统的作用

（1）ERP 系统把客户需求和企业内部的制造活动以及供应商的制造资源整合在一起，体现了完全按用户需求制造的思想，这使得企业适应市场与客户需求快速变化的能力增强。

（2）ERP 系统将制造业企业的制造流程看作是一个在全社会范围内紧密连接的供应链，其中包括供应商、制造工厂、分销网络和客户等；同时将分布在各地所属企业的内部划分成几个相互协同作业的支持子系统，如财务、市场营销、生产制造、质量控制、服务维护、工程技术等，还包括对竞争对手的监视管理。

（3）ERP 系统提供了可对供应链所有环节进行有效管理的功能，包括订单、采购、库存、计划、生产制造、质量控制、运输、分销等管理，以及服务与维护、财务管理、人事管理、实验室管理、项目管理、配方管理等。

（4）从系统功能上来看，ERP 系统虽然只是比 MRP Ⅱ 系统增加了一些功能子系统，但是这些子系统的紧密联系以及配合与平衡使其功能大为扩展。正是这些功能子系统把企业所有的制造场所、营销系统、财务系统紧密结合在一起，从而实现全球范围内的多工厂、多地点的跨国经营运作。

3. ERP 的新技术

（1）动态企业建模（DEM）

所谓动态企业建模（dynamic enterprise module，DEM），就是实际运用为客户定制的知识工具、方法和业务参考模型建立企业管理模型。动态企业建模技术的提出就是为了满足企业不断增长的动态重整过程的需求，它具有能够消除 ERP 软件与企业管理"捆绑"的功能（如同开放的计算机软件系统与计算机硬件环境间的分离），可支持企业的管理结构和流程灵活地紧跟瞬变的市场发展并不断改变，有助于动态实现企业重整过程。它必将是 21 世纪 ERP 系统改进和进一步发展的一个方向。

（2）智能资源计划（IRP）

智能资源计划（intelligent resource planning，IRP）是一种具有智能及优化功能的管理思想和模式，它打破了所有"面向事务处理"的管理模式。它可使管理人员按照设定的目标去寻找一种最佳的方案并迅速执行。这样就可紧紧跟踪，甚至超前于市场的需求变化，快速做出正确的决策，随之改变原有的计划，并以最快的速度执行这些变化。在现阶段所有"面向事务处理"的管理软件都是按照传统的制造业方式来进行管理，它们所能解答的仅仅是："生产什么？""用什么生产？""已有了什么？""还缺什么？""计划何时下达？"而 IRP 则上升到了另一个高度，它除了能解答上述问题外，还能解答：什么将是市场最需要的产品，如何实现以最正确的方式、在最恰当的时间内、最好的场所、以最好的设备、用最好的资源、由最合适的人员来进行生产，然后以最畅通的渠道将产品提交到市场、尽快完成资本循环，并且具有最小的和可控的产品提前期。这些都是 IRP 以前的管理方法无法解决的。

企业在面向市场需求的迅速变动及其对企业生产与业务管理流程不断重组的要求，还会要求 ERP 向 DEM 发展。市场需求变动速度发展到人们无法事先预料的情况下，IRP 会不会从理论变成现实的管理工具尚不得而知。

【本章小结】

　　传统信息系统存在不足、企业经营理念和经营环境的变化，要求管理信息系统有新的发展；而管理思想和信息技术的发展，为管理信息系统的发展提供了理论和技术支持。

　　管理信息系统的发展趋势主要有：①网络化趋势；②智能化趋势；③价值化趋势；④人本化趋势；⑤集成化趋势。

　　管理信息系统发展模式包括三种：①融合模式；②构件模式；③平台模式。其中云平台模式在未来管理信息系统发展中将处于重要地位。

　　最后介绍了几种新型企业信息系统，包括经理信息系统（EIS）、专家系统（ES）、决策支持系统（DSS）、客户关系管理系统（CRMS）、电子商务系统（ECS）和企业资源管理系统（ERP）。

【复习思考题】

1. 传统信息系统存在哪些不足？
2. 推动管理信息系统发展的动力是什么？
3. 管理信息系统的发展趋势有哪几个？
4. 管理信息系统发展的主要模式有哪些？
5. 什么是电子商务？传统商务与电子商务的主要区别是什么？
6. 电子商务系统规划的主要内容是什么？
7. 以一家传统企业为例，进行以下实践：

（1）调查企业的组织结构与业务流程现状。
（2）分析企业的组织结构与业务流程是否适合开展电子商务。
（3）找出在组织结构与业务流程中存在的突出问题。
（4）找出企业的核心业务流程。
（5）分析企业在实施电子商务的过程中，哪些组织结构与业务流程需要重组。
（6）制定出企业流程重组的方案，并提出应注意的主要问题。

参考文献

[1] 薛华成. 管理信息系统 [M]. 6 版. 北京：清华大学出版社，2013.
[2] 黄梯云，李一军. 管理信息系统 [M]. 5 版. 北京：高等教育出版社，2014.
[3] 石新玲. 管理信息系统 [M]. 北京：清华大学出版社，2014.
[4] [美] 詹姆斯·A. 奥布赖恩，乔治·M. 马拉卡斯. 管理信息系统 [M]. 叶强，译. 15 版. 北京：中国人民大学出版社，2012.
[5] [美] 肯尼斯 C. 劳顿，简 P. 劳顿. 管理信息系统 [M]. 黄丽华，等，译. 13 版. 北京：机械工业出版社，2015.
[6] 宋宇辰，蔚东升，韩艳. 管理信息系统 [M]. 北京：冶金工业出版社，2014.
[7] 郝晓玲. 信息系统开发：方法、案例与实验 [M]. 北京：清华大学出版社，2012.
[8] 周贺来，等. 管理信息系统实用教程 [M]. 北京：北京大学出版社，2012.
[9] 陈平，王成东，孙宏斌. 管理信息系统 [M]. 北京：北京理工大学出版社，2013.
[10] 曾健民，周云玲. 管理信息系统基础教程 [M]. 北京：人民邮电出版社，2014.
[11] 宋金玉. 信息系统技术基础及应用 [M]. 北京：清华大学出版社，2015.
[12] 梁郑丽，贾晓丰. 决策支持系统理论与实践 [M]. 北京：清华大学出版社，2014.
[13] 王珊，萨师煊. 数据库系统概论 [M]. 5 版. 北京：高等教育出版社，2014.
[14] 王珊，陈红. 数据库系统原理教程 [M]. 北京：清华大学出版社，2014.
[15] 洪松林. 数据挖掘技术与工程实践 [M]. 北京：机械工业出版社，2014.
[16] 戴红. 数据挖掘导论 [M]. 北京：清华大学出版社，2015.
[17] 刘鹏. 云计算 [M]. 3 版. 北京：电子工业出版社，2015.
[18] 游小明，罗光春. 云计算原理与实践 [M]. 北京：机械工业出版社，2013.
[19] 谢希仁. 计算机网络 [M]. 6 版. 北京：电子工业出版社，2013.
[20] 肖庆. 计算机网络基础与应用 [M]. 北京：人民邮电出版社，2013.
[21] 杨春霞，王晓军，何子伟. 基于 IRP 的建设项目合同管理信息系统规划 [J]. 建筑经济，2014（08）：87－91.
[22] 吴磊. 物流管理信息系统规划与设计 [J]. 中国商贸，2011（06）：118－119.
[23] 罗爱民. 信息系统体系结构的复杂性分析方法 [J]. 计算机科学，2011（10）：291－293.
[24] 刘淑云，李继才. 高校仪器设备管理信息系统的设计与实现 [J]. 实验室研究与探索，2011（01）：164－167.
[25] 徐燕军，刘倩，汪健，等. 高校人事管理信息系统的设计与实现 [J]. 实验技术与管理，2011（04）：244－245，249.
[26] 吴亮，周宏，张兵. 基于 RFID 技术的烟叶物流管理信息系统设计与实现 [J]. 烟草科技，2011（09）：30－33.
[27] 邱均平，杜晖. 科学评价管理信息系统构建 [J]. 图书情报知识，2013（01）：56－62，106.
[28] 吕晓荣，王福胜. 信息系统绩效评价研究综述 [J]. 商业研究，2013（02）：129－132.
[29] 刘勘，郭洋，潘演. 基于多维效用合并的信息系统评价研究 [J]. 情报理论与实践，2012（03）：103－108.

[30] 刘仁山, 孟祥宏. 信息系统安全评价方法 [J]. 辽宁工程技术大学学报 (自然科学版), 2013 (11): 1517-1522.

[31] 李灿, 周春雷, 华斌, 等. 信息系统应用成熟度评价模型 [J]. 华东电力, 2014 (11): 2428-2431.

[32] 张志清, 李明. 基于动态指标的信息系统安全评价研究 [J]. 物流技术, 2014 (03): 177-179, 185.

[33] 徐永柱, 曾玲, 孙安龙. 新型医院信息系统的运行模型探讨 [J]. 重庆医学, 2011 (32): 3322-3323.

[34] 张继涛, 尹康, 焦阳, 等. 信息系统运行可靠性研究 [J]. 电气应用, 2015 (S1): 244-246.

[35] 李晴, 杨春, 谢忠. 云计算环境下的管理信息系统发展趋势研究 [J]. 科技管理研究, 2011 (18): 140-143.

[36] 章以金, 宗乾进, 袁勤俭. 国际管理信息系统研究热点及趋势 [J]. 情报杂志, 2013 (04): 80-84, 90.

[37] 罗钢, 林健. 企业信息系统战略规划方法组合分析研究 [J]. 科学学与科学技术管理, 2003 (11): 112-114.

[38] 侯炳辉, 程佳惠, 曹慈惠. 信息系统评价体系及评价方法 [J]. 中国管理科学, 1993 (03): 26-35.